Het Veenparadijs

Colofon

© 2015
Uitgeverij PENN.nl, Leeuwarden

ISBN: 978-90-77948-82-8

Zelfgemaakte nieuwjaarswens van Sietse Bruinsma

Niets uit deze uitgave mag worden vermenigvuldigd en / of openbaar worden gemaakt / of verspreid zonder voorafgaande toestemming van de uitgever.

Eindredactie:	Klaas Jansma
Redactie:	Martsje de Jong en Sake Roodbergen
Fotografie:	Kees Klip, Sake Roodbergen, Marten Sandburg en Fonger de Vlas
Ontwerp en opmaak:	Kees Klip
Organisatie:	Martsje de Jong, Elizabeth Pilat en Milja Roosjen
Druk:	BowPrint International, Haghorst

Met medewerking en ondersteuning van: Alde Feanen Verhuur, Bungalowpark It Wiid, Camping It Wiid, Camping Simmerwille, Dienst Landelijk Gebied, Galerie Koopmans, gemeente Leeuwarden, gemeente Smallingerland, gemeente Tytsjerksteradiel, Jachthaven Warten, Lunchroom Adema, Hotel Oostergoo, It Fryske Gea, Meubelmakerij Wester, Nationaal Park Alde Feanen, Project Friese Meren, Rondvaardij Princenhof, Skûtsjemuseum De Stripe, Spruyt Arkenbouw, Supermarkt Wester, Wetterskip Fryslân en een aantal particuliere eigenaren van vakantieverblijven in het gebied.

Eerste druk, januari 2015

www.uitgeverijpenn.nl

UITGEVERIJ
PENN.nl

Het Veenparadijs
Bruisend groen, bevochten ruimte

Inhoud

1	Paradijs van gisteren	9
Deel I	**Natuur**	
2	Natuur, grond en water	29
3	Knielen voor nietige plantjes	41
4	Nestelplek voor dier en mens	49
5	Booming Business	55
6	Troebel wordt helder	64
Deel II	**Geschiedenis en kunst**	
7	Langs oude en nieuwe wegen	71
	- Als kinderen	86
8	Kunst is het nieuwe kijken	89
	- Galerie Koopmans	102
	- Gosse Koopmans	104
	- Fonger de Vlas	106
9	Een land van musea	108
	- Hert fan Fryslân	110
	- Het Skûtsjemuseum	112
	- Van turf en biezen	115
	- 'By de boer' in Earnewâld	117
	- Saluut aan de turfgravers	119
Deel III	**Bedrijvigheid**	
10	Leven, genieten en verdienen	123
	- Fietsen door het nat	136
	- Hin en wer	138

11	Varen, verdienen en bewaren	141
	- Het paradijs behouden	148
	- Ontregeld door regels	153
	- Een 'stad' bij een dorp	154
	- Zonder toiletrol over het veld	158
	- Drijvend wonen, een kinetische sensatie	162
	- Eén tank voor de elf steden	164
	- Grote supermarkt in klein dorp	166
	- Camping Simmerwille	170
	- Liefde voor bomen	171
	- Al anderhalve eeuw markant	174
	- Warten	176
12	Winter in de Alde Feanen	179
	- Age Veldboom	186
	- Rietsnijden	188
13	Huisjes in het groen	190
	- De Kooi	194
	- De Wetterwille	195
	- De Koepel	196
	- Geasicht	198
	- Kiekeboe	200
	- Siidspôle	202
	- Titania	204
	- d'Aldwei	206
	- Skriuwersarke	207
	- Cuba	208
	- Natuur in de Sayterpolder	210
Verantwoording en literatuur		212

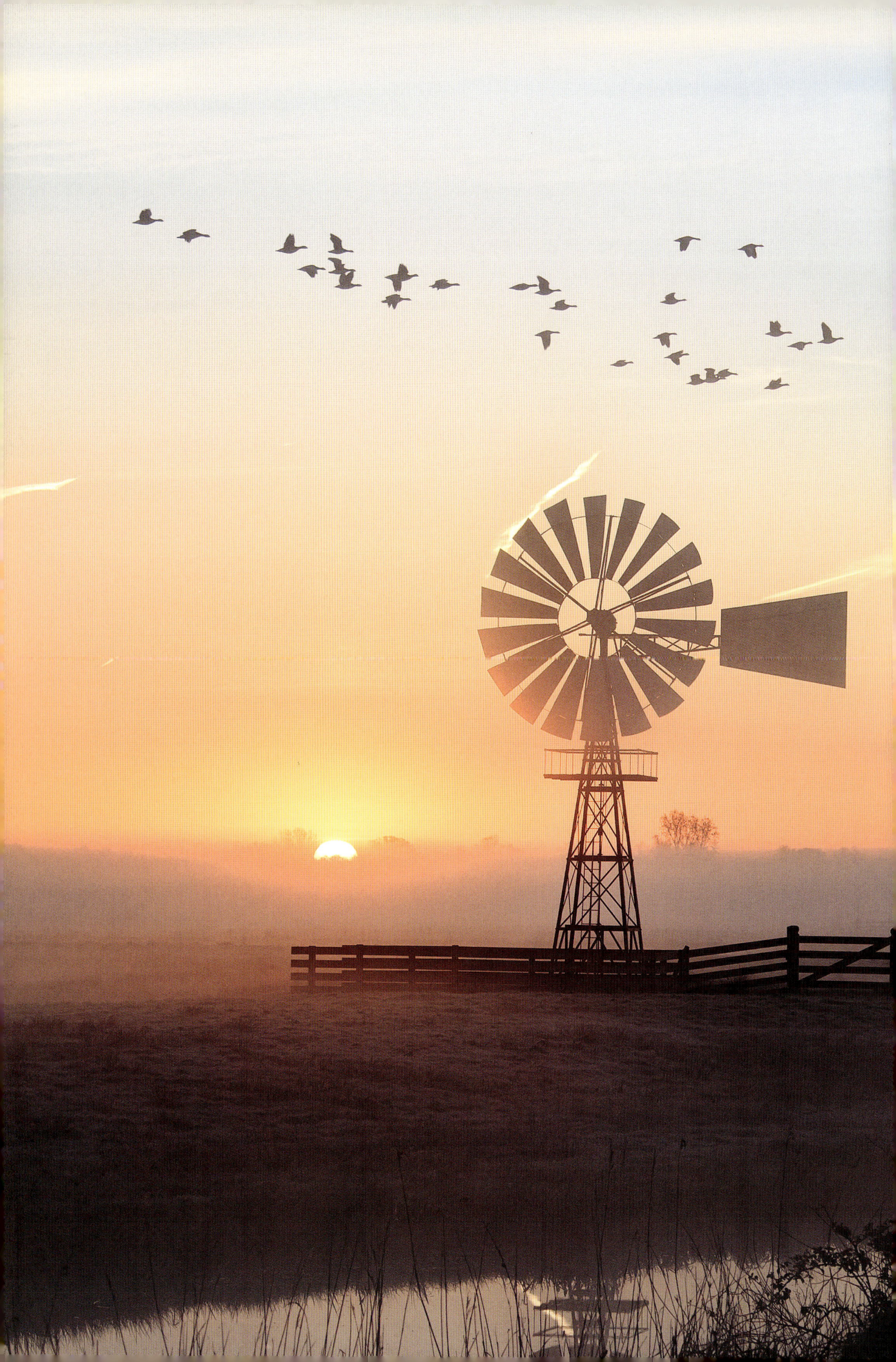

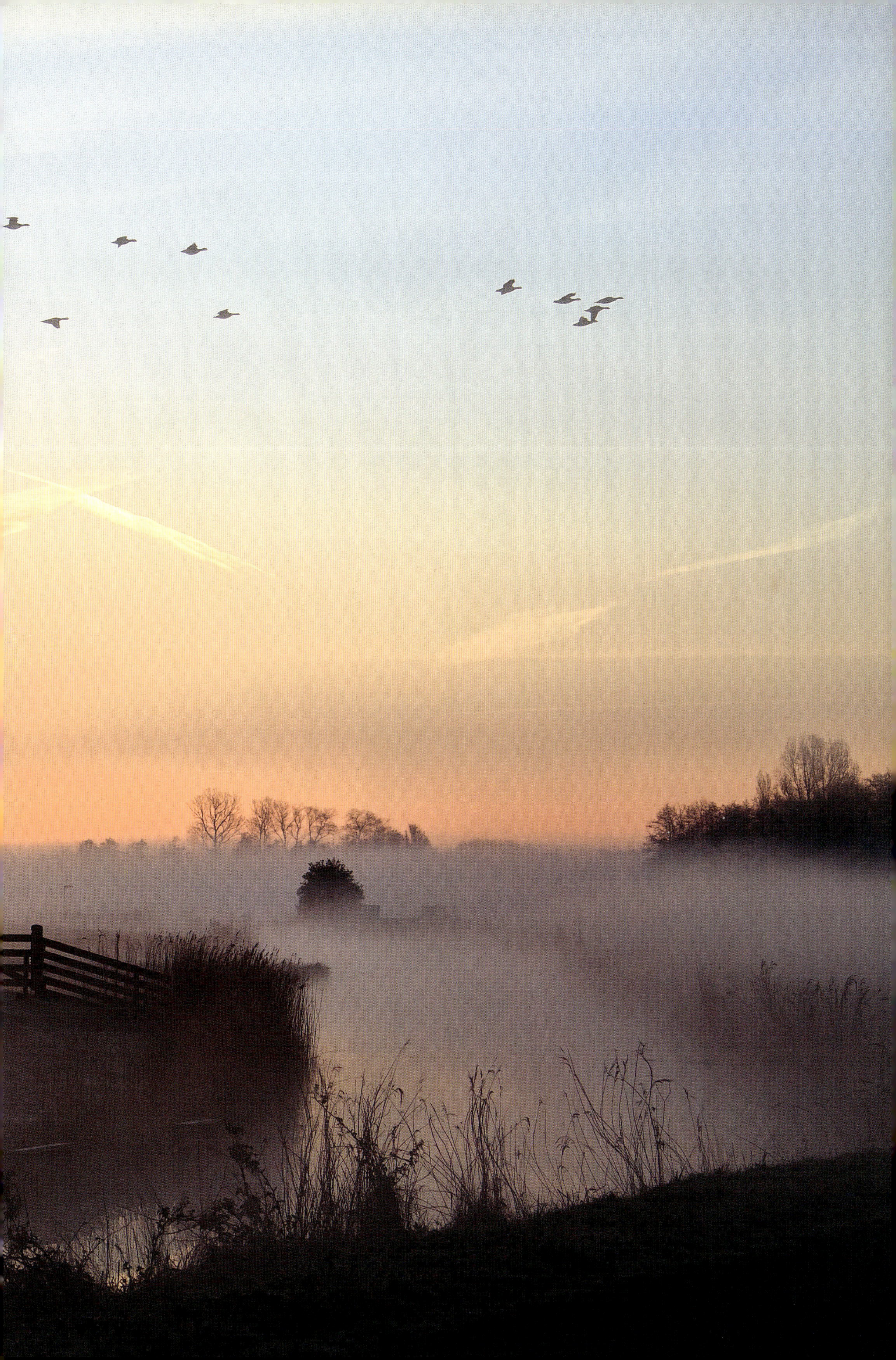

▲ Tweetalige kaart met een aantal toponiemen. De vereniging van huisjeseigenaren De Princenhof nam als eerste het initiatief tot uitgave van een overzichtelijke kaart van de Alde Feanen en naaste omgeving. Bij de samenstelling is dankbaar gebruik gemaakt van sneupwerk van dorpshistoricus Roel Toering.

De 'Oude' Venen

Paradijs van gisteren

▲ Ontpolderd land met afwisseling tussen nat en droog vormt een waardevol leefgebied. Met windbemaling is het nog duurzaam ook. Hét voorbeeld is de Jan Durkspolder, een paradijs voor vogels van de waterkant. (Foto Kees Klip)

Het meeste laagland tussen Grou, Warten, Oudega en de Foanejacht bij Garyp lijkt ruig en ongerept. Die schijn bedriegt, want het patroon van greppels en sloten, hoog en laag is bedacht en gemaakt door mensen. Hun bemoeienis is ook nodig om het gebied als *onland* of woestenij in oude luister te herstellen en in die schrale rijkdom te handhaven.

Zonder dagelijkse zorg van beheerders zou het tere groen in korte tijd verruigen. Of het zou door een loonwerker met machine en drainagestelsel worden vlakgetrokken en ontwaterd.

Dan kon er mais of hoogwaardig grasgewas worden geteeld voor koeien.

10

◀ Een groot deel van het Veenparadijs vanuit de ruimte. Rechts midden Earnewâld en bungalowpark It Wiid. Onder landbouwgebied De Hege Warren. Midden van links naar rechts de Folkertssleat. (Luchtfoto Eurosense, Provincie Fryslân)

◀▼ Topografische kaart van de Alde Feanen en omgeving.

▶ Een verlandend petgat tussen Folkertssleat en Aldeweisterfeart bij Earnewâld. Riet van verschillende jaargangen rukt op in de plas, waar gele lis en waterlelie het water bedekken. Op de voorgrond rechts een meerkoet (Fries: markol), midden op de foto twee zwanen, monogaam levende watervogels. De wilg op de voorgrond maakt deel uit van het elzenbroekcomplex, een voorlopig laatste fase in de verlandingssuccessie. (Foto 2004, Marten Sandburg).

▶▼ Temidden van hoogwaardig grasland lijkt het stukje Veenparadijs ten noordwesten van Earnewâld een ruige woestenij. Maar duidelijk is de ratio van de verkaveling te herkennen, en de aansluiting van de twee 'Langesleatten' (linksboven) bij de Nauwe Saiter. Rechts daarvóór ligt de oude vuilstort van Leeuwarden. Op de voorgrond de Rochsleat naar Warten, die het Prinses Margrietkanaal kruist. (Foto Marten Sandburg, 2006).

Voor deze dieren worden de laatste jaren in Fryslân nieuwe, hoge stallen gebouwd. De markante gebouwen worden dag en nacht verlicht voor een bij deze tijd horende melkproductie per koe van 9.000 tot 12.000kg per jaar.

Het laagveenmoeras, de blauwgraslanden en het hoogveenbos in de 'Alde Feanen' tussen Grou en Garyp maken deel uit van het 'Veenparadijs', dat in dit boek wordt verkend en beschreven. De aanhalingstekens horen erbij, want het is een paradijs van *na de zondeval*. Vos en bruine kiekendief eten er kuikens en eieren. Een meter diep duikende aalscholvers beconcurreren in ongebreidelde vraatzucht menselijke vissers. En *muskusratten* sterven een wrede verdrinkingsdood in fuik en vangkooi.

Dat laatste hoort tot de vele menselijke bedrijvigheden die nodig zijn om de natuur aan banden te leggen. We willen tenslotte allemaal de dijken rond de boezem heel en dicht houden. En de muskusrat is een niet bijster populaire exoot. Vanuit Alaska is dit knaagdier in zijn oorspronkelijke leefgebied Noord-Amerika via een Tsjechische graaf naar Europa gemigreerd. De *Ondatra zibethicus* is dus helemaal geen rat. De alternatieve benaming *waterkonijn* is passender. Ze zouden hem en haar moeten bejagen en eten, dan kwam hij diervriendelijker om het leven.

Voor de mensen die in de Alde Feanen recreëren, geld verdienen of er een kostbaar zomerwoninkje bezitten, is de omgeving in goede tijden paradijselijk. Er is naast het natuurschoon van braderie tot skûtsjesilen en van kunstexpositie tot schuimparty van alles te beleven. Bezoekers bewegen zich fietsend of wandelend en met boot, auto of scootmobiel in en door een groene wereld met veel water. Het aantal ligplaatsen in jachthavens in Warten, Grou en Earnewâld ligt boven de vierduizend, ook als we de kleinste niet meetellen.

Binnen een straal van tien kilometer zijn er rond het kerngebied *'Princenhof'* negen musea en oudheidkamers: Damshûs, Frysk Lânboumuseum, Skûtsjemuseum, Kokelhûs, Earmhûs, Hert fan Fryslân én Mineralogisch Museum, een 'oud slot' en een oudheidkamer in Aldeboarn. Zij bewaren met de inzet van honderden vrijwilligers en slechts een enkele professional een erfgoed, waarvan de relevantie in de actuele situatie vervaagt maar onmisbaar blijft.

De *turfwinning* van vooral de afgelopen anderhalve eeuw staat centraal in het levendige *Damshûs* in Nij Beets met een interessante openluchtcollectie. Niet alleen ziet men er hoe de armen toen woonden, men kan er zelfs varende excursies maken met bok of praam.

De vroegere Friese *landbouw*, die in de jaren 1850-'1970 de wereldtop bestormde en bereikte, manifesteert zich in het Frysk Lânboumuseum *'By de Boer'*. Het is gehuisvest in het gebouw bij Bungalowpark It Wiid in Earnewâld.

'It Fryske Gea' zelf presenteert hier de natuurlijke rijkdommen van het door deze organisatie beheerde natuurgebied.

▲ Jachthaven Warten, eigendom van een stichting, met 600 ligplaatsen en uitstekende faciliteiten. Van hier vaart een veerpont naar Earnewâld. (Foto Stichting Jachthaven Warten)

▶▲ Groeten uit Wartena.

▶ Links de Pikmar, rechts de Wide Ie. Verderop de Kromme Ie, één van de kronkelwateren in deze omgeving. (Luchtfoto Eurosense, provincie Fryslân)

De oude schipperij heeft zijn thuis in het *Skûtsjemuseum* in dezelfde plaats. Er liggen ijzeren en één houten skûtsje voor de deur. Het laatste is een replica van de Ebelina, het door Eeltje Holtrop van der Zee uit Joure in 1861 gebouwde snelste beurtschip van die tijd.

Het nostalgische museumpje *'It Kokelhûs fan Jan en Sjut'*, is ondergebracht in een piepklein woonhuisje in het dorpshart. Er staan onder meer beeldjes van harde turf.

Visserij en armenzorg krijgen aandacht in een leuk kleinschalig museum in Warten. Vlak daarachter is It Skûthûs, restant van een voormalige scheepswerf, met een goede horeca-afdeling.

In Grou staat behalve de monumentale kerk Sint Pieter het Streekmuseum *'Hert fan Fryslân'* in het voormalig Raadhuis van Idaarderadeel. Een eeuw geleden stond dat er nog niet. Inmiddels is Idaarderadeel (in 1984) opgegaan in Boarnsterhim. Die gemeente is in 2014 verdwenen, uiteengerukt en verdeeld over vier gemeenten.

Op de weg naar Warten is een *Mineralogisch museum* ingericht.

Verderop, in Wergea, staat Roorda State oftewel *'It âld slot'*, met herinneringen aan de woon- en leefcultuur van streekgenoten uit een hogere welstandsklasse.

Aldeboarn heeft een oudheidkamer in de oude waag, genoemd naar Uldrik Bottema, én een alleen op afspraak toegankelijk Vredesmuseum. Werkelijk monumentaal is de menselijke geschiedenis van één vroegere inwoner beschreven door Harmen Wind, in *'Het Verzet'*.

In de nabije omgeving wemelt het van de terrasjes, restaurants, eetcafés, hotels en *bêd en brochjes*. Er zijn een paar *boerderijwinkels* waar men streekproducten en consumpties verkoopt, galeries met kunst en particuliere verzamelingen voor de echte liefhebber.

Varen en vechten

Vijf, tien en soms vijftien boten van rondvaartbedrijven varen met gasten over Grêft, Aldewei en Folkertssleat. Daarnaast zeilen skûtsjes en pramen van Annage en andere bedrijven met *ploechjes*. Negen pontjes ontsluiten de weg naar de horizon in alle richtingen.

Nu ligt de afwisselend droge en natte massa overwegend ónder Nieuw Amsterdams Peil, en het water daar weer enkele decimeters beneden. Liefhebbers varen en schaatsen er. Als ze op een mooie stille ochtend vroeg genoeg zijn, kunnen ze zich in een zomers of winters Hof van Eden wanen. Echte natuurmensen weten dat dat níet zo is. Ikzelf heb er in het ijs een ingevroren snoekbaars gezien, met boven zijn kop in het ijs gefixeerde luchtbelletjes, zijn of haar laatste adem.

Voor organismen in de verschillende *habitats* is het bestaan dus een concurrentieslag die soms, op crisismomenten, ontaardt in een strijd op leven en dood. Terwijl lome koeien zich in ruil voor melk, vlees en kalveren laten voederen door de boer en bevruchten door de KI, vechten wilde dieren om partner, territorium en voedsel. Of, dat komt net zo vaak voor, ze moeten zich inspannen om niet als voedsel voor anderen te dienen. Hoeveel vliegen moet een spin, een zwaluw of een vleermuis dagelijks niet vangen om te overleven, hoeveel wormen een mol, muizen een kiekendief, vissen een meeuw?

Zie hoe bomen sterven door de bijtende uitwerpselen van een kolonie aalscholvers, hoe lisdodden rietstengels verdringen en pitrus of Spaanse ruiter oprukken in groen land en je beseft welk gevecht hier op alle niveaus wordt geleverd.

Veel leven beschouwen beschaafde mensen met een huis en een tuin in een andere context als *onkruid* of *ongedierte*, dat je op afstand moet houden. Met otters, wolven en zwarte ratten is dat aardig gelukt. Andere – haas, eend, gans en ree – zijn eeuwenlang bejaagd zonder uit te sterven.

Overheidsbeleid ter bescherming van de kwetsbare en zeldzamer wordende natuur wordt in Nederland pas sinds het begin van de twintigste

Kromme Ie en Knilles

Veel oudere vaarwegen in de omgeving kronkelen, vandaar namen als 'Kromme Ie', 'Kromme Grou' of 'Kromme Knilles'. Ze hebben een geschiedenis als afwateringssloot, waarvan er vele waren toen de veenmassa nog een bult en geen gat was. Levend veen groeit op de eigen vergaande plantenresten namelijk de hoogte in, zo lang het niet stevig wordt ontwaterd.

◀ Tegen een berijpt decor lijken de Alde Feanen een stukje ijzig paradijs. (Foto Fonger de Vlas)

▼ Een boeiend deel van de Lege Midden wordt omsloten door verkeersverbindingen. Links de A6, boven de Wâldwei. De Centrale As, rechts over Burgum, was in 2014 nog niet ingetekend maar wel in wording.

eeuw serieus gevoerd. Concrete aanleiding tot de eerste grote actie van natuurliefhebbers was een voorstel om het Naardermeer te dempen, in 1904. In reactie daarop richtten natuurliefhebbers onder aanvoering van Jac. P. Thijsse de vereniging 'Natuurmonumenten' op. Het rijk volgde in dit geval het particuliere initiatief.

Dat gebeurde aanvankelijk behoedzaam en terughoudend en met veel respect voor andere, economische belangen. Maar naarmate ongerept dier- en plantenleven in Nederland schaarser werd, is de wetgeving strenger geworden. Sinds de eerste Jachtwet van 1882 zijn de verboden talrijker geworden en eisen aan het beheer gesteld aangescherpt. Desondanks vond er veel kaalslag plaats, met een absolute piek in de jaren van ruilverkaveling, 1956-'70. Daar móest wel een reactie op komen.

Het spontane herstelvermogen van bosrijke natuurgebieden na de herfststormen van 1972 en '73 leidde tot een bij die tijd passende omslag naar 'minder ingrijpen door de mens'. Dat kwam goed uit, want er moest door de gevolgen van de Oliecrisis in 1973 bezuinigd worden. Maar in 1990 werd het begrip 'Ecologische Hoofdstructuur' gelanceerd in het eerste officiële Natuurbeleidsplan van de Nederlandse regering.

Nederland moet steeds meer aan Europese richtlijnen voldoen. Toch proberen Friese provinciale bestuurders de ruimte voor een eigen beleid met zelfs *wjukkelbunders* voor beschermde vogelsoorten op te rekken.

Dertig miljard voor senioren

De 'Alde Feanen' liggen in de 15.000 hectare metende venige tot kleiige (of klei op veen) gras- en natuurpercelen tussen Grou, Aldeboarn, Smalle Ee, Oudega (Sm), Garyp (Foanejacht) en Warten. In deze regio wonen zo'n twaalfduizend mensen, wier geschiedenis behalve in boeken en tijdschriften ook in monumentale gebouwen en musea is gestold.

Zijn de venen oud? Nee, maar het Friese 'âld' kan in een samenstelling ook 'voormalig' betekenen. Dat geldt zeker als het opgaat in het *substantivum* (zelfstandig naamwoord), zoals in 'Halbertsma's (of Westers) Aldfean'. Het 58 hectare metende Halbertsma's Aldfean werd in 1978 door It Fryske Gea gekocht. Het lag tussen de oude en de nieuwe Hooidamsloot, nu Headamsleat. Wester(k) Aldfean lag oostelijk van de Rânsleat ook ten zuiden van de Folkertssleat.

De in deze wereld opgegroeide Wybren de Wal uit Warten betoogde in de Leeuwarder Courant van 16 november 1968 dat het begrip Ald Fean of It Alde Fean zou verwijzen naar 'veenkringen', door samenwerkende veenbazen geëxploiteerd. Dat is, gezien het bestaan van de toponiemen met Aldfean, wat gezocht, maar onmogelijk is het niet. Vroeger was inderdaad samenwerking op meerdere terreinen geboden als veenbazen op efficiënte wijze turf wilden winnen. Daar zou het toponiem 'De Kompenije' noordelijk van de Sânemar ook naar verwijzen. Een echte Compagnie is hier nooit actief geweest, wel een improviserend samenwerkingsverband van verschillende veenbazen.

Het huidige Feanencomplex omvat meer dan vierduizend hectare laagveen en water. Het vormt de kroon op grote oppervlakten plassen en grasland in een vochtige diagonaal tussen het zuidwesten en het noordoosten van Fryslân. Daarin liggen rietvelden en zompige moerassen, die vroeger het domein waren van in goedkoop manchester geklede figuren als vissers, hooiers, koemelkers en rietsnijders. Een paar van die natuurmensen zijn er nog wel, maar tegenwoordig overheersen grijzende senioren, lawaaiige jongeren en nieuwe rijken in het landschap.

Als de grond optimaal gecultiveerd werd voor de hoogproductieve Friese veehouderij, zou dit schamele stukje Nederland dertig miljard euro waard zijn. Maar dat is het niet. Hooguit de helft ervan is agrarisch

◀ De 'breafisker' beoefent een uitstervend beroep. Paling wordt er weinig meer gevangen. De rest is voor de aalscholvers of vissers met een hengel.

◀▼ 'Ropeinen' of dorpseenden vervullen sinds de middeleeuwen al een onmisbare functie voor de melkveehouderij. Ze houden de wakken open waaruit boeren water voor hun vee kunnen putten. Daarom waren er rond 1930 vele Doarpseineferienings, ook in Earnewâld.
(Foto's Fonger de Vlas)

▶ Scheepsreünie van slepers in watersportdorp Earnewâld.

interessant. Een kwart, zo'n vijftigduizend hectare, bestaat uit grotere en kleinere meren en plassen. Sinds 2009 zijn deze op een enkele uitzondering na van oever tot oever eigendom van de provincie Fryslân.

De overdracht van het eigendom door de ROVD oftewel *'Domeinen'* aan de provincie is een verhaal op zichzelf. Grote delen van die meerbodems werden in 1832 kadastraal als particulier of dorpseigendom geregistreerd, en in 1877 min of meer door het rijk *'genaast'*. Ze zijn nu terug in Friese handen, maar niet van boeren, dorpen of gemeenten, die vroeger als eigenaar zelfs jarenlang grondbelasting hebben betaald. Zou niemand daar eens een proefproces om willen voeren? In ieder geval werd de overdracht gecombineerd met een integrale *'ontnederlandsing'* van alle waternamen, behalve het interregionale Prinses Margrietkanaal. Verandering van die naam stuitte op te veel praktische, nautische bezwaren.

Mensen gebruiken van het oppervlak bijna tien procent om te wonen, te werken, zich te ontspannen en te verplaatsen. Dat Friese grond relatief goedkoop is, zien we aan de vrij recente vlekvormige uitdijing van Heerenveen, Drachten en Sneek en de grote dorpen daartussen. Echte hoogbouw is hier zeldzaam, en wát er staat is architectonisch niet indrukwekkend.

Een schamele rest van de ruimte is voor de natuur, of wat daar in dit land voor doorgaat, veelal nog met toerisme en recreatie als *medegebruik*.

Veel mensen in de beschaafde wereld bleven het liefst uit de buurt van water. *'Eraan wonen'* was absoluut niet in de mode, maar er zat voor de meesten niet veel anders op. Veel water was nodig voor koeien, die zestig liter per etmaal drinken. Om daar 's winters over te beschikken,

Bij de overdracht van de meerbodems door de ROVD aan de provincie Fryslân op 12 november 2009 werd het boekje Friese Meren Fryske Marren uitgegeven. De Nederlandstalige waternamen in de provincie kregen een Friese- of streektaalnaam, vooral dankzij ijveren van Bertus Postma en Karel Ferdinand Gildemacher.

Premie voor otter

In 1600 was de *Lege* of Lage Midden nog grotendeels boerenland, deels in gebruik als hooiland. De betekenis van 'oud' in 'Alde Feanen' is dan ook zeer relatief. Tot royaal na 1900 werd de natuur van zo weinig betekenis geacht dat je een premie kreeg als je een otter doodsloeg. Er waren nog *broodjagers*, die in het voorjaar honderden kievits- en 'bonte' eieren ophaalden en daar bij poelier en hotelier goed aan verdienden. Omdat ze ook bedreven waren in het vangen van vissen en mollen, en een enkele keer een bunzing (*murd*) of een otter, waren ze rijker dan ze lieten merken.

moesten er bij matige tot strenge vorst wakken open worden gehouden. Daartoe dienden tamme dorpseenden (*ropeinen*), die om die reden gekoesterd werden. Het ging op veel plaatsen helemaal mis toen in de late jaren twintig door invoering van een nieuwe jachtwet vreemde jagers het collectieve bezit van ijswerend gevogelte afschoten. Biologisch leek dat verantwoord, want dorpseenden waren tammer dan wilde eenden en bonter van kleur. Earnewâld had net als veel andere Friese dorpen rond 1930 een eigen '*Doarpseineferiening*'. Later zorgde Doarpsbelang voor bijvoedering in winters en het opruimen van overtollige woerden in voorjaar en zomer.

De komst van waterleiding en centrale verwarming heeft het besef van de grote betekenis van deze dieren voor de op water georiënteerde dorpen en bedrijven gedoofd. Eenden die wakken openhouden en soortgenoten én ganzen lokken, worden nu door organisatoren van schaatstochten bijna net zo hinderlijk ervaren als binnenschepen die de ijsvloer vernielen.

In deze omgeving was het vroeger elke herfst een heel gedoe om het erf van geïsoleerd staande boerderij of arbeiderswoning droog te houden. Wat dacht je waar de drie sportieve Jenen (Nauta, Van den Berg en Wester) in de jaren dertig het schaatsen hadden geleerd? De kinderen, die vanaf de invoering van de leerplichtwet in 1901 elke dag twee keer de tocht over modderige dijkjes naar hun school moesten maken, hebben die drassige bende verwenst, het kan niet anders.

Aan de schoonheid die we nú ervaren, is sindsdien voortdurend geknaagd. Het ingrijpendst gebeurde dat bij Earnewâld op grote schaal in 1991-'93 bij de bouw van 315 vakantiehuisjes in Bungalowpark 'It

18

◄ De grootste ramp in de nieuwe tijd werd veroorzaakt door de stormvloed van 3 februari 1825. (Litho naar tekening van D. van der Hoop)

▼◄ De lage veenderij met jutte en beugel, afgebeeld op een tegeltableau in een woning in Aldeboarn. Onder: drie jaargetijden.

Wiid'. Die bouw ging ondanks heftig verzet van natuurorganisatie 'It Fryske Gea' door. Daarna werd de bebouwing van Earnewâld nog aan de noordkant met enkele woningen in voormalig *'onland'* uitgebreid. Een zachte, groene en soms wat drassige oever in het centrum werd bekleed met hardgrijs beton en verduurzaamd hout. Er liggen nu grote jachten aan de Wiidskant. Ze varen dwars door zeldzaam mooie gebieden, voor zover die nog niet met paalwerk en kettingen zijn afgesloten. Ter compensatie is aan de andere, oostelijke kant van de Ds. Bolleman van der Veenweg vroegere natuur helemaal in ere hersteld. De vroegere Fryske Geamedewerker en landschapsinrichter Nico Minnema ziet er bij wijze van spreken op uit. Horden zondagsfietsers tot uit de meest nabije omgeving weten niet welke natuurlijke schatten daar tegenwoordig in het groen verscholen liggen, zwemmen, kruipen of wat dan ook, maar in ieder geval groeien.

Grou kreeg nog niet een nieuw *waterfront*, maar wel twee jachthavens en een bungalowparkje De Burd voor de deur. Nieuwe bebouwing rijst op aan de oostkant van Tynje en Pikmar, waar je slechts varend met boot of pont kunt komen. De Tynje, jarenlang een legendarische hindernis tussen Pikmar en Wide Ie bij het Skûtsjesilen, is er veel korter door geworden.

De oude hoofdplaats van Idaarderadeel vernieuwt zich veel behoudender dan bijvoorbeeld de stad Sneek aan de Snitser Mar. De Waterpoortstad rukt tot aan de weelderige oevers op, over prehistorische verzonken *'veenterpen'* heen. Ze zijn door archeologen goed onderzocht voordat er een oostelijke rondweg overheen werd geplempt. Voor het graven van een diep kanaal kwamen die te laat.

Veen werd turf

Eén geheim van de Friese moerasgebieden ligt diep in de bodem verscholen. In en tussen ijstijden werden 250.000 tot 10.000 jaar geleden in zand- en *potklei*kommen de voorwaarden geschapen voor latere veengroei in een nat milieu. Turfgravers en baggeraars maakten sinds de Middeleeuwen dankbaar gebruik van de daarin vastgelegde calorische waarde. Ze deden dat voor eigen huishoudelijk gebruik eerst en als broodwinning later. Deze mannen, vrouwen en kinderen leverden de energie waarmee Friesland en Holland in hún gouden eeuwen de welvaart verdienden die ze niet weer zouden afstaan.

Miljarden turven zijn in de Friese Wouden uit hoogveen gewonnen in de periode 100-1750, met een piek in de zeventiende en achttiende eeuw. Toen begon de winning van *baggelaars* en andere laagveenturven uit plassen en laagveenmoerassen. De grond was immers nauwelijks iets waard. Hoe kwetsbaar het zompige laagland van dit bedrijf werd, ondervond een kwart van het oude Friesland mét grote delen van noordelijk Overijssel bij de grote watersnoodramp van 1825. Toen dreven hele huizen mét bewoners en complete inboedels weg. De rampzalige toestand in de weken en maanden die daar op volgden, tart elke beschrijving. Duizenden mensen kwamen in de golven om, of stierven kort daarna aan de doorgestane ontberingen. Friesland werd er nóg natter van. Pas decennia later kwamen grootschaliger inpolderingen op gang die tot herstel van het groene land bijdroegen, mede dankzij vruchtbare terpmodder.

Het eerder genoemde jaartal 100 is niet helemaal uit de lucht gegrepen. Rond die tijd leefde de Romeinse historicus Publius Cornelius *Tacitus*. Hij en zijn oudere collega Gaius *Plinius de Oudere* schreven nogal verschillend over kustbewoners in het Noorden. De één noemde ze ontwikkeld en vrijheidslievend, de ander beklagenswaardige drenkelingen. Uit de Romeinse beschrijvingen leren we echter dat inheemse bewoners zich toen al met gedroogde aarde verwarmden. Vanaf 1751 werd in de Friese

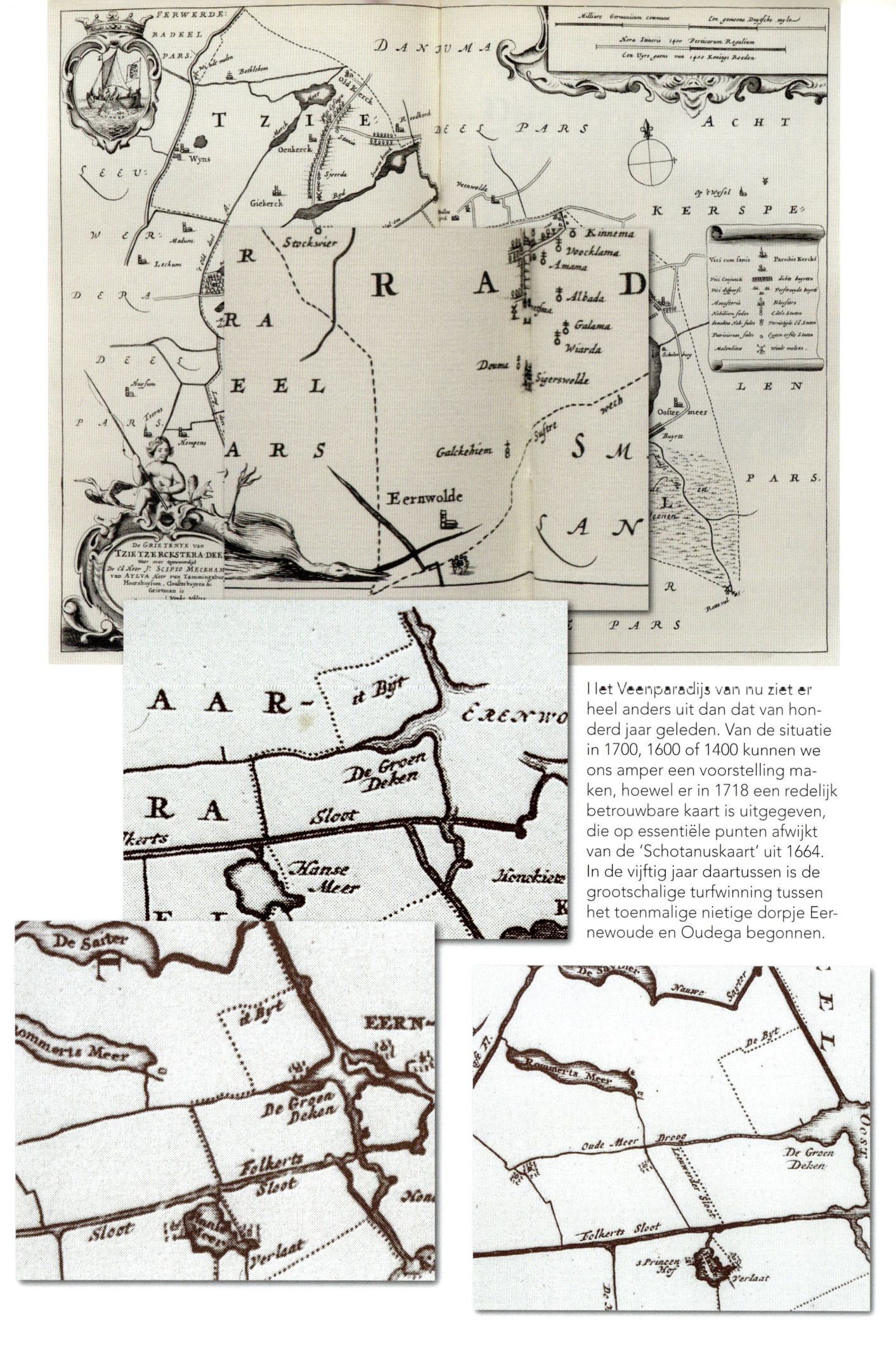

Het Veenparadijs van nu ziet er heel anders uit dan dat van honderd jaar geleden. Van de situatie in 1700, 1600 of 1400 kunnen we ons amper een voorstelling maken, hoewel er in 1718 een redelijk betrouwbare kaart is uitgegeven, die op essentiële punten afwijkt van de 'Schotanuskaart' uit 1664. In de vijftig jaar daartussen is de grootschalige turfwinning tussen het toenmalige nietige dorpje Eernewoude en Oudega begonnen.

◄ Kaart uit de Schotanusatlas van 1664. De grenslijn is, in een verder niet verkend gebied, kennelijk verkeerd getekend op de kaart van Tietjerksteradeel.

◄▼ Twintig tot dertig jaar na het verschijnen van de eerste Schotanusatlas werden de Oude Venen opnieuw door cartografen verkend en getekend. De kaarten van Idaarderadeel, Tietjkersteradeel en Smallingerland die in 1718 werden uitgegeven, bevatten veel meer details.

▼ Een sprietgetuigde vissersschuit met uitgeworpen net, rond 1650.

turfgraverij door vreemde turfgravers de *'Gieterse methode'* toegepast, voor het eerst in de *klijn* of laagveen bij Oudehaske tussen Heerenveen en Joure.

Kleine en grote meren worden in het Fries wel *'Mar'* genoemd, zoals de *Sânemar*, de *Hânsemar* en de *Holstmar* in de Alde Feanen. Het woord is etymologisch verwant aan *'moeras'*. De meeste meren ontstonden door zout- en turfwinning, overstromingen en afbrokkeling van landerijen uit laagveenmoerassen. De grootste vernielingen werden door storm en rijzend water aangericht in de periode 1175-1230, toen de Zuiderzee ontstond doordat het land tussen Enkhuizen en de latere Friese kust wegsloeg. Op topografische kaarten is bij de Fluezen, de Snitser Mar, de Wide Ie bij Grou en de Leien de oude situatie nog min of meer te reconstrueren.

De oudste kaart van de streek tussen Garyp en Grou is rond 1660 gemaakt. Kennelijk heeft de tekenaar zich niet in de venen begeven, want de grietenijgrens tussen Idaarderadeel en Tietjerksteradeel lijkt ter hoogte van de latere Groene Deken verkeerd ingetekend. Het land ten zuidwesten van de Fonejacht is op die kaart 'woest en ledig'.

Friezen zelf begonnen rond 1670 ten zuiden van de Alde Feanen bij Oldeboorn en Boornbergum turf in speciaal aangelegde polders te winnen, en kort daarna zuidelijk van *'des Princen hof'*. Zij exploiteerden laagveen tot onder het normale grondwaterpeil; water werd daartoe uitgemalen. Later trokken turfmakers van elders naar de omgeving van Eernewoude, zoals de van Giethoorn afkomstige Roel Harmens Toering. Hij had zijn bedrijf eerder in Ouwsterhaule uitgeoefend. Ook schippers, onder wie Riender Zetzema uit Grijpskerk, werden door de kans op lucratief avontuur aangetrokken. Een van zijn nazaten, Berend Zetzema uit Grouw, liet in 1914 de 'Drie Gebroeders' bouwen, het latere Ljouwerter skûtsje 'Rienk Ulbesz'.

Een onbedoeld gevolg van de diepe turfwinning was dat het water van alle kanten het gebied kon binnendringen, zelfs brak zeewater. Speciale vaartuigen, zoals in de achttiende eeuw de *Veenwoudster Praam*, werden ontwikkeld en op verschillende werven gebouwd om al die turf af te voeren. Aan die turfvaart, in combinatie met de lucratieve handel in terpmodder, danken we het latere ontwerp van bewoonbare platbodems, de schuiten of *skûten*. Ze werden in de jaren 1855-1860 voor het eerst gebouwd.

Vanaf 1890 zijn deze schepen van toen nog 30 tot 35 ton laadvermogen (gemiddeld ongeveer 3.60 x 15.80 x 1.14m) in Friesland op bijna dertig werven in ijzer gebouwd. Onder de vernieuwende hellingbazen waren protestanten van de rechtzinnige gereformeerde richting sterk oververtegenwoordigd. De bouwers van de snelste skûtsjes heetten Roorda of Van der Werff en woonden in Drachten.

Na 1900 werden de snel groter gebouwde binnenschepen algemeen uitgevoerd met een woning of roef achter het ruim, zodat ze als *roefschepen* werden ingeschreven. Vanaf 1901 werden ze volgens voorschrift in Leeuwarden, Sneek, Groningen of Hoogezand gemeten. Dat is nog te zien aan de afkortingen L, S, G, en Hz. Omdat liggers en meetnotities dankzij particuliere acties voor vernietiging zijn behoed en via websites toegankelijk zijn gemaakt, kunnen kenners nog nagaan hoe het oorspronkelijk ontwerp van al die schepen is geweest. Er zijn vele modellen en enkele replica's op ware grootte van gebouwd. Het enige houten skûtsje is de AEbelina, tussen 2004 en 2009 bij het Skûtsjemuseum gebouwd.

De mooiste en snelste tachtig skûtsjes, van de helling gegleden in de jaren 1900-1933, doen elk jaar mee aan het *skûtsjesilen* van de Sintrale Kommisje Skûtsjesilen (SKS, 1945) en de Iepen Fryske Kampioenskippen Skûtsjesilen (IFKS, 1981).

Nadat massa's hoogveen uit de bovenlagen in turf was omgezet, werd het dieper gelegen laagveen op veel plaatsen dus tot ver onder de waterspiegel, vlak boven het zand, uitgegraven. Men gebruikte daartoe beugels met netjes en schoppen met een lange steel en hoge opstaande randen. In het nabijgelegen (Nij) Beets werd tot in de jaren negentig van de negentiende eeuw turf gewonnen in de laatste grote turfvelden in Friesland. Na neergeslagen oproer van socialistische arbeiders in de strenge hongerwinters 1890 en '91 en de daar op volgende overstromingen hield hier de turfwinning op. De brandstof moest, voordat na 1905 steenkool op grote schaal beschikbaar kwam, voortaan uit noordelijk Drenthe ofwel *'Boppegrins'* worden gehaald. Alleen in de *'Flearbosk'* tussen Nij Beets en Oldeboorn, in Delfstrahuizen in Haskerland en in De Deelen tussen Luinjeberd en Aldeboarn ging het bedrijf door tot in en na de Tweede Wereldoorlog.

De laagste turf was echter nauwelijks meer de moeite van het winnen waard. Door zwavel (van methaan) en andere vervuiling (zout) bracht de brandstof in de handel weinig op. Plassen, soms later als zomer- of winterpolder min of meer drooggelegd, bleven er van over. Zo eindigde een van de grofste aanslagen op de kwaliteit van de Friese ruimte min of meer zoals ze begonnen was: met kleinschalige turfwinning en een dagelijks gevecht tegen watermassa's. Dat was pas in het midden van de jaren zestig voorbij. Toen brak, niet alleen hier, een nieuwe tijd aan.

De veenvergraving van toen en de latere inpolderingen en drooglegggingen hadden in combinatie met een optimale bemaling tot gevolg dat polders tegenwoordig in zomer én winter het vierduizend vierkante kilometers grote Friese land over een groot oppervlak domineren. Soms werden hele meren drooggelegd, zoals eerst bij Hempens en Warga en veel later in Wonseradeel. Waar dit werk gezien de verwachte geringe opbrengsten niet te financieren was, bleven veelal meren of plassen over.

Stabieler peil

Eén van de grootste veranderingen in onze landschapsgeschiedenis was het stabiliseren van het waterpeil op de Friese boezem rond -52 cm NAP. De bouw van het Hooglandgemaal bij Stavoren in 1966 was hiervoor nodig. Eerder, in 1920, was bij Tacozijl het Stoomgemaal gebouwd, dat nu op de Werelderfgoedlijst van UNESCO staat. In noodsituaties of als oefening of demonstratie wordt het nog af en toe in werking gesteld. Tijdens de bouw van dat kunstwerk, begonnen in de Eerste Wereldoorlog, werden in de provincie duizenden windmolens vervangen door een veel geringer aantal motorgemalen op elektriciteit en dieselolie.

◄ Delen van twee topografische kaarten op basis van verkenningen in 1925. Boerderijen en zomerhuisjes verrezen vanaf dat jaar in de Alde Feanen.
Wr M betekent watermolen, *Mtje* is (meestal) een jasker. Een *zet* is een zogenaamde *'tichtset'*, waar paling op de trek wordt gevangen. Zie hoofdstuk 7

Een deel van de Alde Feanen lag voorheen in Idaarderadeel. Deze gemeente ging in 1984 op in Boornsterhem met Grouw als hoofdplaats. Bijna al het natuurgebied tussen dit dorp en Earnewâld kwam toen bij deze gemeente. Nadat Boarnsterhim per 1 januari 2014 is opgegaan in Leeuwarden, Heerenveen en De Fryske Marren behoort de natuur grotendeels tot Leeuwarden en een klein deel, bij Earnewâld, tot Tytsjerkseradiel.

Stabiel water, beheerste natuur

De strijd voor het behoud van wilde dieren en planten voltrekt zich in 2142 hectare *Natura 2000-gebied*. Dat ligt rond de grenzen tussen Tytsjerksteradiel, Leeuwarden en Smallingerland, voor een deel op recentelijk verbeterde en daarna weer aan de natuur teruggegeven cultuurgrond in de Earnewarre. Hier wordt binnen de kaders van strak geformuleerde, internationale spelregels de natuur *herschapen*, een spannende, kostbare en arbeidsintensieve bezigheid.

Het is voor de beheerders en hun overheden moeilijker om aan alle eisen te voldoen dan voor recreatieondernemers om hedonistische gasten tevreden te stellen. Beide vormen van bedrijvigheid kosten veel geld en inspanning, al is het oppervlak van ruim 4 x 5 km niet veel groter dan een *thumbnail* op de Friese kaart. Om de grenslijnen op die kaart is in de moderne tijd behoorlijk gestreden. Tot de Franse tijd en na 1815 liep een grens tussen Idaarderadeel en Tietjerksteradeel door de Folkertssloot, de Leeuwarder Sloot en Langesloten naar het noorden.

Bij de gemeentelijke herindeling van 1984 kwam het water en het tussenliggende natuurgebied vrijwel allemaal bij de nieuwe gemeente Boarnsterhim. Die verslikte zich in alle eisen en uitdagingen, zodat ze dertig jaar later werd opgeheven en verdeeld. Het grootste deel van de Alde Feanen werd mét Grou bij Leeuwarden ingedeeld. Een klein stukje bij Earnewâld kwam weer bij Tytsjerksteradiel. Smallingerland bleef de gemeente waar de Wide Ie doorheen liep, en werd daardoor betrokken bij de openstelling van het Polderhoofdkanaal. Dat ligt echter grotendeels in Opsterland, dat in de natuur weer grenst aan Heerenveen. Zo blijft integraal beheer moeilijk te regelen en komt het voor dat jagers in de ene gemeente de ganzen schieten die in de andere worden gedoogd.

Volgens sommigen zijn de eisen in het kader van Natura 2000 veel te ambtelijk opgesteld en te statisch of te beperkend in hun omschrijving. Autochtone bewoners vooral vertrouwen meer op het gezonde verstand van *'natuerminsken'*, die meer lokaal en minder Europees denken.

Anderen ergeren zich groen en geel aan de ruimte die mensen nog altijd krijgen of nemen om zelfs in dit paradijselijke stukje *'wetland'* de natuur te verstoren of te vernielen. Dat gebeurt hier dagelijks met de schroef van de motorboot en de overgewaaide fosfaten in elders uitgereden gier.

Instructief wat dat betreft is de omgang met het water via het wél in één bestuurlijke hand gekomen grote Wetterskip Fryslân. Dat heeft met waterkwaliteit én -kwantiteit te maken.

In de jaren zestig verdween mét de introductie van een veel betere afwatering veel dynamiek in de natuur. Deze werd vóór die tijd veroorzaakt door de jaarlijkse afwisseling van een laag Fries Zomerpeil (FZP) en een hoger winterpeil. Voordien stroomde elk jaar in oktober een grote hoeveelheid *mineralenrijk* water over lage percelen. Daarbij werd een laagje slib afgezet, dat de voedselarmoede van het regenwater neutraliseerde. Na 1966 is er één peil, dat binnen een bandbreedte van iets hoger of iets lager maar weinig schommelt - behalve waar mensen het peil bewust manipuleren. Dat gebeurt tegenwoordig weer op verschillende plaatsen. Sommige polders zijn weer volgelopen, andere zijn 's zomers nat en winters droger, bij de meeste is het net andersom.

Vóór 1875, toen de productieslag in de Friese melkveehouderij een voorlopig hoogtepunt had bereikt, waren al tienduizenden hectares zomerpolder in het Lage Midden aan deze afwisseling van nat en droog onttrokken. De totale afwateringsdruk op de Friese boezem was in enkele decennia sterk toegenomen, want de buffer was met tienduizenden hectares verkleind. Laagveenmoerassen in de hele diagonaal tussen zuidwest- en noordoost-Friesland hadden hun enorme biologische variatie

24

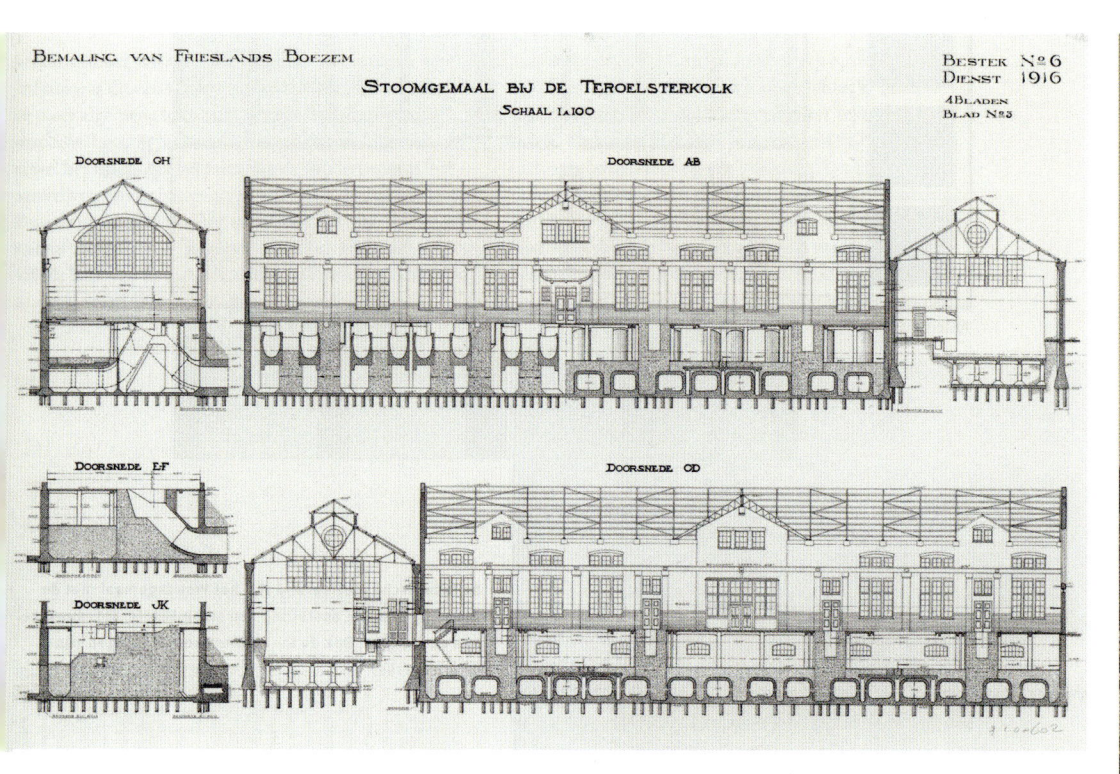

te danken aan de voortdurende afwisseling tussen hoger en lager water, met als hoofdpatroon het seizoensritme. Hoezeer de Friese natuur toen al verschraalde en verarmde, werd amper opgemerkt. Misschien kwam dat ook door de agrarische crisis van 1877-1897. De meeste mensen hadden wel wat anders aan hun hoofd dan de *luxe* van bijzondere leefgemeenschappen met merkwaardige planten en dieren.

De grond werd na 1878 financieel ineens veel minder waard. Maar natuurwaarden werden in een angstwekkend tempo aangetast. Dat gebeurde in deze omgeving vooral door melkveehouders vanaf 1916, toen een 3405 hectare groot waterschap was opgericht voor een gebied in de gemeenten Tietjerksteradeel en Smallingerland. De namen werden toen nog, zoals men ziet, net als vroeger na 1500 op z'n Hollands geschreven. De belangrijkste werken in het Waterschap Eernewoude betroffen de bouw van sluizen en een gemaal.

Er bleef veel minder land als hooiland in gebruik. Koemelkers hadden hier eeuwenlang hooi van blauwgraslanden gewonnen, zo genoemd naar de blauwgroene zegge. Het kruidige hooi werd naar de wal gebracht in pramen met een minimale diepgang. Dat leverde een in de agrarische bedrijfsvoering waardevolle natuurlijke habitat op, maar had niet een grote FEM-waarde voor het melkvee. De bijzondere biotopen voor zeldzaam wordende dieren en planten vond men voor 1900 nog overal in nat Friesland. Door de intensivering van de landbouw verloren ze hun waarde.

▲ In 1917 werd begonnen met de bouw van het stoomgemaal bij Lemmer, later Tacozijl genoemd. Door blikseminslag werd de toren verwoest. (Foto en tekeningen van Ir. D.F. Woudagemaal)

◄ Als stoomgemaal mét een bijdetijds bezoekerscentrum (links op de foto) staat het op de Werelderfgoedlijst van UNESCO. (Foto Marten Sandburg, 2012)

► De Rietzanger (Acrocephalus Schoenobaenus, Fries Reidsjonger).

De Pikmar en schrale landerijen tegenover Grou. Rechts het Prinses Margrietkanaal. Boven: De Wide Ie.
(Foto Marten Sandburg, 2009)

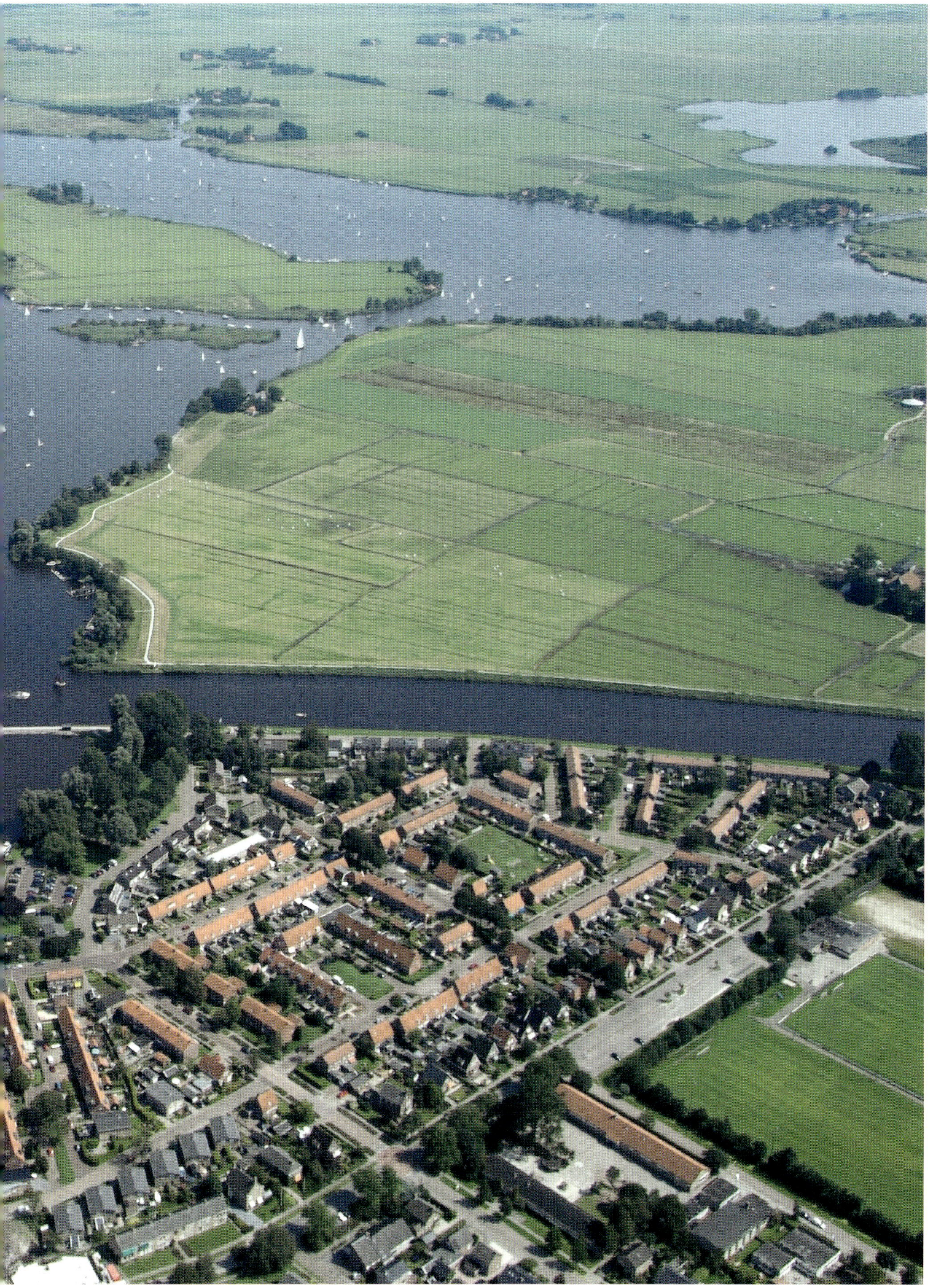

De natuur wordt hersteld

Een stukje blauwgrasland is herschapen aan de noordoostkant van Earnewâld. Duizenden wandelaars en fietsers komen er elk jaar langs zonder te beseffen wat ze níet zien.

Dat is geen wonder. Want ja, wat is natuur nog in dit land? De dichter J.C. Bloem vroeg het zich in 1947 af, en toen moest een volgende grote slag in de schaalvergroting en rationalisatie van landbouw en landschap nog beginnen. Sindsdien is Nederland opnieuw op de schop gegaan, Friesland wel twee, drie keer. Ruilverkaveling, wegenaanleg en uitbreiding van steden en dorpen hebben deze groene provincie in de jaren vijftig en zestig nog eens ingrijpend veranderd, sommigen zeggen *aangetast*. Bijna niets is meer zoals het vroeger geweest is. Wat op het nippertje aan de rationalisering ontsnapte, krijgt daardoor tegenwoordig bijzondere aandacht omdat het, ook internationaal, van grote waarde wordt geacht.

De habitats in de Alde Feanen zijn nader te typeren met bijzondere planten, zoogdieren, vissen, vogels, reptielen en soms insecten die er voorkomen:

1. Meren met krabbenscheer en fonteinkruiden, met als typerende soorten *bittervoorn, aalscholver, grote modderkruiper, roerdomp en kolgans*.
2. In vochtige heiden voelen *grote modderkruiper, purperreiger en grauwe gans* zich thuis.
3. In blauwgraslanden komen de *rivierdonderpad, bruine kiekendief* en *brandgans* voor.
4. Overgangs- en trilveen wordt getypeerd door *meervleermuis, porseleinhoen en smient*.
5. In galigaanmoerassen komen de zeer zeldzame *noordse woelmuis, de kemphaan en wintertaling* voor.
6. Hoogveenbossen zijn waardevol vanwege de aanwezigheid van de recent weer ontdekte *gevlekte witsnuitlibel, zwarte stern, snor en rietzanger, slobeend, tafeleend, kuifeend, nonnetje en grutto*. De rietzanger broedt overal in de Alde Feanen, de grutto is uitgegroeid tot hét symbool van de bedreigde Friese weidevogel. Eén generatie geleden hoorde je zijn klagerige roep overal nog, tegenwoordig is de *griet* in veel streken bijna zo zeldzaam geworden dat Friese vogelwachters én natuurminnende boeren er zenuwachtig van worden. De paradox wil dat grutto-eieren niet en die van de kievit wél gezocht en geraapt mogen worden.

Bootjesmensen, fietsers, wandelaars en kanoërs, boeren en de bewoners van zomerhuizen en woonarken zijn niet alleen hinderlijke indringers, waarvoor men ze in een natuurlijk perspectief zou kunnen houden. Ze dragen elk voor zich hun eigen niet geringe *cultuurhistorische* en economische waarden met zich mee.

Al die mensen, dieren en planten leveren de verhalen, waarvan de meeste nooit zijn opgeschreven, hoeveel boeken er over deze wereld ook zijn verschenen. Er kon nog wel een bij.

Grootste laagveen

Het gebied tussen de Kromme en Wide Ie bij Goëngahuizen, het Prinses Margrietkanaal tot aan de Foanejacht en vandaar de weg naar Oudega en verderop is het grootste, bijna aaneengesloten stuk laagveen van Nederland. Het is wel wat te vergelijken met de Hoge Veluwe. Hier leven in verschillende leefgebieden of *habitats* zeldzame dieren en planten. Een criterium voor hun betekenis is de relatieve bijdrage van de Alde Feanen óf van Nederland aan hun voortbestaan als soort in Europa.

Het achterliggende uitgangspunt is dat de huidige biodiversiteit niet verder verschraalt. De grote rest van de Alde Feanen bestaat uit plassen en eilandjes voor een vreugdevolle buitenbeleving. Daar is een vrijer beheer, ook door particulieren, toegestaan.

Natuur, grond en water

Ondoorgrondelijk, ongenaakbaar

Hoe poëtisch het natuurparadijs in talloze publicaties ook is beschreven, er ontbreken in de Alde Feanen enkele stadia in de successie van verlandingsfasen. De verstoring door menselijke activiteit is er veel te groot om zelfs maar de illusie van ongerepte natuur te koesteren. Maar het druk bezochte gebied mag toch beschouwd worden als een tamelijk compleet moeras-ecosysteem op kleine schaal.

▲ Een 'gat' met nu nog licht drijvende begroeiing. Het oprukkende Riet vertegenwoordigt al een volgende *verlandingsfase*. De Waterlelies zijn exoten. Oorspronkelijk horen ze hier niet.

Het eindstadium komt hier als *moerasbroekbos* in boeiende variatie voor. In korte tijd is rond Earnewâld een bont palet aan plassen en poelen gegroeid in een doolhof van smalle en brede watergangen en vaste grondstroken. Daar wurmen op een mooie zomerdag massa's mensen in boten zich doorheen. Soms is het er drukker dan in het centrum van Leeuwarden, en toch is het natuur. Dat is een van de bijzondere kwaliteiten van de Alde Feanen, hoewel je ook niet moet onderschatten hoeveel vreemde planten en merkwaardige beesten zich in Leeuwarden ophouden. Duizenden soorten, zelfs als je alleen het zichtbare telt.

In 2014 vormen de landerijen en poelen langs de *Earnsleat* ten noordoosten van Earnewâld de natuurlijke grens van het Natura 2000-gebied.

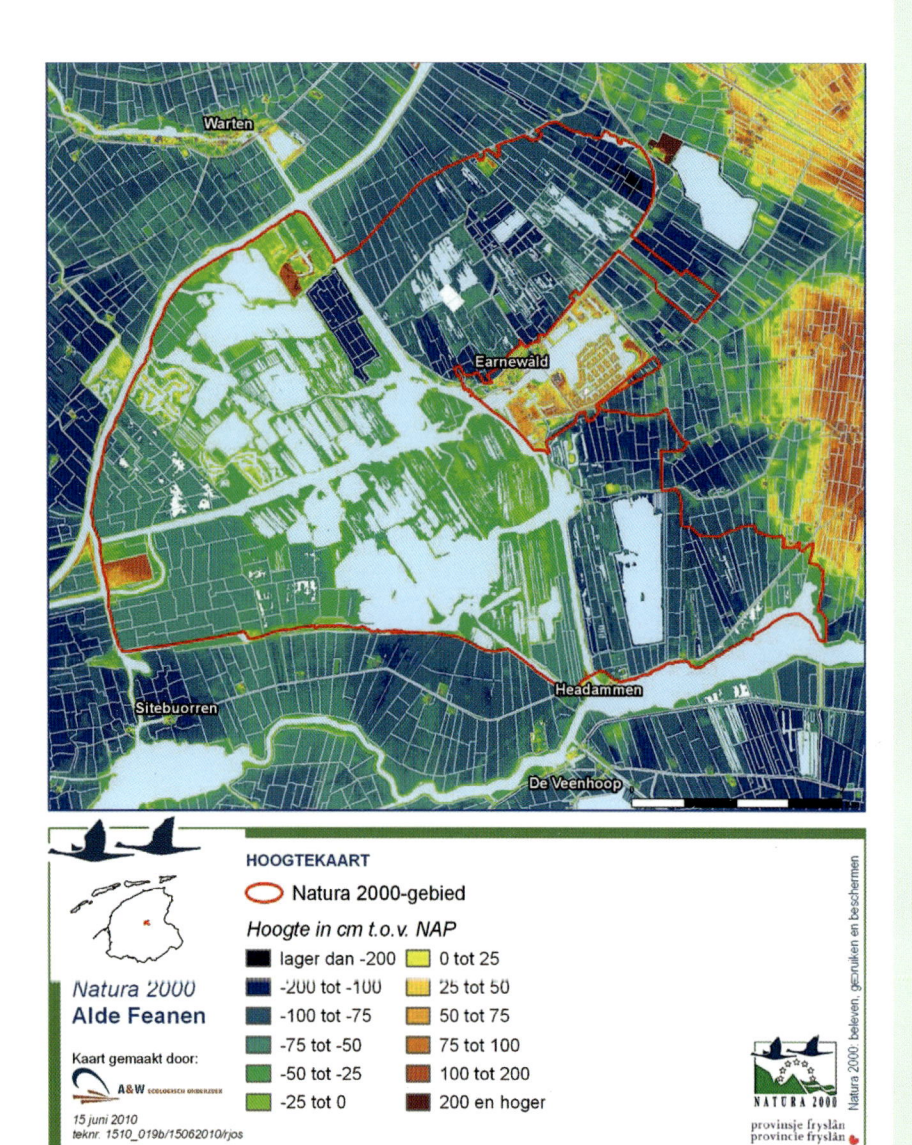

◀ Hoogtekaart uit het Behe(er)
plan Natura 2000 met een g(rote)
variatie in hoogtes op een kl(ein)
oppervlak. Rechtsboven de
Panhuyspoel. Kaart Altenbur(g &)
Wymenga, op basis van geg(e)
vens van de Provincie Fryslâr(n).

▶ Ruige rietbegroeiing
met onder meer gele lis
(Iris pseudacorus) en Echte
Koekoeksbloem (kraneblom).

▶ De vaasvormige zaaddoo(s)
van de gele plomp (Nuphar
lutea) drijft naast de bijna uit(ge)
bloeide bloem. Deze bloem
'it pompeblêd' groeit in diepe(r)
water, dat daardoor van zuur()
stof wordt voorzien. De eetb(are)
wortel bevat het verdovende
Nupharine. Door koken kan
werking ervan geneutralisee(rd)
worden. Even kan men er hi(g)
van worden, maar herhaald g(e)
bruik kan tot verlamming lei(den)
Dat zal in de Alde Feanen w(ei)
gen overkomen. De gele pl(omp)
is een beschermde plant.

▶ De (knobbel)zwaan (Cygn(us)
olor) lijkt liefelijk, maar in de
broedtijd valt er niet mee te
spotten.

Ten oosten van de Ds. Bolleman van der Veenweg liggen daarin nieuw gevormde natuurterreinen rondom jonge trek- of petgaten.

Vlak daarbuiten, zuidelijk van de *fiskfiver*, leek de zandwinning in de Panhuyspoel in 2014 goeddeels voltooid. Maar exploitant Oosterhof Holman heeft in juli van dit jaar een nieuwe vergunning van de provincie gekregen. De vraag is nu niet meer welke bestemming de nieuw gevormde waterplas bij de grens van het oude dorp Sigerswâld onder Garyp moet krijgen. Het wordt natuurgebied met recreatie als medegebruik. Want hoewel buiten het Natura 2000-gebied gelegen, behoort de nieuwe 'sanding' wel tot het 4000 hectare grote Nationaal Park Alde Feanen. Ze overlappen elkaar namelijk slechts gedeeltelijk.

Wat er achter de hekken onder de waterspiegel gebeurt, onttrekt zich aan de waarneming van omwonenden. *Verlanden* doet het voorlopig zeker niet, daar is de put met zijn –20 meter veel te diep voor. Stroomt er ondergronds zand naar toe van onder de Earnewâldster huizen, zoals onheilsprofeten zeggen? Men kan het geloven, niets blijft hier immers zoals het is. Maar volgens twee bureaus die de nieuwe vergunningsaanvraag uitgebreid hebben bekeken, Altenburg en Wymenga én Wiertsema, is daar geen sprake van. Zelfs de invloed op de *kwelflux* is te verwaarlozen, terwijl het kwelwater toch in de nabije omgeving, in de Bolderen, naar boven komt.

Land wordt hier, in het oude Sigerswâld, water. Vlakbij gebeurt het omgekeerde.

De 2142 hectare (iets meer dan 5 x 4 vierkante kilometer) laagveenmoeras met plassen, rietlanden en broekbos van *Natura 2000* wordt grotendeels beheerd door de idealistische grootgrondbezitter *'It Fryske Gea'*. Deze kan, wel of niet in samenwerking met boeren, ook lichtere vormen van beheer voor zijn rekening nemen. De grootste Friese organisatie voor natuur- en landschapsbescherming werd in 1930 door een groepje natuurminnaars opgericht, mede om grootschalige vuilstort en ontginning bij Earnewâld te voorkomen. Maar het eerste grondbezit van de vereniging was de 'Landweer' bij Allardsoog.

Paradepaardje was jarenlang het Prinsenhof (*Fr: Prinsehof*), op oude kaarten te herkennen als *'des Princen Hof'*. Friese stadhouders hadden er in de zeventiende en achttiende eeuw hun jachtterein, vandaar de naam. Dezelfde naam hebben het door de ondernemende bakker Piet Miedema in 1938 gestichte hotel-restaurant aan de uiterste zuidwestkant van Earnewâld, én het aangrenzende rondvaartbedrijf.

Wie in deze omgeving bewuster dan argeloos wil ronddwalen, moet een actuele kaart bij de hand hebben of over veel lokale kennis en een goed ruimtelijk inzicht beschikken. In korte tijd is hier veel veranderd. En het gaat maar door, elk seizoen opnieuw. De natuur wordt de rust niet gegund om zich naar eigen evolutionaire inslag te modelleren. We hebben haast om het verloren paradijs, dat we niet konden bewaren, te herscheppen.

Maar tussen de Geau, de Kromme Ie en de Headamsleat ligt nog een rest van 400 hectare modern verkavelde boerengrond, die door de agrarische lobby voor de melkproductie bewaard is gebleven: *de Hege Warren*. Dit in 1939 ingepolderde grasland eindigt in de eeuwenoude polder *Sitebuorren* aan de Sitebuorster Ie.

In de zeventiende en achttiende eeuw bevond zich hier een bescheiden nederzetting van vissers en arbeiders, sommigen met wat vee. Ze woonden in de schaduw van een paar grote boeren. De vroeger markante, hoge zathe 'Heechhiem' op de plek van de oude *Sietemastate* is echter recentelijk vervangen door een veel lagere moderne boerderij. Het poldercomplex is zeventig centimeter tot 1.10m diep, en wordt toch het hele jaar droog gehouden. Daar zijn gemalen voor, en dijken of kaden.

Moeilijker dan het water zijn de ganzen te keren. Ze worden in de naaste omgeving van het natuurgebied op grote schaal afgeschoten. Voor beheerders van de Wyldlannen aan de overkant van de Geau is het vrijwel onmogelijk om de invloed van gierdampen teniet te doen.

Binnen 'It Fryske Gea', met een nieuw bezoekerscentrum in bungalowpark It Wiid, wordt gediscussieerd over de ethische en praktische grenzen van natuurbeheer. Mag je reeën in de winter laten verhongeren, of moet je ze afschieten? En is het verantwoord om het landschapsbeheer voor een deel over te laten aan boeren, die voornamelijk een economisch doel hebben? Deze vragen spelen overal waar 'It Fryske Gea' actief is, tot in buitendijkse gebieden aan de Waddenzee.

Natuurbeschermers stuiten in hun werk op complexe belangen. Sommige eisen van economie, comfort en hygiëne botsen hard met die van rietorchis en fuut, paling en otter, baardmannetje en kalmoeswortel. In de afweging moeten soms pijnlijke keuzes worden gemaakt. Het microscopisch leven blijft grotendeels buiten deze discussie, hoewel het massaler en veelvormiger is dan een leek kan bevroeden. Dat zal waarschijnlijk pas veranderen als de meeste Nederlanders *Micropia* in Artis hebben bezocht en de boodschap hebben begrepen.

In één waterdruppel aan het oppervlak huizen meer micro-organismen dan er op een drukke zomerse dag mensen in de hele Alde Feanen varen,

▲ De Alde Feanen, in vogelvlucht bekeken vanuit het oosten. Op de voorgrond Bungalowpark It Wiid. Op de achtergrond de Holstmar (links) en de Saiter.

▶ In één waterdruppel zit soms meer leven dan er op een drukke zomerdag mensen in de Alde Feanen fietsen, varen, lopen en zwemmen.

▶ Amerikaanse windmotor, iets bezuiden de Wide Saiter onder Warten. Op de veer of staart staat Adema Wirdum, maar het is een type dat indertijd door Bakker uit IJlst werd geconstrueerd. Mogelijk heeft Adema voornamelijk de restauratie verzorgd.

'It Fryske Gea'

'It Fryske Gea' is al tachtig jaar eigenaar én beheerder in het kostelijkste deel van de zompige wereld waar *natuurbeheer* ook voortdurende *natuurontwikkeling* betekent. Het is een machtige organisatie geworden met meer dan 28.000 leden en een hoofdkantoor in een voornaam landhuis in Olterterp.

Zijn succes is deels te danken aan de steun van zorgverzekeraar 'de Friesland', die aan leden een fikse premiekorting geeft. Voor een ander deel heeft het met de kwaliteit van de club te maken, en met de betrokkenheid van veel Friezen bij hun omgeving.

fietsen, wandelen en rusten. En hoeveel waterdruppels gaan er niet in een liter? Duizend liters vormen één kubieke meter. Vijftig miljoen kubieke meter meet een voor de helft drooggevallen merengebied van tien bij tien kilometer omtrek en één meter diepte (10.000 x 10.000 x 0,5m).

De plassen bevatten dus naar schatting vijftig miljard liter water, waarvan echter maar een klein deel zó dicht bevolkt is met microben. Die tien kilometer van de omtrek is, tussen haakjes, iets meer dan de afstand tussen Grou en Warten, tussen Warten en Earnewâld en tussen Earnewâld en Smalle Ee via De Veenhoop.

Woeste schoonheid is zeldzaam in dit eeuwenlang gecultiveerde grensgebied van land en water in de drassige put van de Lege Midden. Mensen zijn overal, altijd. Maar de schijn van rationele inrichting en beheersing bedriegt soms, want natuur is meer een *proces* dan een *toestand*, al geven de foto's van Fonger de Vlas en schilderijen van Gosse Koopmans een andere indruk. Zelf heb ik hier uren, dagen, weken gezeild en gefietst, maar hoeveel reptielen, om maar een voorbeeld te noemen, heb ik nog helemaal gezien? De steenmarter die zich op een onbewaakt moment liet bewonderen, was al een grote uitzondering.

Door de bliksem getroffen

De natuur laat zich niet bedwingen, al schreef J.C. Bloem: *'En dan, wat is natuur nog in dit land? Een stukje bos, ter grootte van een krant…'* (De Dapperstraat, 1947).

Maar zo dramatisch als op 3 oktober 1961 toont zij zelden haar macht. Toen werden drie bewoners van de boerderij Laban in de Wyldlannen

◀ Hallucinerend beeld van 'kruiswaters' onder een drukke hemel. Op de achtergrond een bosje, verder is het veld kaal – zoals het hoort.

▼ Ooievaars (Ciconia ciconia) op hun nest op het gasstation bij Earnewâld. Ze vormen een onafscheidelijk paar, hoe ver ze soms ook trekken.

▶ De roeipotige blauwe reiger (Ardea cinerea) heeft met zijn scherpe snavel een spitsmuisje gevangen. Het arme dier is ten dode opgeschreven, en dat wéét het.

▼▶ Een mannetjes brasem (Abramis brama) wacht op de kans om een vrouwtje te bevruchten tijdens de paaitijd.

ten oosten van de Rengerspolle door de bliksem getroffen. Het gebeurde in de ochtend, om acht uur. De mannen haalden ruwvoer van het land voor hun vee toen de bui kwam opzetten. Twee van hen, vader en zoon Sietze en Wietze Jonker, overleefden het niet. De 15-jarige zoon Tjeerd werd ook getroffen en raakte gewond, maar bleef in leven. Het verdriet van hun vrouw en moeder Tjitsche Hiemstra, boerin op die eenzame vlakte, was niet te peilen.

Vader Sietze, schreef de Leeuwarder Courant de volgende dag, leefde een wat eenzelvig bestaan in de verlatenheid. Hij was volgens de krant een groot liefhebber van de natuur, die hem noodlottig werd.

De boerderij Laban zou door de nabestaanden verlaten worden en tot ruïne vervallen. De Jonkers vonden een ander woonstee in Wergea. Later kregen ze een nieuw toekomstperspectief in de Hege Warren. Hier kan het nog altijd lelijk spoken. Maar dankzij het gemaal hoeven boeren er niet meer met jaskers en mestwallen hun erven tegen het in oktober opkomende water te beschermen.

De natuur waarin mensen in een onweer omkomen, is als de God van een ver, vroom voorgeslacht uit de Bible-belt, ondoorgrondelijk en ongenaakbaar. Ze wordt getekend door strijd en liefde, op leven en dood. Ze ontroert wie er afstand van kan nemen en er desondanks nog gevoelig voor is, zoals de hoofdpersoon Maarten in *'Een vlucht regenwulpen'* van Maarten 't Hart. De rietvelden in zijn omgeving leken op de wereld in het verborgene van de Alde Feanen.

Of het nu de flexibel verankerde *pompeblêden* zijn met het blinkende geel van de lis, een tere waterlelie of krabbenscheer en kroos in vijftig tinten groen, wilde planten onttrekken zich per definitie aan de ordenende hand van een brood etende hovenier. Ze zijn in een hogere ordening opgenomen, waar een landschapsinrichter slechts voorwaardenscheppend de contouren van kan schetsen.

Dit geldt ook voor de loom voortzwevende brasems in een voor grotere vaartuigen ontoegankelijk trekgat. Ze leven in hun eigen paradijs, zolang je de *zeeg* er niet radicaal doorheen haalt. Met hun goudgele ruggen vlak onder het wateroppervlak lijken ze te wachten op de bek van een sterke rover. Merkwaardig, of laten aalscholver en mantelmeeuw deze zware jongens met rust? Otters zijn er nog te weinig om het voortbestaan van de soort te bedreigen, muskusratten zijn vegetariër. En bunzings en steenmarters zijn in het water te onhandig om zo'n vis te vangen.

De dikste vissen overleven daardoor jaar na jaar. Zolang predatoren uit de buurt blijven en winters niet té lang en streng zijn, is hun bestaan efficiënt ingericht met een luiheid die tot levenskunst is verheven.

Het ongerichte drijven staat in schril contrast met het gekwinkeleer van ontelbare riet- en watervogels in voorjaar en vroege zomer. Karekiet, blauwborst en rietzanger, merel en leeuwerik communiceren muzikaal met soortgenoten om te bekoren of te intimideren. De verre roep van een koekoek, de ijle zang van de wulp en de diepe basdreun van de roer-

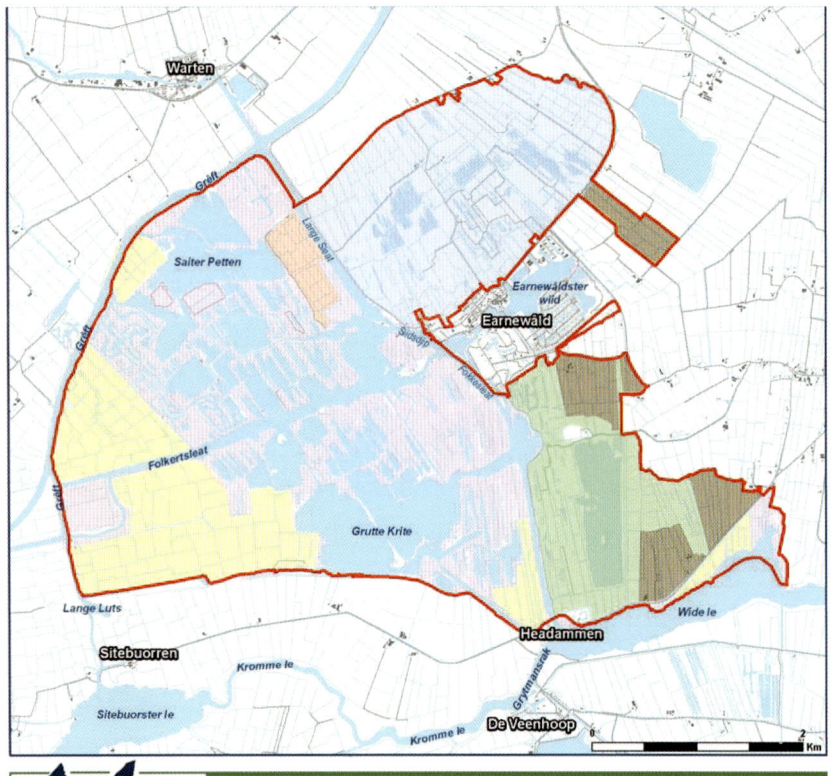

◀ Boezemlanden en polders in het Natura 2000-gebied. (Bron Wetterskip Fryslân, kaart Altenburg & Wymenga)

▶▼ De BM'er met vensters in zeil en fok dobbert naar huis. Het (fluister)motortje is verplicht bij passage van grootscheeps vaarwater.

▶ De Rânsleat tussen Sânemar en Geau. Een groot verschil met vroeger is het opschietend groen van bossages.

domp contrasteren met een fantastisch geluidsdecor. Aan dove wezens gaat het allemaal voorbij. Maar de geoefende vogelaar herkent ook het gekras van roek en kraai, het waarschuwende geschater van de ekster en het krijsen van een hongerige meeuw, van wie de prooi dreigt te worden ontstolen.

Al die dingen wist Sietze Jonker te waarderen, tot op de dag dat hij door de bliksem werd getroffen. Het klinkt hard voor zijn nabestaanden, maar je kunt je een mindere dood voorstellen.

De ervaring van bovenmenselijke kracht blijft niet beperkt tot een plotseling opstekende onweersbui. Het manifesteert zich ook in een snel neerdalende mist, waardoor de schipper verdwaalt in het wiegende rietdecor van eigen water. Het is aanwezig op een ruige winterse dag met sneeuwstorm of hagel, of in het najaar bij harde regen, bijna altijd in combinatie met de wind.

Imponerend is de herfststorm, die wild aan lage begroeiing rukt en bomen piepen en kreunen doet. Daar hoort opspattend water bij, dat op plaatsen donker wordt gekleurd door de rimpeling van golven.

Eén nacht in het jaar heerst hier, als wolken de sterren bedekken, de duisternis die mensen kunstmatig creëren door het licht te doven. Dan behoort de Lege Midden tot de donkerste plekken van Nederland en komen spookfiguren als 'de smid fan Earnewâld' en de 'Langsleattemer Man' tot leven. Het duister is een fenomeen waar bezoekers speciaal voor naar Earnewâld komen, zo zeldzaam is het geworden.

Af en toe daarentegen, wanneer in een warme zomer de zon echt brandend hoog aan de hemel staat, loopt de temperatuur in de modderbrij op tot boven een peil dat wij mensen aangenaam vinden. Dan ruik je de intense geuren van vergaande planten in het veen, vermengd met al dat leven. Er is niet aan te ontkomen.

In het voorjaar is tot in wijde omgeving het hoge gemauw van stootvogels te horen, 'miieeuw, miieeuw'. Deze buizerds en kiekendieven bouwen verscholen achter rietschermen hun grote nesten. Bij warm weer cirkelen ze op de thermiek rond. Vroeger kwamen deze majesteitelijke hoogvliegers overal in Nederland algemeen voor. In de eerste helft van de twintigste eeuw werden ze door felle bejaging zeldzaam. Maar tegenwoordig zijn de grote vogels rond Earnewâld weer talrijk genoeg om geen bezienswaardigheid meer te zijn.

Dat zijn de bij Terkaple en Earnewâld in kolonies broedende ooievaars nog minder. Zij brachten twee generaties geleden nog volgens een braaf overgeleverd verhaal als bodes van vruchtbaarheidsgodinnen baby's rond totdat ze bijna waren uitgestorven. De seksuele voorlichting werd na 1960 eerlijker, toen de ooievaar vrijwel was verdwenen. Na herintroductie door vrijwilligers lijkt de sierlijke witzwarte eibert of *earrebarre* talrijker geworden dan de gewone reiger, *ielreager*. Sommige zie je het hele jaar door. Die slaan de trek dwars door zuidelijk Europa en een deel van Afrika gewoon over en blijven in de buurt van hun nesten, nabij het bezoekerscentrum aan de Ds. Bolleman van der Veenweg.

De witte variant van het reigerdom, de zilverreiger, is wat zeldzamer. Beide vogels roepen net als de talrijke zwanen de vraag op hoe ze zo smetteloos wit kunnen blinken in deze modderige omgeving.

Ooievaars vangen voornaam steltlopend kikkers en muizen en verschalken geregeld een jong van grutto of kievit. Reigers staan uren op één poot, met de andere onder zich gevouwen, langs de kant van een sloot op een vis of een kikker te wachten. Hun aanwezigheid maakt voor reptielen, palingen en kuikens de huidige overbevolking onder aalscholvers ('*ielguozzen*') nog dreigender. Al deze dieren vergroten in een aangeboren vraatzucht hun areaal tot ver buiten het kerngebied van de natuur.

37

Verheugend is, in deze tijd van uitsterven van wilde dieren, de groei van zo veel populaties die betrekkelijk tot zeer zeldzaam waren geworden. Daar horen hier ook reeën bij en otters, en veel planten die op de *rode lijst* prijken.

Maar natuur is meer, veel meer dan zeldzaamheid. Wie voor opzienbarende waarnemingen de kennis ontbeert, kan op een rustige zomeravond worden getroffen door het versplinterend zonlicht op de golven in een schervendans, of het schuimen van water tegen een scherpe scheepsromp of een slordig aangebrachte oeverbescherming van steenslag.

Wat hier mooi aan is, valt nauwelijks uit te leggen. De visser, die op de Langesleatten met zijn hengel uren in een bootje wacht op beet of op de kant van de Fokkesleat zit of staat, vraagt men niet naar zijn motief. Zijn vangst wordt meestal direct weer aan het water toevertrouwd. Bovendien is elke omschrijving anders, afhankelijk van persoonlijkheid, opvoeding en smaak.

Verdrinken of verdorsten

Elk decennium zakt de bodem in droge veengebieden 5 tot 10 centimeter dieper onder Nieuw Amsterdams Peil. Deze bodemdaling verloopt trager dan mensenogen kunnen waarnemen. De toevallige passant ziet weinig méér van de gevolgen dan de hoog boven de grond hangende stoepen aan boerderijen in de Earnewarre.

De Alde Feanen zijn tegenwoordig weer natter dan veertig jaar geleden, en hier verloopt de bodemdaling veel trager – als er al geen aangroei plaatsvindt. Het gevolg is dat het grote waterparadijs, het zeldzame laagveenmoeras, steeds hoger boven ingepolderde landerijen in de omgeving komt te liggen. Dat maakt de dynamiek van de vele waterlopen in deze omgeving nog intrigerender. Want water vloeit toch altijd naar het laagste punt?

Ja, dat doet het, als het niet wordt gekeerd en belemmerd. Eén van de opgaven in het huidige beheer is creatie en herstel van een hydrologisch systeem waarmee droogte en nattigheid naar behoeven kan worden gemanipuleerd.

Op sommige plekken verdort desondanks het gewas en dreigt veen te '*veraarden*'. Dat laatste is te zien op *Wiegersma's kop*, ten zuiden van de

◄ Zomerwoning RANG op de hoek van de Langesleatten.

◄▼ De zilverreiger (Egretta alba) in zijn element.

Sânemar. Het veen wordt er hard door de droogte, waardoor het geen deel meer uitmaakt van de levende spons, die het laagveenmoeras typeert. Het oxideert dan ook sneller.

Een eeuw geleden werd in deze omgeving min of meer een eind gemaakt aan een omgekeerd probleem, namelijk verdrinking van lage gronden. Daar heeft Friesland sinds de twaalfde eeuw al mee te maken, met korte 'kleine ijstijden' waarin het probleem zich minder ernstig liet aanzien. In de twaalfde eeuw moet de toenmalige boerengemeenschap van 'Irnewolde' van het oorspronkelijke kerngebied rond de 'Jernesloot' (nu het midden van de Holstmar en het aansluitende stukje Sytse Maaikesleat) oostwaarts zijn gevlucht naar hogere gronden. Daar staat nu de kerk uit de achttiende eeuw, die een vervallen voorganger uit waarschijnlijk de twaalfde eeuw heeft vervangen.

De *Sânemar* is na vervening ontstaan in een proces dat meer dan een eeuw heeft geduurd. Nog steeds liggen er ten zuiden van de Aldewei en noordelijk van de ingang van de Folkertssleat resten van voormalige eilandjes waar stukken vanaf zijn geslagen: de *Beekhuispôle* en de *Geitepôle*. Over toponomie: voordat de Beekhuispôle genoemd werd naar Fryske Gea-bestuurder Mr. Cornelis Beekhuis, die hier wel eenden schoot, werd dit de *'pôle fan Jan Geales Zandberg'* genoemd. De laatste was een vrijgezel in Earnewâld, die als scheerbaas en met de broodkar zijn geld verdiende.

De Geitepôle zou helemaal kaalgevreten zijn door de geiten die eigenaar Geale Piters Postma er losliet, nadat door hem uitgezette varkens het perceel danig hadden omgewoeld.

In dit deel van de Alde Feanen zijn veel *zethagen* uit de turftijd beter in tact gebleven dan elders. De Snitsermar is net als de Fluezen een veel dramatischer voorbeeld van door de dijken gebroken watermassa's. Op de Fluezen ligt bij Elahuizen, eigenlijk het vroegere Nijega, een verdronken kerkhof buiten de dijk. Bij het skûtsjesilen ligt daar vaak een boei en skûtsjes komen er op de ondiepte geregeld in moeilijkheden.

In de Snitsermar zijn de laatste eilandjes, zoals de Roekoe, verdwenen bij en na het graven en verbreden van het Prinses Margrietkanaal. Tussen Sneek en Terherne worden nu, net als eerder in de Tsjûkemar, de Fluezen en de Lijen is gebeurd, eilandjes kunstmatig aangebracht, of gereconstrueerd. Daar is in september 2014 een begin mee gemaakt.

In de Alde Feanen zijn en worden daarentegen juist verschillende percelen weer tijdelijk of permanent *ontpolderd*, onder water gezet, om verdroging tegen te gaan.

Vroeger, zeg maar vóór 1700, waren de Friese meren dus zoveel droger dat ze uit meerdere poelen en plassen bestonden. Dat is net als in de huidige Alde Feanen op oude kaarten te zien. Boeren uit de buurt hadden er hooiland in bezit. Maar toen bij grote stormen de dijken bezweken, *abandoneerden* of verlieten ze hun oude grond, die daarna verviel aan dorp of grietenij.

Naastliggende dorpen en grietenijen werden in 1832 kadastraal geregistreerd als eigenaar, zodat er jarenlang grondbelasting over moest worden betaald. In 1877 naastte het rijk die bezittingen met warme steun van gouverneur in de provincie Friesland, mr. Jan Ernst van Panhuys. Het leek de Friese inzet van een deal met de rijksoverheid om grote verbeteringen in de Friese natte infrastructuur te bekostigen.

Doordat vanaf 1850 tienduizenden hectares *'bûtlân'* of zomerpolder in Friesland werden ingedijkt, kromp toen de boezem. De buffer om uitgemalen water tijdelijk op te vangen werd in enkele decennia honderdduizend hectare of ongeveer een kwart kleiner.

Bij zuidwestenwind leidde dat tot voortdurend terugkerende wateroverlast aan de noordoost-kant van de Alde Feanen. Een groep grondgebruikers schreef geregeld protestbrieven over de waterstaatkundige situatie aan de Friese provinciale en gedeputeerde staten. Ze leefden jaren achtereen van oktober tot eind april op eilandjes in grote watervlakten. Hun stallen en kelders liepen dan vol water, met mest en paaljaskers moesten ze het hoofd maar boven water zien te houden.

Hun vertegenwoordiger was in de jaren 1844-'85 de toenmalige hulpprediker en vanaf 1852 predikant in Eernewoude ds. Binne Bolleman van der Veen (1818-1892). In 1885 vertrok hij naar het Limburgse Stevensweert. Hij had nog mogen meemaken dat door een integrale verbetering van de Friese natte infrastructuur vanaf 1881 de situatie in zijn omgeving sterk werd verbeterd. Maar ook toen nog kwam een wandelaar in negen van de twaalf maanden bijna niet met droge voeten door de landerijen in Eernewoude. De enige ontsluitingswegen liepen door de landerijen. De bewoners waren een groot deel van het jaar vrijwel compleet afhankelijk van varend vervoer, ook voor de kerkgang en schoolbezoek.

Natuurbeheer in de Alde Feanen is nu vooral een spel met waterpeilen, zoals we in de volgende bijdragen zullen zien. Verdroging tegengaan en verdrinking voorkomen zijn de opgaven voor een huidige generatie natuurbeheerders.

▲ Eenvoudige windmotor met slechts vier schoepen aan het De Heardamsleat.

▼ De veenmosorchis (Hammarbya paludosa, Fries *Malaksis*).

3

KNIELEN VOOR NIETIGE PLANTJES

De fijnste niches

In de allerfijnste ecologische niches, waar men zich zonder laarzen niet in moet begeven, vertoont zich nog de Veenmosorchis. Een nietig, onaanzienlijk floristisch kleinood, deze Hammarbya paludosa, waar de bioloog ondanks de nattigheid voor op de knieën valt.

In de beschutte gedeelten van een plas, beschermd tegen de beweging van stroming en waterwoeling door recreatievaart, groeien fraaie waterplanten als Gele plomp en Waterlelie. In bredere sloten kan bij voldoende kwaliteit van het water een dichte vegetatie van Krabbenscheer voorkomen, een drijvende waterplant met kleine witte bloemen, die een vaste relatie onderhoudt met een van de fraaiste en meest bijzondere libellen van onze streken, de *Groene glazenmaker (Aeshna viridis*, Fries: Ielstikelbiter). Het vrouwtje, met een lengte van ongeveer 7 centimeter, legt de eitjes in het rozet van stekelige, boven het water uitstekende bladen van de Krabbenscheer *(Ielstikel)*. Zo zijn ze goed beschermd tegen hapgrage vissen. De verhouding is zo hecht dat de glazenmaker zich alleen in waterrijke streken ophoudt waar deze waterplant voorkomt.

In smallere watergangen, meer verstoken en subtiel, zijn de mooie violette bloempjes van de sierlijke Waterviolier *(Hottonia palustris)* te bewonderen en – veel lager - de heldergele bloempjes van het Gewoon blaasjeskruid *(Utricularia vulgaris)*. De eerste is een indicator van kwel. De tweede vormt een aanwijzing dat het water zelf zo weinig voedsel bevat dat de plant naar een grover middel grijpt om aan voldoende voeding te komen: vlees eten! Daarvoor heeft het Blaasjeskruid geraffineerde vangconstructies aan wortels die zich onder water vlak uitspreiden. Deze minifuikjes geven aan de minuscule 'watervlooien' Daphnia en Cyclops wel gelegenheid om naar binnen te bewegen, maar dan sluit zich de deur. De kleine lichaampjes worden vervolgens zonder omwegen verteerd, waarbij de samenstellende stoffen worden opgenomen in de plant. Dit is een robuuste maar tegelijkertijd fantastische adaptatie aan moeilijke voedsel-omstandigheden.

In de allerfijnste ecologische niches, waar men zich zonder laarzen niet moet begeven, vertoont zich nog de Veenmosorchis. Dit in de aanhef al genoemd nietig, onaanzienlijk floristisch kleinood is zo zeldzaam dat je er even stil van wordt en knielt. De volgende stap durf je nauwelijks te zetten, bang om iets van waarde te vertrappen.

Pispotsjes, in de jungle

In deze jungle schieten naast en tussen het domincrende riet elk jaar hoge planten op, zoals het Koninginnenkruid of Leverkruid *(Eupatorium cannabinum)*. Deze kruidensoort oefent een bijzondere aantrekkingskracht uit op dagvlinders als de overwinterende Kleine vos en Dagpauwoog, én op trekkers uit zuidelijker streken als Atalanta en Distelvlinder.

Aan de oever in het riet groeien ook de Kleine en de Grote lisdodde *(Typha angustifolia en T. latifolia)*, en het Harig Wilgenroosje *(Epilobium hirsutum)*. De laatste is waardplant van de rups van de prachtige nachtvlinder, die zich tooit met de naam Groot avondrood.

Hier en daar zijn de randen van de jungle wit van de uitnodigende bloemen van wat wij als kinderen van de streek oneerbiedig *'pispotsjes'* noemden, de reine Haagwinde, die zich met haar stengels om de halmen van de stevige *ruigtkruiden* slingert - altijd linksom - om naar het licht te reiken.

Ook een tweede, veel minder gewone slingerplant, heeft hulp nodig bij het zichzelf rechtop houden. Ook hier is de stengel te zwak om blad en bloem te dragen. Het gaat om de laagveenplant Moeraslathyrus, die van Friese deskundigen de grappige naam *Skuontsjes* kreeg toebedeeld, vanwege de vorm van de bloem. Juist het gebied van De Alde Feanen is bij uitstek groeiplaats van deze moerasbewoner.

▶ De Glassnijder hoort bij de groep van de glazenmakers, de grootste libellen. De soort vliegt al in april; de Friese naam is daarom Maitiidsbiter.

▶▶ In rustige hoekjes in De Alde Feanen groeit de Gele plomp. De Grote roodoogjuffer gebruikt de bloem graag als landingsplaats.

▼ De Grote boterbloem met zijn botergele bloemen groeit verscholen tussen het riet.

▼▶ Een bijzonder beeld: het vrouwtje van de Groene glazenmaker (Fries: Ielstikelbiter) legt haar eitjes één voor één op de onderwaterdelen van het stekelige blad van de Krabbenscheer.

(Foto's Sake P. Roodbergen)

43

In en langs de rand

In de randgebieden van De Alde Feanen, met name in de Wyldlannen en Labân, treffen we grote vlakten aan waar 's winters duizenden eenden en ganzen in vele soorten verblijf houden. In het voorjaar baltsen er de Kievit, de heraut van het voorjaar, en de Grutto, de onbetwiste *'kening fan 'e greide'*, en laat de Tureluur zijn heldere roep horen.

Later, in de voorzomer vertoont, zich op deze weidse velden een prachtige vegetatie met Echte Koekoeksbloemen, in fel contrast met de massa's van geelbloeiende Grote ratelaar, een half-parasiet die zijn tekort aan bodemvoeding aanvult door diefstal. Diefstal van koolhydraten uit de wortels van grassoorten, product van het levenbrengende proces van de koolzuurassimilatie. Hoge, naakte staken op de slootkant zijn de stengels van de Kale Jonker *(Cirsium palustre)*, een kleinbloemige distel die veel dagvlinders aantrekt, waaronder de Citroenvlinder.

Hier en daar groeit de befaamde Spaanse ruiter *(Cirsium dissectum)*, een distelachtige, paarsbloeiende composiet, die ook al graag bezocht wordt door vlinders en veel andere insecten.

Boven dit hele plantenparadijs ontwaren we met regelmaat de donkere silhouetten van grote roofvogels. De Bruine kiekendief houdt het laag, de Buizerd, die de Friezen *Mûzebiter* noemen, beloert zijn prooien graag van boven. Hij zoekt het hogerop, ook in zijn nestelgedrag. Waar de Buizerd een oud kraaiennest prefereert, daar maakt de Bruine 'kiek' liever een grondnest midden in het grote rietveld. Beide stootvogels zijn verzot op kleine prooidieren: de Kiekendief beperkt zich niet tot vogeltjes, de Mûzebiter grijpt ook wel een jonge Meerkoet.

Oudere rietvelden, ongemaaid gebleven, snel overwoekerd met Braamstruwelen, een Rubusgeslacht met tientallen ondersoorten, vormen ook de dekking voor *het* Ree. Er huist een gezonde populatie van rond 120 Reeën. Het is niet moeilijk om in de vroege avond een sprong van deze grootste zoogdieren van de Feanen te spotten.

◀ Ook in rust loert de Buizerd (Buteo buteo, Fries: Mûzebiter) op mogelijke prooi.

◀▼ Ook in de winterperiode is de Grote lisdodde een sieraad voor de waterkant. In het voorjaar begint de aar te pluizen; de Buidelmees –zeldzame broedvogel van De Alde Feanen- gebruikt de pluizige zaadjes graag als nestmateriaal.

◀▼▼ Het gebied van De Alde Feanen is rijk aan dagvlinders. Het Koninginnenkruid met de leverkleurige honingrijke bloemen trekt vooral soorten als Dagpauwoog (foto) en Atalanta aan.

▶ Jonge Meerkoeten, een vredig tafereeltje. Maar vele *pykjes* verdwijnen in de maag van Snoek of Buizerd.

(Foto's Sake P. Roodbergen)

Hoewel de natuur negen maanden per jaar te maken heeft met de recreërende mens, komen er in de Alde Feanen naast een veelheid van kruiden ook rond honderd broedvogels voor. Daaronder zijn heel algemene als de Fitis en de Tjiftjaf als voorjaarszangers, maar ook bijzondere zoals de Kwartelkoning en de Roerdomp, vogels van zomer en nazomer. Het zijn juist soorten als deze twee die met name diep in de avond en 's nachts van hun aanwezigheid blijk geven. De Roerdomp door zijn roep die klinkt als een diep *'hoemp – hoemp'* en wat nog het beste te vergelijken is met de verre misthoorn van een ouderwetse stoomboot. En de Kwartelkoning, familielid van het Waterhoentje, veel kleiner van formaat dan de Roerdomp, die vanaf een uur of tien-elf in de avond zijn markante, vreemde roep ten gehore brengt. Het klinkt als zijn wetenschappelijke naam *Crex crex*, die duidelijk een onomatopee is, en nog het meest lijkt op het geluid dat de nagel maakt, gaande over de tanden van een haarkam.

Geheimzinnigheid is wat ze gemeen hebben. Slechts zelden verlaten beide vogels de dekking van het moerasland. Beide zijn op een prachtige manier aangepast aan dit *'snilelân'*. De Roerdomp is dat door zijn uiterst lange teennagels, die bij het landen altijd wel een dode rietstengel treffen, om wegzakken te voorkomen. De *'Teapert'* beweegt zijn afgeplatte lijfje soepel tussen de halmen.

Als dagrecreanten huiswaarts zijn gekeerd en de tijdelijke bewoner een rustig plekje heeft gevonden om de nacht door te brengen, en als mistflarden bezit nemen van poel en plas, dat moment is misschien nog wel het allermooiste om te genieten van de natuurgeluiden. En als men tussen de opkomende *'wite wiven'* van de grondmist op enige afstand een vage donkere, wat hobbelende schim vlakbij de grond ontwaart, gaande over een oude zetwal, en er dan een zachte plons volgt, dan is misschien de zeldzame waarneming gedaan waar elke natuurbeschermer van It

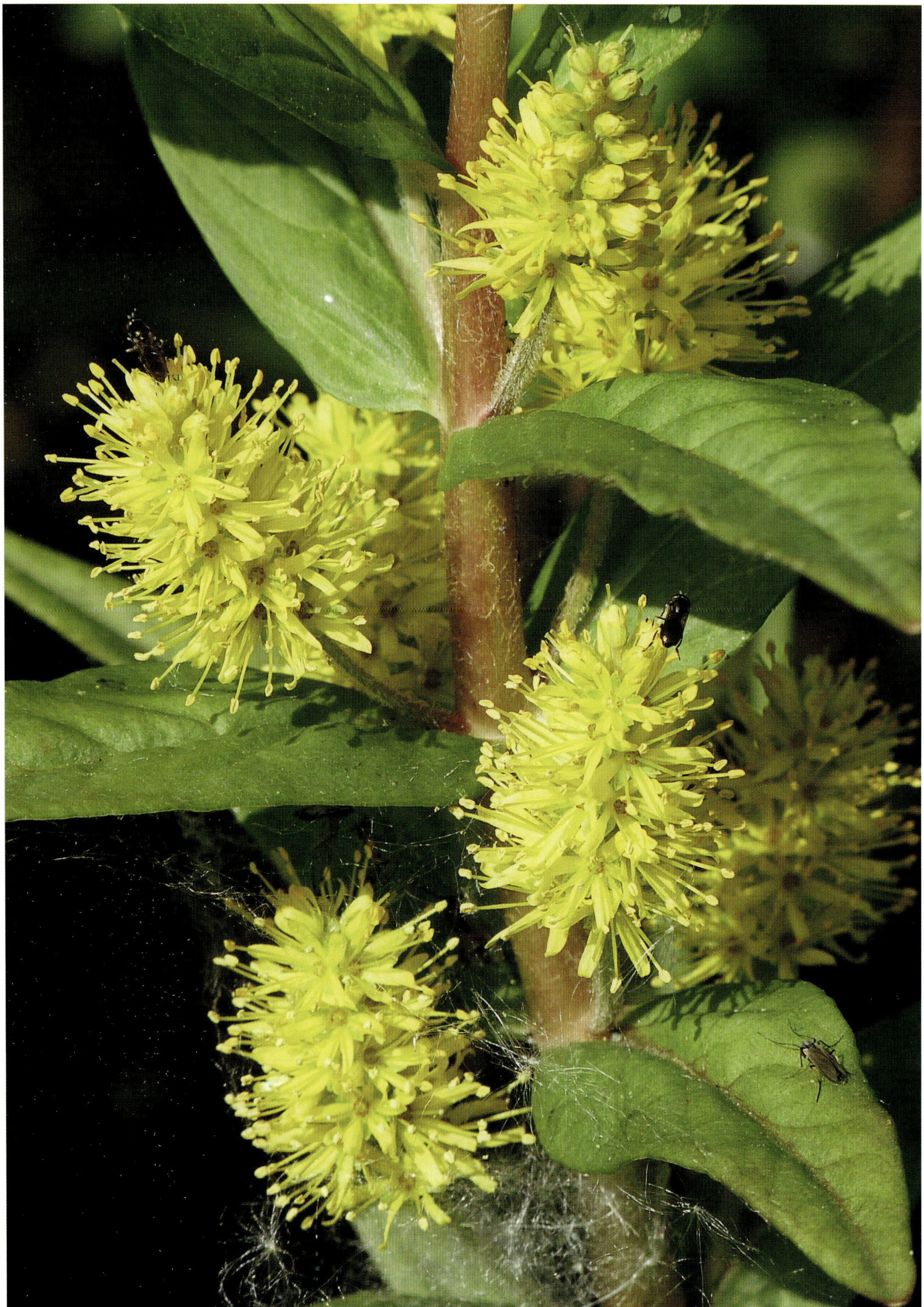

◀ Moeraswederik in bloei. Een typische soort van zompig, niet al te voedselrijk gebied.
(Foto Sake P. Roodbergen)

▶ De Otter is lang door vissers beschouwd als een schadelijk dier. Hij en zij zijn terug, maar zijn niet opgewassen tegen het moderne verkeer.

Fryske Gea met zo veel spanning op hoopt: de Otter keert terug.

Nog altijd wordt door Mindert Wynstra of Age Veldboom het verhaal verteld van het spook van de Lange Sleatten. Douwe Kootstra is in staat om met *'de smid fan Earnewâld'* het publiek te betoveren, liefst in een passende omgeving als het Skûtsjemuseum. Maar hoe lang nog?

Het is de grote uitdaging om de huidige eisen van recreatie in balans te brengen met de eisen van goed natuurbehoud en -beheer. Het is van het allergrootste belang dat de toegankelijkheid in stand blijft of nog wordt verhoogd. Alleen dan blijft er gelegenheid voor het beleven van een ultiem natuurmoment, wat een band schept met de natuurlijke wereld, die inspireert. Het is een tegenkracht voor de woelige onrust van het dagelijkse leven, een ervaring van rust en stilte, en van natuurgeluiden en levensvormen die van grote waarde zijn. Alleen als we dat behouden of herstellen zal een toekomstige generatie bereid zijn er veel geld aan te blijven besteden.

Sake P. Roodbergen

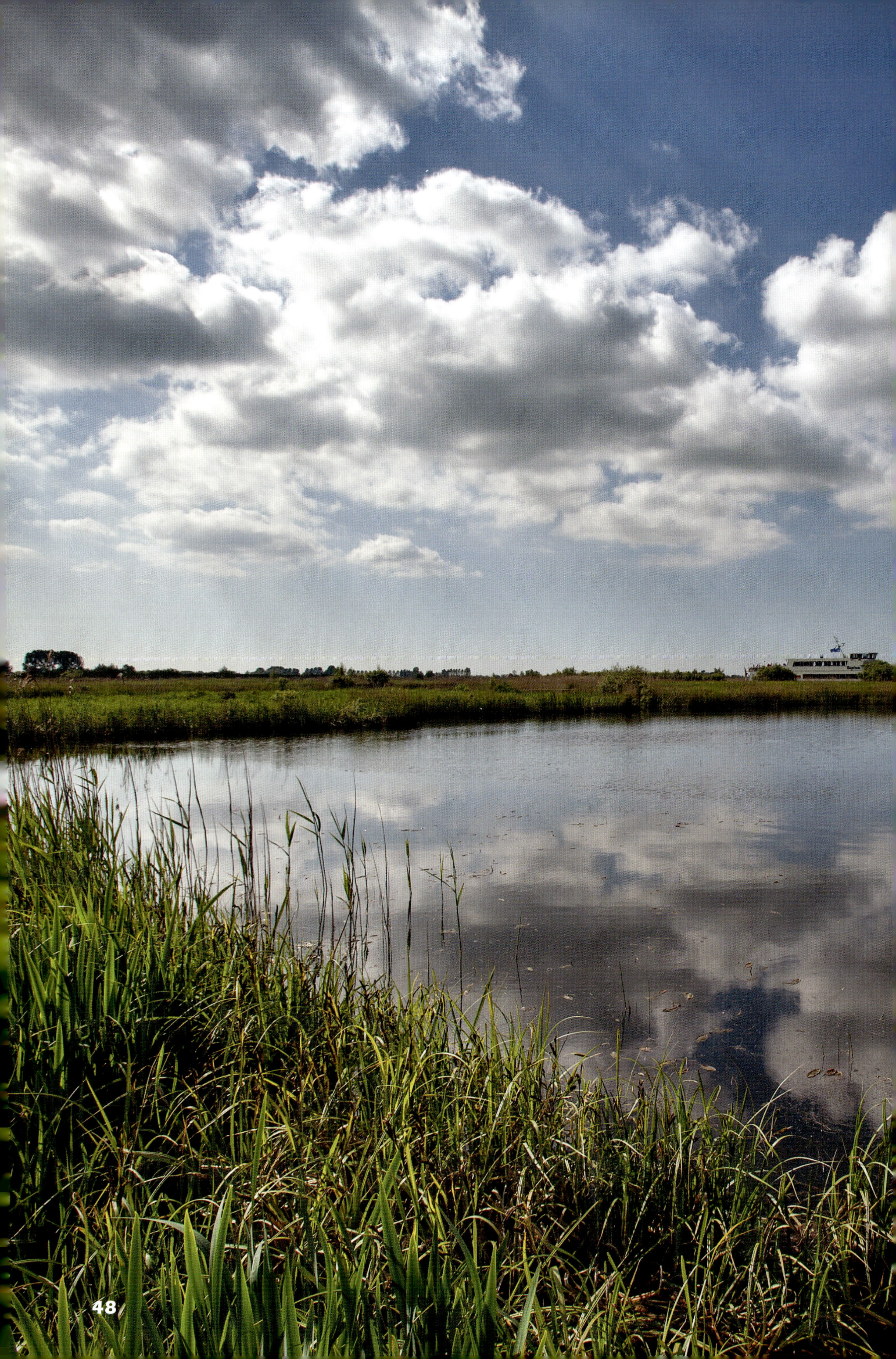

Nestelplek voor dier en mens

Klaar voor de toekomst!

Toen de naam Pettebosk als winnaar onthuld werd, waren de graafmachines net vertrokken en was de uitvoering klaar. Ongeveer 15 hectare grasland ten zuiden van bezoekerscentrum It Wiid was veranderd in een veel natter gebied met brede sloten, petgaten en ingeplant met moerasbos.

▲ Schoolreisjes in de Alde Feanen op de Low Rope survivalbaan van watersportcentrum De Twirre in samenwerking met het bezoekerscentrum.

◀ De Marprinses schuift langs het riet.

In het bouwwerk van de Ecologische Hoofdstructuur (EHS) in Fryslân neemt het laagveengebied de Alde Feanen een prominente plaats in. Om de kwaliteit van de bestaande natuur te verbeteren en ook op een goede manier invulling te geven aan de 'nieuwe natuur', is in 2000 de herinrichting Alde Feanen opgestart. Het doel: gebieden binnen het Nationaal Park inrichten als natuur met een publieksfunctie. Daar horen nieuwe doelstellingen bij, bijvoorbeeld het aanleggen van recreatieve voorzieningen zoals wandelpaden, een uitkijktoren of een aanlegsteiger voor bootjes.

Een door de provincie benoemde Bestuurscommissie werkte plannen verder uit. De commissie bestaat uit vertegenwoordigers van natuurbescherming, waterschap, recreatie, landbouw en gemeenten. Het secretariaat en het dagelijkse projectmanagement ligt bij de Dienst Landelijk Gebied (DLG). Bij het opstellen en de uitvoering van plannen werd nauw samengewerkt met medewerkers van It Fryske Gea, Wetterskip Fryslân en de gemeenten Tytsjerksteradiel, Smallingerland en Boarnsterhim. De laatste is inmiddels opgeheven en voornamelijk verdeeld over Leeuwarden en Heerenveen.

Natuureducatie 'Pettebosk'

Het op 6 november 2008 geopende Pettebosk ten zuiden van Bungalowpark It Wiid ontwikkelt zich boven verwachting. De bomen groeien goed. Ze zijn geplant door kinderen van basisscholen De Grounslach en de Great Haersmaskoalle uit Oudega (Sm.) en de Master Frankeskoalle uit Earnewâld. Daarnaast kwam de ontwikkeling van waterplanten goed op gang met riet, lisdodde en gele lis in de ondiepe petten en op de natuurvriendelijke oevers. Het bos 'Pettebosk' wordt gebruikt voor natuureducatie. Bezoekers zien met eigen ogen wat er groeit en bloeit, en leren ervan. Een *doe- en speelbos* geeft kinderen een indruk van wat een gebied als de Alde Feanen te bieden heeft: water in de vorm van petgaten met waterplanten en rietland, kleinschalige hooilandjes en als we de natuur haar gang laten gaan: de onstuimige groei van veel moerasbos. Natuurontwikkeling die vast te houden, te voelen en te beleven is!

Basis voor de nieuwe ruimtelijke structuur was het bestaande slotenpatroon. Een centraal aangelegd wandelpad met speeltoestellen in natuurlijke stijl fungeert als uitloop van het nabijgelegen bezoekerscentrum en recreatiepark. Dit pad is toegankelijk voor minder validen. In de zomer

Robuuste natuur

De nadruk bij de herinrichting ligt op concrete zaken. Dat kan de aankoop van landbouwpercelen zijn of, in nauw overleg met de eigenaren, ruilen met een locatie elders. Na het opstellen van gedetailleerde inrichtingsplannen wordt er op de voormalig agrarische gronden nieuwe natuur ontwikkeld. Hierdoor ontstaan robuuste en aaneengesloten natuurgebieden en kan de kwaliteit van de bestaande natuur worden verbeterd. Een belangrijke factor is optimalisatie van het watersysteem om verdroging tegen te gaan. Omdat de recreatie bijdraagt aan de belevingswaarde, kreeg ook dit aspect een hoge prioriteit.

◀ Kano's dringen de stilte binnen. Voor de natuurbeleving en –educatie is dit perfect, voor sommige dieren en planten hinderlijk.

▲ De zonnedauw (Drosera, Fries Miggefangerke) houdt zich staande in een schraal milieu door insecten te vangen en te verteren.

kan er met kano's gevaren worden.

Het moerasbos is in een paar jaar tijd volwassen geworden. Voor wie niet beter weet, geeft het de indruk dat het er altijd is geweest.

Niet lang na de start van de inrichting is er een survivalbaan aangelegd waar sport en spel in een groene omgeving mooi samengaan met natuurbeleving. Het Pettebosk kreeg inmiddels landelijke bekendheid als startpunt voor georganiseerde tochten op natuurijs, en spontane schaatspret tussendoor.

Nieuwe samenhang

In 2009 begon de Bestuurscommissie met de inrichting van het gebied ten noordoosten van Earnewâld, aan de Wartenser kant van de Feantersdyk. Het gebied met illustere namen als Wikelslân, Fjirtich Mêd, Reid om'e Krite en De Bolderen, omvat in totaal 400 hectare. Er was op het schrale, vochtige land al veel natuurschoon, met een stukje hoogveenbos en zeldzaam geworden 'veenmosrietland'.

Door de versnipperde ligging en een minder goed watersysteem kwamen de natuurwaarden in gevaar. Er trad verdroging op, wat in veengebieden nog nadeliger is dan elders, omdat de sponswerking dan kan verdwijnen.

In voorgaande jaren zijn echter de aangrenzende graslandpercelen verworven door aankoop of kavelruil, waardoor het mogelijk werd om de samenhang te herstellen en een veel beter natuurlijk watersysteem tot stand te brengen. Bij de inrichting van de graslandpercelen zijn nieuwe petgaten gegraven, waardoor alles binnen twee jaar sterk doet denken aan de oude situatie, toen hier nog geen waterschap met een eigen gemaal bestond.

Midden in het nieuwe natuurgebied is, naast de Earnsleat, een uitkijk-

toren gebouwd, van waaruit je niet alleen Earnewarre en Bolderen kunt overzien, maar de wijde omtrek van Earnewâld.
Naast de uitkijktoren is een doorgaande kanoroute uitgezet, die begint bij de visvijver aan de Feantersdyk en dwars door de natuur naar Earnewâld loopt. In de Feantersdyk, de Ds. Bolleman van der Veenweg en de Bolderen zijn kanoduikers aangelegd zodat passanten niet uit hun bootjes hoeven.

Om aansluiting te krijgen met het centrum van Earnewâld komt er nog een kanoduiker in de Piet Miedemaweg. Het is de bedoeling dat de kanoroute wordt verbonden met het Pettebosk en de Jan Durkspolder.

De aanleg van een doorgaande kanoroute, die ook geschikt is voor kleine elektrisch aangedreven fluisterbootjes, was niet gemakkelijk omdat het waterpeil lang niet overal gelijk is. Dit is op enkele plaatsen vernuftig opgelost. Langs de route, die 's winters ook wordt gebruikt door schaatsers, zijn diverse opstapplaatsen voor kano's gemaakt.

Tussen kwel en boezem

Tijdens de planvorming is nagedacht over een logisch watersysteem. De polder de Bolderen ligt veel lager dan de omgeving. Door kwel wordt Gariper water uit de ondergrond geperst, waardoor er zeldzame planten als orchidee en ratelaar voorkomen.

Het moeras- en rietlandgebied Reid om 'e Krite vraagt hoge waterstanden voor een habitat waar roerdomp en porseleinhoen in kunnen leven. Er zijn maatregelen genomen om voedselarm regenwater zo lang mogelijk vast te houden. Daarnaast wordt overtollig kwelwater uit de Bolderen (wat zeer schoon is!) benut. Er is speciaal een nieuw gemaal voor gebouwd. In droge zomerse tijden biedt een nieuwe 'Amerikaanse windmolen' (*wynmotor*) nog een extra mogelijkheid om water in te laten.
In de winter kunnen de peilen in Reid om 'e Krite tijdelijk iets worden verlaagd voor de rietsnijders.

Aan de westkant van de Earnsleat ligt het Wikelslân. In dit waardevolle natuurgebied vinden we nog een rest van het zeldzame hoogveenbos. Ter bescherming van de bijzondere omstandigheden die de instandhouding vraagt, zijn de omliggende graslanden ingericht als moeras met verhoog-

▶▶ Inrichtingschets Pettebosk.

▶ Bestektekening.

▼ Bouw kanoduiker in de Ds. Van der Veenweg

▼▼ Hoogveenbos in het Wikelslân.

(Foto's en kaarten DLG)

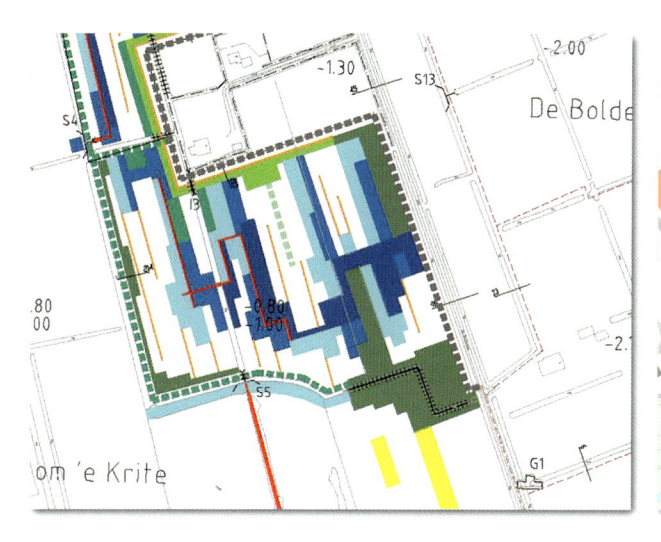

Voor opdrachtgever en aannemer

Op de bestektekening wordt tot in detail aangegeven wat er gedaan moet worden voor een nieuwe inrichting. Aannemers weten daardoor exact wat er moet gebeuren, de opdrachtgever kan de resultaten toetsen en bewaken. Op de bestektekening is de nieuw te graven petgatenstructuur aangegeven. De blauwe vlakken zijn de nieuwe petgaten. De variatie in diepte wordt weergegeven door verschillende tinten blauw.
In de ondiepere lichtblauwe delen zullen zich waterlelie en krabbenscheer ontwikkelen. Deze 'habitat' gaat over in een riet- en oevervegetatie met op de witte vlakken (voornamelijk het vroegere grasland) riet.
Om het waterpeil vast te houden zijn er kaden aangelegd. Deze 'wallen' kunnen worden gebruikt als looppaden voor beheersmensen, naast de speciaal aangelegde beheerpaden. Kaden en beheerpaden zijn gearceerd.

de waterpeilen. Op die manier is het kerngebied gebufferd, of als het ware ingepakt, en wordt verdroging van het hoogveenbos tegengegaan.

De mogelijkheden voor (dag)recreatie zijn in het Wikelslân sterk uitgebreid. Zo is het wandelnetwerk opgeknapt en uitgebreid en is bij het voormalige bezoekerscentrum van It Fryske Gea, 'de Reidplûm', een natuurkampeerterrein aangelegd. Deze camping wordt door particulieren beheerd.
De altijd bezige ooievaars die her en der gebouwde nesten bewonen, waaronder bouwsels op stalen staketsels op de gaslocatie, geven voor bezoekers een extra accent aan dit gebiedsdeel.

Ten westen van de Ds. Bolleman van der Veenweg ligt de nadruk op de kwaliteit van de bestaande natuur. De aan- en afvoer van water is hier sterk verbeterd. Er is een centrale aanvoerroute met inlaatmogelijkheid vanuit de Friese Boezem, waaraan verschillende deelgebieden gekoppeld zijn. Die kunnen onafhankelijk van elkaar beheerd worden.
Door deze vorm van watermanagement is het eenvoudiger gemaakt om het waterpeil in het late najaar tijdelijk te verlagen voor de rietoogst, zonder dat het gevolgen heeft voor de rest van het natuurgebied.
In het vroege voorjaar, na de rietoogst, wordt zoveel mogelijk regenwater vastgehouden.
In de loop van het seizoen mag het waterpeil ongeveer 20cm dalen. Als die kritische grens bereikt wordt, kan water worden ingelaten vanuit de Friese boezem. De centrale aanvoerroute fungeert dan als voedingsader. Overigens is dit niet helemaal zonder problemen, omdat boezemwater over het algemeen veel meer voedingsstoffen bevat dan regenwater. Het risico van *eutrofiëring* ligt dan op de loer.
Over de manier waarop dit systeem stand wordt gehouden, zijn nauwe afspraken gemaakt tussen It Fryske Gea en Wetterskip Fryslân.

Genoeg te wensen

In de zomer van 2014 is de inrichting ten noorden van Earnewâld afgerond. De in drie fasen uitgevoerde werkzaamheden hebben in totaal vier jaar in beslag genomen. Op 4 juli 2014 is er een afsluitend opleveringsfeestje georganiseerd. Hier is gevierd dat het natuurgebied klaar is voor de toekomst.

Niet alle doelstellingen van de herinrichting zijn echter bereikt. In het centrale waterrijke deel van de Alde Feanen resteert nog een inrichtingsopgave. Voor een deel wordt dit de komende tijd ingevuld via het LIFE+ project. Daarnaast blijven er nog wensen bestaan, zoals optimalisatie van het waterbeheer op Laban en de Wyldlânnen, twee graslandpolders die alleen over water bereikbaar zijn en waar zeldzame planten én schuwe weidevogels kunnen gedijen.

Doordat het naastliggende eiland De Burd ingericht wordt als weidevogelgebied (in het kader van de herinrichting Swette-De Burd), kan er zodoende een groot aaneengesloten weidevogelgebied tot stand worden gebracht.

De Bestuurscommissie heeft de komende jaren nog genoeg op het bord.

Dienst Landelijk Gebied, regio Noord

▼ Oplevering laatste fase, het gebied tussen Ds. Van der Veenweg en Langesleat. Op de foto is de aangelegde vispassage te zien. Deze maakt het voor vissen mogelijk om vanuit de Friese Boezem in het natuurgebied te komen om te paaien.

5

BOOMING BUSINESS

LIFE+

De roerdomp staat symbool voor een groep kwetsbare en bedreigde Natura 2000 vogels. Hoewel hij zich aan ongeoefenden maar zelden laat zien, is de roep van het mannetje in de broedtijd geregeld te horen.
Het klinkt als een laag en diep *'oemp'* of *'boem'*, als van een misthoorn, tot op kilometers afstand te horen. De aanduiding 'Booming business' van het LIFE+ project is afgeleid van deze typische lokroep.

De biodiversiteit is niet vanzelfsprekend. Op dit moment zijn er verschillende factoren die het nationaal park bedreigen.
Voor de Alde Feanen spelen de verschillende fasen van *'verlanding'* (het veranderen van bijvoorbeeld een moeras of ondiep meer in land) een belangrijke rol. Bij het graven van turf zijn vroeger grote kuilen in het landschap ontstaan, de petgaten. Deze gaten liepen vol met water en na verloop van tijd begonnen hier moerasplanten en waterriet te groeien. Moerasplanten en waterriet ontwikkelen zich tot

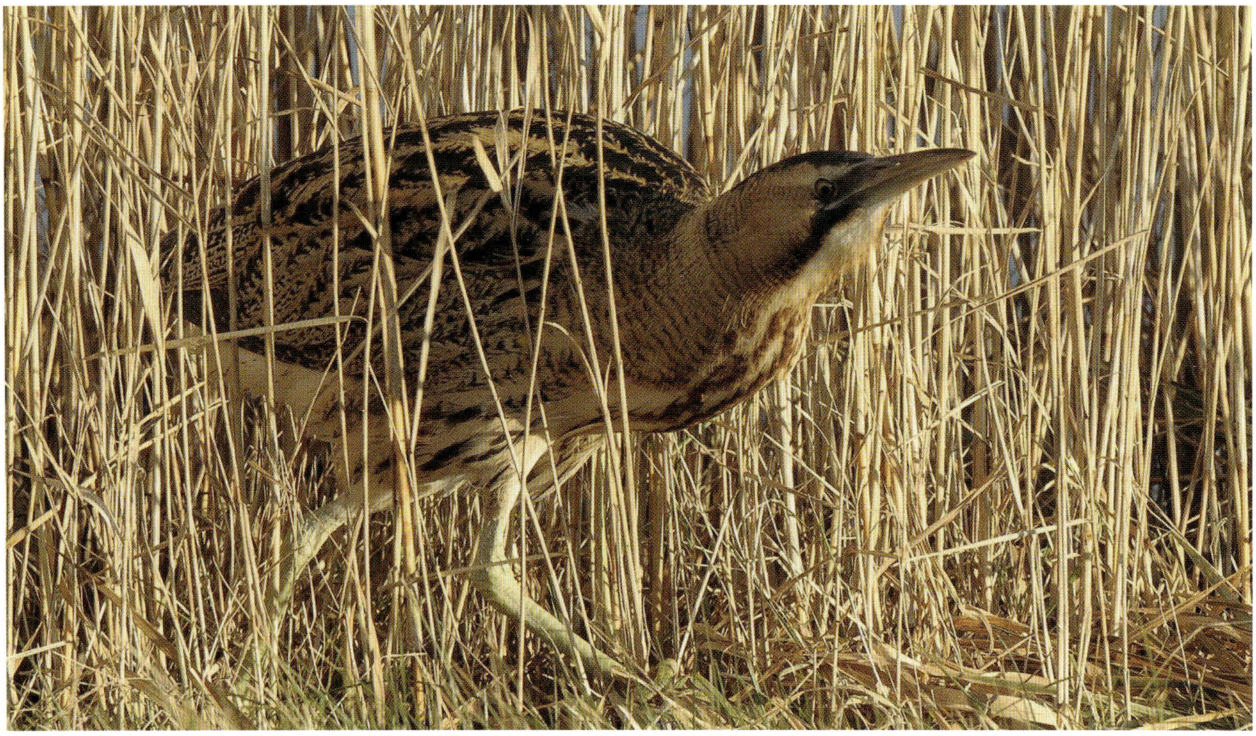

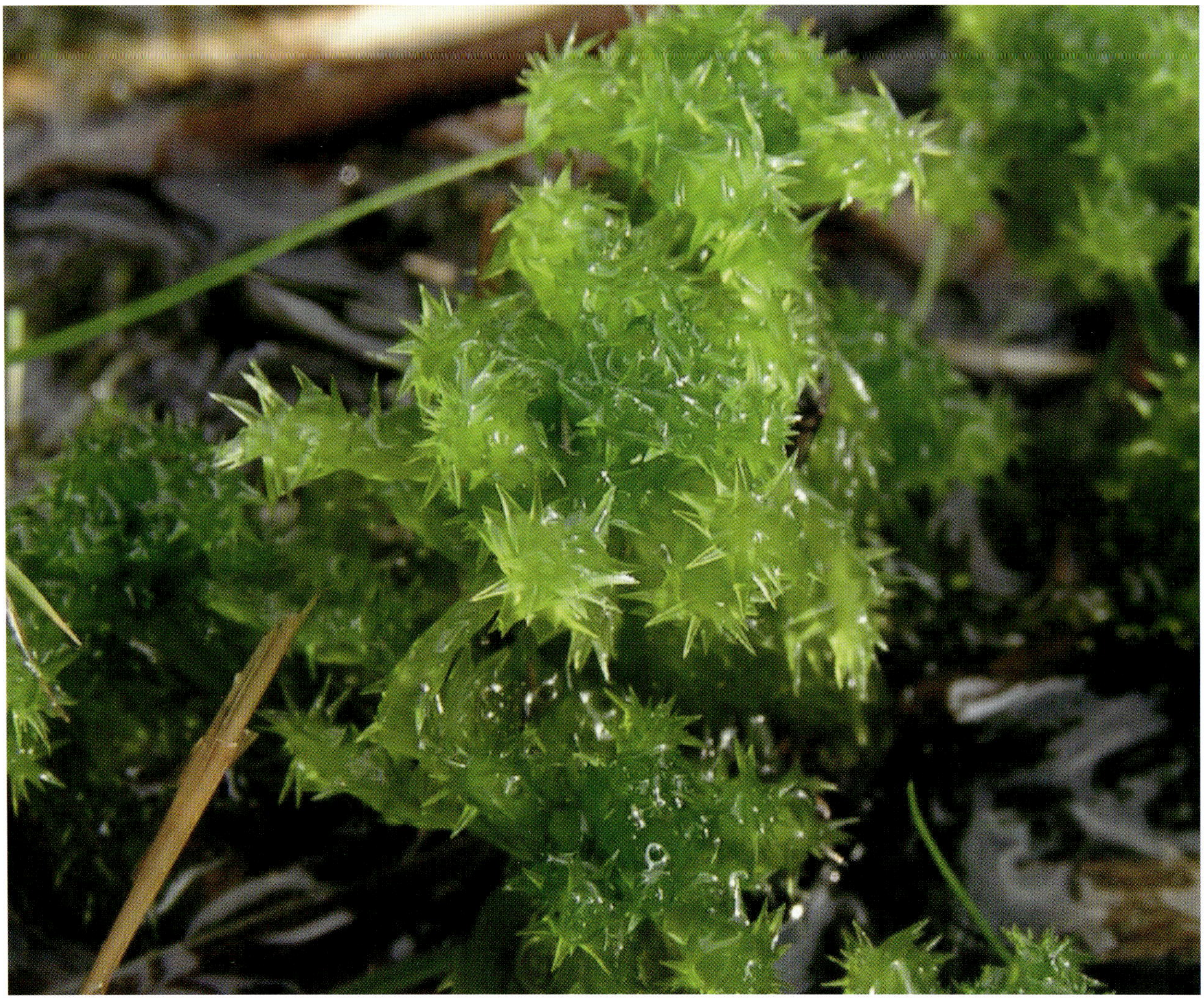

◄ Hoewel de roerdomp niet zo groot is als de verwante blauwe reiger is het toch een forse vogel. Door het goed gecamoufleerde verenkleed en doordat de roerdomp (Fries: reiddomp) zich nauwelijks buiten het moeras begeeft, wordt de vogel echter zelden gezien. Bij gevaar neemt de roerdomp de zogenaamde 'paalhouding' aan, waarbij de vogel de kop en de hals omhoog richt en daardoor vanwege de zwarte lengtestrepen nauwelijks van het riet te onderscheiden is. Dit effect wordt nog versterkt doordat de vogel de kop met het riet mee beweegt.

◄ Veenmosrietland, (*Pallavicinio-Sphagnetum*), is een associatie van het verbond van zwarte zegge, een plantengemeenschap uit de zogenaamde verlandingsreeks. Het ontstaat bij maaibeheer uit trilveen.
In veenmosrietland groeien verschillende planten. Er groeien altijd riet en veenmossen. Daarnaast komen er zeldzamere planten voor zoals ronde zonnedauw, welriekende nachtorchis en blauwe knoop.

▼ Veenmos (Sphagnum Fries feanmoas)

veenmosrietland, dat uiteindelijk dichtgroeit en verandert in bos. Op dit moment dreigen de veenmosrietlanden te verdwijnen, omdat zij zich niet vernieuwen. De latere stadia van het verlandingsproces zijn ruim vertegenwoordigd, maar de eerdere stadia niet. Het zijn juist deze eerdere fasen waar de moerasfauna goed bij gedijt.

Het wegvallen van de natuurlijke peildynamiek van het water in de jaren 1960 is ongunstig voor het waterriet, dat hierdoor sterk afneemt. Daarnaast zorgt het troebele, fosfaatrijke water ervoor dat steeds meer waterplanten verdwijnen. Verder nemen door verzuring ook de blauwgraslandvegetaties af.

Om deze bedreigingen tegen te gaan, is het LIFE+ project 'Booming business in de Alde Feanen' in het leven geroepen. Het project bestaat uit een aantal ecologische herstelmaatregelen, waar de vele planten en dieren van kunnen profiteren. Ook wat betreft de recreatie gaat het er op vooruit.

Veenmosrietlanden verdwijnen dus uit zichzelf als ze zich niet vernieuwen. Vernieuwen doen ze niet zomaar nu er geen turf meer wordt gewonnen. De latere stadia van het verlandingsproces zijn op verschillende plaatsen wel vertegenwoordigd, maar de eerdere stadia niet.

Blauwgrasland
De blauwgraslanden van de Wyldlannen moeten regelmatig onder water komen te staan om verzuring tegen te gaan. Het boezemwater gaat daarbij eerst door een helofytenfilter om het te zuiveren. Maar de werking van het bestaande filter is nu onvoldoende en moet verbeterd worden. Hiervoor worden nieuwe petgaten gegraven en bestaande petgaten gebaggerd en verruimd. Ook komt er een hogere kade omheen, om in korte tijd voldoende water in de Wyldlannen in te kunnen laten. Door het kappen van één hectare bos ontstaat er ruimte voor nieuw open water en rietland.

Er ontstaat in totaal 2,5 hectare met waterplanten en riet aan de oostkant van de Wyldlannen. Daardoor verbetert het leefgebied van de daarvan afhankelijke moerasfauna. Door het grotere en beter functionerende moerasfilter is de verzuring geringer en wordt verdroging van het blauwgrasland tegengegaan.

Veelal wordt waterriet (= riet dat in het water staat) in de Alde Feanen niet gemaaid. Aangezien de kans op verruiging en verbossing in deze natte omstandigheden minimaal is, is maaien niet nodig en vanuit natuuroogpunt ongewenst. Overjarig waterriet vormt namelijk een belangrijk broedgebied voor zeldzame moerasvogels als bruine kiekendief, roerdomp, grote karekiet en rallen.

De belangrijkste reden om riet (Phragmites australis of P. communis) te maaien is om de openheid in het landschap te behouden. Door jaarlijks te maaien wordt verruiging en verbossing tegengegaan. Dit geldt met name voor veenmosrietland. Planten als ronde zonnedauw, veenmosorchis, rietorchis en gevlekte rietorchis zijn hier mooie voorbeelden van. Ook de wulp broedt graag op gemaaid rietland.

Een deel wordt door It Fryske Gea zelf gemaaid, maar het grootste deel wordt verpacht aan rietsnijders uit de omgeving.

Het LIFE+ project
Het wegvallen van de natuurlijke peildynamiek van het water is ongunstig voor veenmos en waterriet, dat hierdoor sterk in oppervlakte afneemt. Troebel, fosfaatrijk water doet gevoelige waterplanten verdwijnen, terwijl door verzuring de blauwgraslanden verdwijnen.

De maatregelen staan daarom in het teken van opgaven als herstel van de waterkwaliteit en de natuurlijke kwaliteiten en vergroting van de bevaarbaarheid voor recreanten. De opgaven zijn in sommige opzichten tegenstrijdig, maar dat maakt het extra uitdagend.

Om verruiging en verbossing van veenmosrietlanden tegen te gaan wordt over een oppervlakte van ca. 25 hectare begroeiing en bos systematisch verwijderd. Ook wordt gras afgeplagd. Een betere waterhuishouding wordt bereikt door het graven en baggeren van sloten. Opkomend gras wordt elke winter gemaaid en de nieuwe sloten en greppels worden elke drie jaar in een vaste cyclische volgorde onderhouden.

Deze maatregelen zullen naar verwachting voor een periode van tenminste twintig jaar effectief zijn en bijdragen tot de vorming van nieuwe veenmosrietlanden.

Het LIFE+ project is bij uitstek duurzaam van aard. De herstelmaatregelen hebben effecten die op de lange termijn zichtbaar zijn en blijven. De methodes voldoen aan de eis van 'best practice'. Elders hebben ze al hun effectiviteit bewezen.

Maatregelen LIFE+ project
De ecologische maatregelen van het LIFE+ project 'Booming business' staan in het teken van de volgende opgaven:
- Waterkwaliteit verbeteren
- Natuur herstellen
- Bevaarbaarheid vergroten

Rietzoom langs Grutte Krite
Langs de oostelijke oever van de 'Grutte Krite' wordt een groot oppervlak waterriet in oude glorie hersteld door ca. 37.500 kubieke meter zandige grond aan te voeren. (Dat is te vergelijken met een zandlaag van 65 cm over een oppervlak van 600 x 100 m2). Voor deze zone zal waarschijnlijk geen vervolgbeheer nodig zijn als we accepteren dat oud en jong riet door elkaar heen zullen staan. Door de dynamiek van wind en golven zal het waterpeil voldoende fluctueren en kan het riet zich in het ondiepe water handhaven.

Nat schraal hooiland
Sinds een aantal jaren wordt een deel van het rietland aan de Sytse-Maaikesleat, Aldewei en Rânsleat in de zomer gemaaid. Door dit jaarlijks uit te voeren verdwijnt het riet en ontstaat er een nat schraal hooiland met o.a. dotterbloem, echte koekoeksbloem, grote boterbloem en rietorchis.
(Foto It Fryske Gea / Stoelwinder fotografie)

◀ Een reemannetje (Capreolus capreolus) gluurt waakzaam naar de fotograaf. Door zijn aaibaarheid werd hij in de jaren 1995-'98 inzet van een fel debat tussen voor- en tegenstanders van afschot van zieke en zwakke exemplaren.

▶ Een gekoesterd hoekje trekgat. De stengels van waterlelie en 'pompeblêd' zijn zo kwetsbaar dat zelfs een kano of roeiboot hier al grote schade kan aanrichten.

Ten westen van de bestaande oever komt een oeververdediging die vissen en andere waterorganismen goed kunnen passeren.
Het plan is dat over een oeverlengte van 600 meter en een breedte van 50 tot 100 meter een ondiepe zandige zone van 3,5 hectare ontstaat met riet en waterplanten. Deze rietzoom heeft een positief effect op de waterkwaliteit en de visstand. Immers, riet zuivert water, zodat het als een *helofytenfilter* kan worden toegepast. Ook vormt het riet van meerdere *'jaargangen'* een aantrekkelijk broed-, foerageer- en leefgebied voor kwetsbare en bedreigde soorten als roerdomp, bruine kiekendief, snor en de noordse woelmuis.

In het moerasgebied liggen vijf oude *hooipolders*, die na ontpoldering weer onder water staan. Door het waterpeil te verlagen kan hier riet groeien. Vissen die zich in dieper water thuisvoelen, worden overgezet naar naastgelegen grotere waterwegen, boezemvaarten en meren. Na het langzaam en gefaseerd weer onder water zetten van de polders, ontstaat een flinke oppervlakte waterriet.
Dit riet blijft behouden door het waterpeil op vaste tijden te verlagen. Zo kan het riet elk jaar opnieuw uitgroeien.
In de vijf polders ontstaan zo op een oppervlakte van 50 hectare rietvegetaties en op de diepste plaatsen komen ondergedoken en drijvende waterplanten. Zo komt er een duurzaam broed-, foerageer- en leefgebied voor een groot aantal kwetsbare en bedreigde Natura 2000-soorten, waartoe ook de vissoorten bittervoorn en kleine modderkruiper behoren.

Herstel in de petgaten
De Alde Feanen hebben te maken met een fosfaat-erfenis uit het verleden, toen boerenland nog uitbundig werd bemest. Door dit fosfaat voor een deel weg te werken kunnen de condities voor ondergedoken watervegetaties in de petgaten verbeteren. Ze liggen in de oude deelgebieden De Koai/It Bil, Izakswiid en enkele wel en niet van de boezem afgesloten kleine petgaten.
Omdat bodemwoelende vissen als brasems het water vertroebelen en daarmee de groei van de onderwatervegetaties belemmeren, wordt de visstand sterk teruggebracht. Veel vissen krijgen een plek in naastgelegen grotere wateren. In de zomer wordt een deel van het gebied doorge-

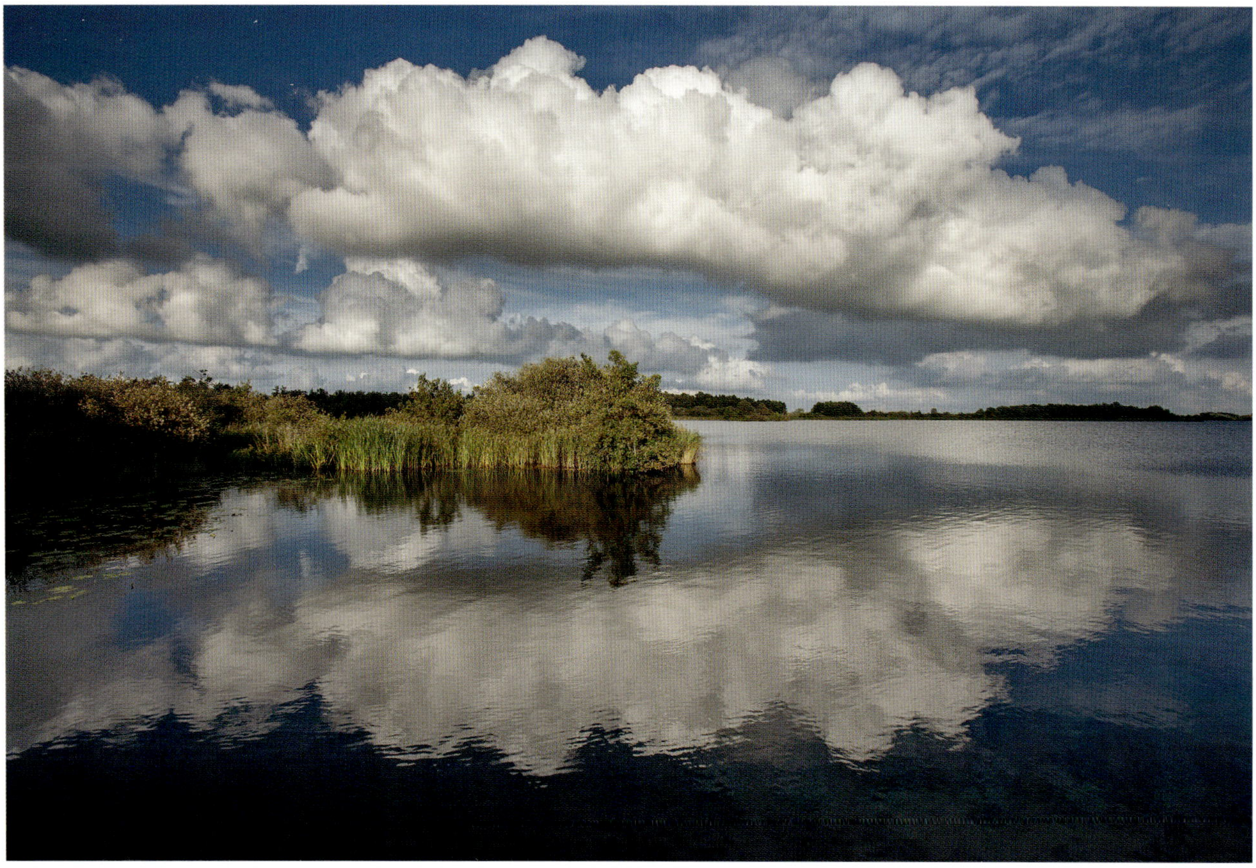

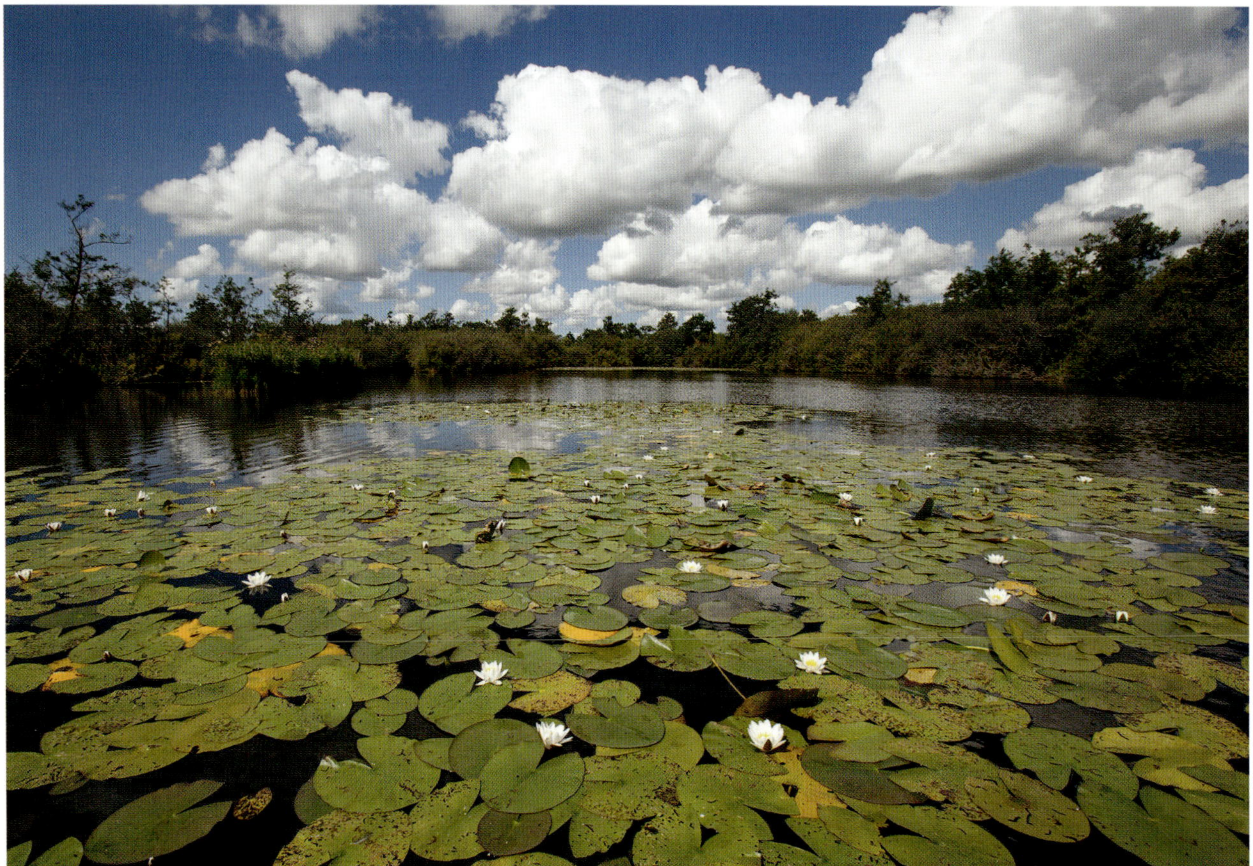

◀ Oksepuollen.

◀▼ In rustig water van minder dan 1,5 meter diep kan de witte waterlelie (Nymphaea alba, swanneblom) zich snel vermeerderen, ook al is het licht vervuild. De vrucht rijpt onder water.
(Foto's Fonger de Vlas)

▼▼ Heikikkers, *Rana arvalis*, houden van open plekken met kleine watertjes zoals vennen en poelen in open plekken in het bos, heidevelden of duinpannen. Kalkarme gebieden met een hoge grondwaterstand, zoals veengebieden en elzenbroekbos hebben de voorkeur.
(Foto Fonger de Vlas)

spoeld met relatief fosfaatarm water. Planten kunnen vegetatief vermeerderd worden door entloten of enten. Hierbij wordt een deel van een plant (de ent) vastgemaakt op een deel van een andere plant (de onderstam). Ook waterplanten worden geënt om de ontwikkeling van ondergedoken watervegetaties te versnellen.

Over een oppervlakte van 80 hectare komen er door deze ingrepen betere omstandigheden voor ondergedoken waterplanten. De nu sporadisch voorkomende watervegetaties breiden zich uit. Dit heeft positieve effecten op het leef- en foerageergebied van diverse diersoorten. Op de langere termijn kunnen oudere verlandingsvegetaties zich ontwikkelen, zoals veenmosrietlanden. Ook *zichtjagende* vissen, zoals de snoek, keren terug, omdat het water helderder is.

Door een hoeveelheid fosfaatrijke, slappe bagger te baggeren uit ondiepe wateren wordt het gebied voor recreanten veel beter bevaarbaar. Ook de kwaliteit en het doorzicht van het water wordt er beter door.

Uit het watersysteem van het natuurgebied verdwijnt 125.000 m3 fosfaatrijke bagger over een oppervlakte van 55 hectare. De bevaarbaarheid en beleving worden sterk vergroot. Daarmee neemt de recreatieve en sociaal-economische waarde toe.

LIFE+

Het LIFE+ programma is een financieel instrument van de Europese Unie om het milieu te ondersteunen. De Alde Feanen komen voor deze subsidie in aanmerking, omdat het grootste deel van het nationaal park is aangewezen als Europees belangrijk Natura 2000-gebied.

Booming Business
LIFE12 NAT/NL/000134 Life: Alde Feanen N2000

Het Friese Merenproject

◀ Door het naar achteren leggen van de kade in *it Heidenskip* ontstond een nieuw natuurgebied: *De Wolvetinte*. Het is genoemd naar een boerderij die daar tot eind 19e eeuw heeft gestaan.

Eind jaren '90 stond de marktpositie van Fryslân als watersportbestemming onder druk. Bezoekersaantallen namen af terwijl concurrerende vaargebieden zich ontwikkelden. Provincie Fryslân besefte dat het Friese merengebied een flinke kwaliteitsimpuls nodig had om de toeristische bestedingen en de regionale werkgelegenheid te stimuleren. Dit leidde in 2000 tot de start van Het Friese Merenproject, dat eindigt in 2015.

Fryslân is een bijzonder watersportgebied binnen West-Europa. In de provincie ligt ongeveer 30.000 hectare aan meren en plassen. De vaarwegen in Fryslân hebben een totale lengte van 675 kilometer. Langs de oevers ligt zo'n 13.000 hectare aan natuurgebied. De Friese meren zijn hierin van grote waarde voor de recreatie en het toerisme.

In de loop der jaren zijn er veel resultaten geboekt, zowel aan de wal als in het water. Het vaarnetwerk in Fryslân is verbeterd en uitgebreid. Een groot aantal toegangspoorten en watersportplaatsen is een stuk aantrekkelijker voor toeristen, vaak dankzij samenwerking van lokale ondernemers. Op verschillende plekken kwamen natuurprojecten van de grond. Het Friese Merenproject wil verbeteringen aan ecologie en recreatie hierbij zoveel mogelijk met elkaar verbinden. Het LIFE+ project 'Booming business in Nationaal Park de Alde Feanen' is daar een uitstekend voorbeeld van.

Naast 'Booming business' zijn er meer projecten van Het Friese Merenproject die plaatsvinden in de omgeving van Nationaal Park de Alde Feanen, of die op een andere manier verband houden met dit natuurgebied:

Watersportplaats Earnewâld

In 2011 is in deze watersportplaats gestart met het opknappen van de centrum- en passantenhaven. In 2012 openden de eerste nieuwe voorzieningen voor watersporters en het jaar erna was de nieuwe boulevard een feit. Ook krijgt Earnewâld een toeristisch overstappunt. Dit is een herkenbaar knooppunt waar fiets-, wandel- en vaarroutes samenkomen. Dankzij deze ontwikkelingen past de uitstraling van het dorp en de havens beter bij de bijzondere ligging aan het Nationaal Park.

Baggerplan Boarnsterhim

In 2012 is een plan opgesteld om in de voormalige gemeente Boarnsterhim de vaarwegen te baggeren. Zonder baggerwerkzaamheden slibben deze wateren dicht. Dit is nadelig voor het Friese vaarnetwerk en daardoor ook ongunstig voor het watertoerisme. Het baggeren zorgt niet alleen voor een betere bevaarbaarheid van de vaarwegen, het verhoogt tegelijkertijd de kwaliteit van het water. De gewonnen specie kan in de meeste gevallen gebruikt worden voor het ophogen van lager gelegen landbouwgronden en natuur- en recreatiegebieden. Het 'Baggerplan Boarnsterhim' richt zich op wateren in en rondom dorpen als Grou, Akkrum en Wergea. Daarnaast zijn er vanaf eind 2014 tot en met begin 2016 baggerwerkzaamheden in de Alde Feanen.

▼ Baggerwerkzaamheden

▼▼ Fluisterend over het water met een Fins bootje.

▼▼▼ Het Polderhoofdkanaal

Schoonwatercampagne

Voor de flora en fauna in de Alde Feanen is hoge waterkwaliteit van groot belang. Eén van de doelen van het LIFE+ project is om deze kwaliteit te verbeteren, onder andere door het fosfaatgehalte in het water te verminderen. Ook in de rest van het Friese merengebied is schoon water een belangrijk thema. Hier is het de vaarrecreatie die voor verontreiniging zorgt. Ondanks het lozingsverbod dat vanaf 2009 in Fryslân geldt, lozen nog veel te veel watersporters hun toiletwater in de Friese meren.

Al een aantal jaar loopt daarom de Schoonwatercampagne, die aandacht vraagt voor het lozingsverbod en het belang van schoon vaar- en zwemwater. De campagne wijst watersporters op de meer dan honderd vuilwaterinnamepunten in Fryslân. Om dit aantal verder uit te breiden, heeft de provincie subsidie voor de aanschaf en installatie van nieuwe innamepunten beschikbaar gesteld. Een ander initiatief vanuit de campagne is de 'Vuilwaterboot', die door het Friese merengebied vaart en Marrekriteligplaatsen en watersportevenementen aandoet. Bij de Vuilwaterboot kunnen watersporters hun vuilwatertank legen en informatie inwinnen over maatregelen die zij zelf kunnen treffen. Verder maakt het kinderboek 'Poepkasteel' toekomstige watersporters al op jonge leeftijd bewust van de noodzaak van schoon water.

Elektrisch varen

Wie door Nationaal Park de Alde Feanen of op andere plekken in Fryslân vaart, kan zichzelf en het milieu een plezier doen door voor een elektrisch vaartuig te kiezen. De stilte van zo'n fluisterboot werkt ontspannend en het vaarwater blijft een stuk schoner.

Om elektrisch varen te stimuleren, stelt provincie Fryslân subsidie beschikbaar voor de aanleg van elektrische oplaadpunten en voor het aanschaffen en ombouwen van particuliere elektrisch aangedreven boten. Hieronder valt ook het gebruik van lithium-accu's en zonnepanelen. Bovendien krijgt Fryslân haar eerste electric-only vaarroute. In het vaarseizoen van 2015 ligt er tussen Heeg en Oudega een vaarrondje dat alleen toegankelijk is voor elektrische boten.

Opening Polderhoofdkanaal

In januari 2014 was er grote blijdschap in de Friese dorpen Nij Beets en De Veenhoop. De Raad van State bepaalde die maand dat de heropening van het Polderhoofdkanaal definitief door kan gaan. Het kanaal was de ontbrekende schakel in het Friese vaarnetwerk. Het Polderhoofdkanaal verbindt de populaire Turfroute en het achterland van Drenthe met onder andere de vaarwegen van voormalige gemeente Boarnsterhim, de Alde Feanen, het Lauwersmeer en de Waddenzee. Nij Beets en De Veenhoop hopen hierdoor op een stroom aan vaarrecreanten en daarmee op meer lokale werkgelegenheid. Door natuurcompensaties gaat ook de ecologie in het gebied erop vooruit. De beschermde dier- en plantensoorten die in het kanaal leven, krijgen nieuwe habitats. Zo weet provincie Fryslân ook bij het Polderhoofdkanaal verbeteringen aan recreatie en natuur met elkaar te verenigen.

6

Troebel wordt helder

De kwaliteit van het water

Veel water zit in de bodem, maar in de Alde Feanen ook in plassen, petgaten, vaarten en sloten. Dit oppervlaktewater beslaat zo'n 20 procent van het gebied. Naast klimaat en bodemsamenstelling bepalen de waterpeilen – want de hoogtes verschillen nogal - voor een belangrijk deel de waterkwaliteit.

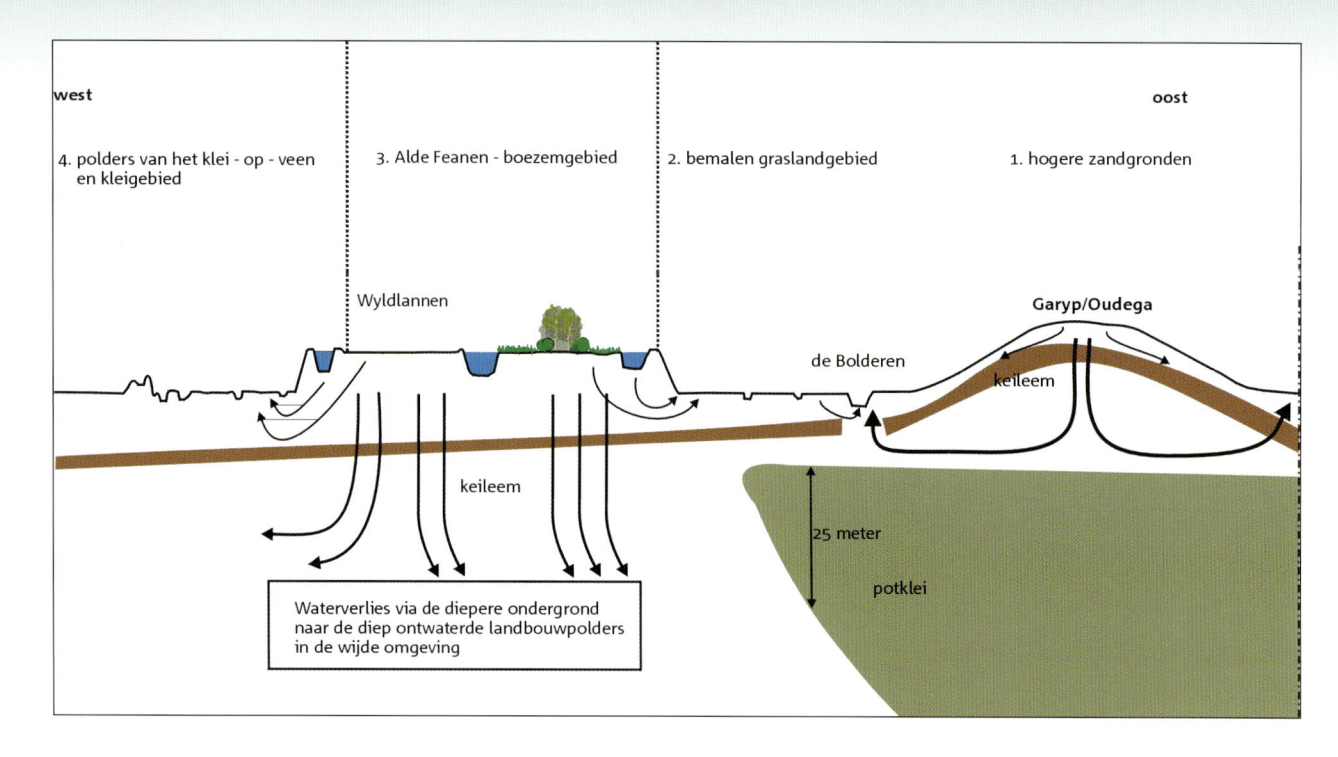

west — oost
4. polders van het klei - op - veen en kleigebied
3. Alde Feanen - boezemgebied
2. bemalen graslandgebied
1. hogere zandgronden
Wyldlannen
de Bolderen
Garyp/Oudega
keileem
keileem
25 meter
potklei
Waterverlies via de diepere ondergrond naar de diep ontwaterde landbouwpolders in de wijde omgeving

De plassen en vaarten in het westelijke deel van het natuurgebied Alde Feanen liggen grotendeels binnen de boezem. In dit Friese netwerk van meren, kanalen en vaarten geldt een nagestreefd waterpeil van 52 centimeter beneden NAP. Bij veel regenval in korte tijd is het ondanks bemaling hoger, bij langdurige droogte moet water worden ingelaten.

Omdat het water bij harde zuidwestenwind naar het noorden toe wordt opgestuwd, is het peil in de Alde Feanen dan wat hoger dan bijvoorbeeld op de Morra, ten oosten van Stavoren.

It Fryske Gea beheert het natuurgebied, Wetterskip Fryslân is als waterbeheerder verantwoordelijk voor de waterkwaliteit en het peilbeheer in de Alde Feanen.

Het waterschap neemt geregeld watermonsters, die geanalyseerd worden op voedingsstoffen en zuurstof, en op chemische stoffen als pak, pcb's of bestrijdingsmiddelen.

Het waterschap bemonstert ook planten en dieren in het oppervlaktewater. Dan gaat het om de volgende groepen:

- *fytoplankton*: zwevende algen, waaronder de giftige blauwalgen;
- *diatomeeën*: sieralgen die vastzitten aan planten, stenen of beschoeiing;
- *zoöplankton*: microscopische dieren die zich vrij bewegen in het water, zoals watervlooien;
- *macrofauna*: met het blote oog zichtbare dieren die in het water leven, zoals libellenlarven;
- *macrofyten*: water- en oeverplanten;
- vissen.

Hoog in het landschap

De omliggende laaggelegen (veen)gebieden zijn polders, die via gemalen afwateren op de Friese boezem. 's Zomers wordt hier boezemwater ingelaten, terwijl vanaf de 'regentijd' in het najaar en 's winters bemaling plaatsvindt en overtollig polderwater wordt geloosd op de boezem. Door de lagere waterpeilen in de polders ten opzichte van de boezem zakt het land in deze polders sneller dan de grond in het natuurgebied. Hierdoor is het ooit hoge veen en na vergraving laag gelegen natuurgebied weer hoog in het landschap komen te liggen. Nu doet zich het probleem voor dat water door de bodem wegstroomt, waardoor er verdroging ontstaat.

De waterkwaliteit laat in de Alde Feanen, net als op veel andere plaatsen, te wensen over. Het water heeft door bemesting in de omgeving een overmaat aan voedingsstoffen als fosfaat en stikstof. Hierin groeien algen, wat troebel water veroorzaakt. Daardoor krijgen onderwaterplanten geen zonlicht, waardoor ze niet meer groeien en afsterven. Bodemwoelende vis zoals de brasem houdt het water troebel door in de bodem zijn voedsel te zoeken. Daardoor zweven er continu bodemdeeltjes door het water. Verder zijn schroeven van boten en menselijke uitwerpselen ook niet bevorderlijk voor de waterkwaliteit.

Op de overgangen tussen land en water groeien nauwelijks planten. Vooral in het boezemgedeelte treedt oeverafslag op en hebben voormalige rietkragen plaatsgemaakt voor kunstmatige, harde beschoeiingen. De afslag wordt onder andere veroorzaakt door het niet-flexibele waterpeil. Golven slaan continu op dezelfde hoogte op de oever.

Polders en boezem

Wetterskip Fryslân probeert in verschillende projecten en uitvoeringsprogramma's de waterkwaliteit in de Alde Feanen te verbeteren. Bij de herinrichting van de polder boven Earnewâld heeft het waterschap de vispassage Lange Sloot aangelegd, meer waterberging gecreëerd en maatregelen genomen om het water helderder te krijgen en plantengroei te stimuleren. Deze herinrichting werd in 2014 afgerond.

In de polders ten zuiden van Earnewâld is in verschillende herinrichtingsprojecten meer waterberging gecreëerd om in natte tijden wateroverlast tegen te gaan. Het waterschap heeft hier een flexibel waterpeil ingesteld en ondiepe waterzones aangelegd om helder, plantenrijk water te krijgen.

Omdat het Friese boezempeil weinig schommelingen rond het nagestreefde peil van -52cm NAP kent, overstroomt het laagveenmoeras de Alde Feanen niet. Dit is echter wel typerend voor een moerasgebied, zodat er in het watersysteem compenserende maatregelen genomen moeten worden. De komende jaren voert Wetterskip Fryslân deze in het boezemgebied Alde Feanen uit.

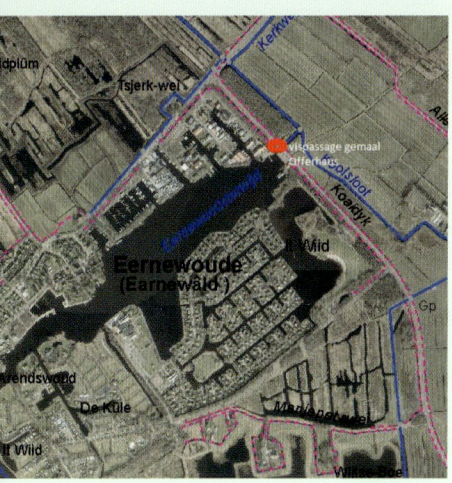

▲▲ De Aalscholver (Fries Ielgoes) is een plaag geworden.

▲ Detail uit topografische kaart met de nieuwe waterscheiding tussen de Friese boezem en het binnenwater.

◀ Dit figuur geeft het proces schematisch weer.
(Jan Meijer, Dienst Landelijk Gebied)

Het doel is om onderwaterplanten terug te krijgen, de explosieve groei van algen te temperen, de rietgroei te stimuleren en meer diversiteit in de visstand te krijgen. Uit een aantal petgaten wordt voedselrijke bagger gehaald. Bodemwoelende vissen zoals brasem worden uit het water gevist en elders weer uitgezet. En er worden ondiepe waterzones aangelegd. Sommige petgaten worden zelfs een paar maanden drooggelegd en daarna weer onder water gezet om onderwaterplanten goed te laten ontkiemen.

De uitvoering van deze maatregelen vindt plaats in het elders beschreven LIFE+ project, een gezamenlijk project van Wetterskip Fryslân, It Fryske Gea, provincie Fryslân en gemeente Leeuwarden.

Wetterskip Fryslân doet voortdurend onderzoek naar de kwaliteit van het oppervlaktewater in de Alde Feanen. Zo krijgt het waterschap zicht op het onderwaterleven, dat bestaat uit waterplanten, algen, kleine waterdiertjes en vissen. Met de onderzoeksgegevens worden knelpunten in kaart gebracht, zoals een teveel aan stikstof, fosfaat, algen en brasem. Daarna kunnen gericht maatregelen worden genomen om helder, plantenrijk water te krijgen en te behouden.

Oplossing voor lozingen

De woningen en woonarken in de Alde Feanen waren voorheen niet aangesloten op het rioleringsnet, omdat ze moeilijk bereikbaar waren. Afvalwater en uitwerpselen werden zomaar geloosd, een enkele keer bacterieel gereinigd in een sceptictank. Wetterskip Fryslân wilde deze ongezuiverde lozing van douche- en toiletwater op het oppervlaktewater van de Alde Feanen beëindigen. In 2007 is bij dertig (recreatie)woningen een goed werkende vacuümriolering aangelegd. Hierin wordt afvalwater door een hoofdstation vacuüm aangezogen, zodat het beheerst gezuiverd kan worden.

Bij de andere woningen is gekozen voor handhaving van de bestaan-

Monsters nemen

De monsters worden op geselecteerde locaties genomen en daarna in het laboratorium geanalyseerd. Met deze *monitoring* wordt het effect van de genomen maatregelen gevolgd. Daarnaast brengt het onderzoek de algemene biodiversiteit en de aanwezigheid van beschermde soorten in kaart.

◄ Medewerkers van het waterschap onderzoeken de waterkwaliteit. (Foto Wetterskip Fryslân)

▼ De aanleg van een IBA-zuiveringssysteem. (Foto Wetterskip Fryslân)

de voorzieningen, dus een sceptic tank of een helofyten (riet) filter. Het water dat hieruit vrijkomt, vormt een minimale belasting voor de waterkwaliteit. Bij de aanleg van nieuwe voorzieningen voor zuivering kiest het waterschap voor het IBA-systeem. Deze *'Individuele Behandeling Afvalwater'* gaat uit van een eenvoudige, robuuste techniek om het water onder meer met behulp van zuurstof te zuiveren. Voor veel stoffen in het afvalwater is dit een oplossing, maar voor ammonium (stikstof) is het niet voldoende.

In 2014 zijn er geen ongezuiverde lozingen meer van afvalwater uit woningen en woonarken in de Alde Feanen.

Vrij als een vis
Vissen vormen een essentieel onderdeel van het ecosysteem. Wetterskip Fryslân wil bevorderen dat vissen in zijn beheergebied een gezond leefklimaat hebben. Ze hebben vrije doorgang nodig om hun levenscyclus te volbrengen.

In de Alde Feanen leeft een aantal specifieke vissoorten dat bij een laagveencomplex hoort. Dit zijn onder andere de bittervoorn, de snoek, de zeelt, de grote modderkruiper en de rietvoorn. De algemener voorkomende, maar de laatste jaren zeldzaam wordende aal (*anguila anguila*), leeft in de laagveenplassen om energie, vet en spiermassa op te doen voor zijn zesduizend kilometer lange reis naar de Sargassozee in Zuid-Amerika, waar hij op grote diepte paait.

Voor vissen zijn gemalen, sluizen en stuwen vaak onneembare barrières. In de Alde Feanen heeft Wetterskip Fryslân een aantal knelpunten voor *vismigratie* benoemd. Inmiddels zijn twee knelpunten opgelost: het gemaal Offerhaus is visvriendelijk gemaakt en in de kade tussen de Langesleatten en de polder ten noorden van Earnewâld is een *De Wit-vispassage* aangelegd. Zo zwemmen de vissen ongehinderd in en uit het natuurgebied, wat bijdraagt tot een gezond en leefbaar watersysteem.

Door de vispassage kunnen de vissen nu optimaal gebruik maken van verschillende leefomgevingen of habitats. In de ene habitat planten ze zich voort, in de andere groeien ze op. In natuurgebied Alde Feanen komen de voornaamste leefgebieden voor.

Een De Wit-vispassage bestaat uit een rechthoekige goot met schotten waarin afwisselend links en rechts op de bodem poortjes zitten waar vis door kan zwemmen om een verval te overbruggen. Dit type vispassage is in 1992 door ing. W.G.J. de Wit van Hoogheemraadschap Stichtse Rijnlanden ontwikkeld en door de Sectie Waterhuishouding van de WUR te Wageningen op verzoek van een twintigtal waterschappen in 2004 gestandaardiseerd.

Het gemaal Offerhaus, gebouwd in 1919 en recentelijk grondig vernieuwd, scheidt het waterpeil van de boezem van dat in de achterliggende polder. Ook zorgt het gemaal ervoor dat het water in de polder ten oosten van Earnewâld op het gewense peil blijft. In het verleden kwamen vissen niet heelhuids door de pompen van het gemaal heen, maar dit knelpunt is opgelost. De pompen zijn zodanig aangepast dat de vissen zonder ernstige of dodelijke verwondingen van het ene water naar het andere kunnen trekken. Er is een zogenaamd *fish-track systeem* in aangebracht.

Muskusratten bestrijden
In de jaren zeventig van de vorige eeuw dook in Nederland de muskusrat (Ondatra zibethicus) op steeds meer plekken op. Vooral de veen-weidegebieden, dus ook de Alde Feanen, hadden een enorme aantrekkingskracht op het dier. Muskusratten behoren tot de orde van de woelmuizen

waarvan het gebit is aangepast aan het eten van plantaardig materiaal. De naam is terug te voeren op het bezit van de muskusklieren onder de staart, die een sterke, muskusachtige geur verspreiden.

Muskusratten zijn afkomstig uit Noord-Amerika. Het dier werd als waardevol pelsdier ingevoerd o.a. in Europa en delen van de voormalige Sovjet-Unie. In 1905 gebeurde dit in Tsjecho-Slowakije, later gevolgd door Finland (1922), Engeland (1927-1929) en Frankrijk (1928). Rond die tijd verschenen er ook kwekerijen in België en Duitsland.

Ontsnapte of in het veld vrijgelaten dieren konden zich niet alleen goed handhaven, maar breidden zich ook snel als een olievlek uit. In 1941 werd de eerste muskusrat in ons land bij Valkenswaard aangetroffen. Pas in 1946 werden de eerste jonge dieren gesignaleerd en tot 1967 bleef de verspreiding beperkt tot de zuidelijke provincies Limburg, Noord-Brabant en Zeeland. In dat jaar bereikte de Duitse populatie de Nederlandse oostgrens. Rond die tijd ontstond de grote haard in West- en Centraal-Europa. Na 1970 werd in snel tempo geheel Nederland bezet. In 1980 waren alleen nog delen van de westelijke provincies niet door muskusratten bewoond. In 2005 geldt dit nog voor een deel van Noord-Holland en de Waddeneilanden als gevolg van de regionale bestrijding.

Al voordat muskusratten onze grenzen bereikten, werd in ons land een wettelijke plicht tot bestrijding voorbereid. Daarbij werd er vanuit gegaan dat in ons land, met zijn kwetsbare polders en dijken, zonder verdere discussie, de muskusratten overal intensief zouden moeten worden bestreden. De daadwerkelijke bestrijding begon in Nederland in 1968 met vijf bestrijders van de Plantenziektekundige Dienst.

Drie nestjes, zes jongen

Een vrouwtje (moer) is al na een half jaar geslachtsrijp en werpt jaarlijks gemiddeld drie nestjes met zes jongen. De voortplanting ging zo snel dat, ondanks de bestrijding, de populatie twintig jaar later op z'n top was. Rond de eeuwwisseling waren er ruim zeventig mensen het hele jaar rond dagelijks aan het werk om de ratten uit te roeien. In de Alde Feanen waren twee mannen aangesteld. Een van hen was Tom Vellema, die in 1990 begon, toen de bestrijding nog min of meer in de kinderschoenen

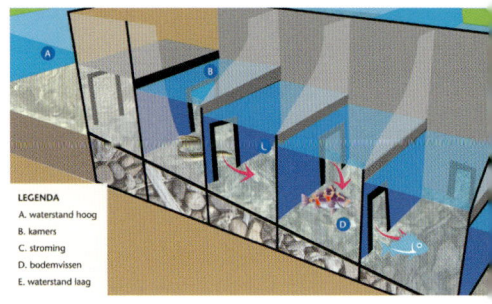

◀ Vispassage Langesleatten. (Foto Wetterskip Fryslân)

◀▼ Principe van de vispassage door de kade.

▶ Meten, wegen en merken van een gevangen muskusrat.

▼ Muskusratten werken dagelijks een kilo rietwortels weg en verspillen nog eens zo 'n hoeveelheid.

▼▶ Een winterhut wordt gemaakt van gemiddeld anderhalf tot twee kuub riet.

meer in de kinderschoenen stond.

'Er was geen enkele expertise, we staarden naar een blanco blad. We kenden het beest niet en leerden gaandeweg. De ernst van het probleem werd onderschat. Die ratten reproduceerden zich zo snel, er was niet tegen te vangen. We dachten dat we nooit van die beesten af konden komen. Pas toen we zelf duikers begonnen te maken met vangkooien erin, kregen we vat op de plaag in de Alde Feanen.'

De muskusrat is van nature een moerasbeest en de Alde Feanen werken dan ook als een magneet. De ratten, die zich in de zomer hoofdzakelijk ophouden in de sloten en weilanden rondom, trekken in de winter de Alde Feanen in, waar ze zich tegoed doen aan de overvloed aan rietwortels. Een regelrechte bedreiging voor het gebied: de legakkers en slootkanten worden ondermijnd doordat de ratten per stuk dagelijks een kilo rietwortels eten en daarbij ook nog een kilo verspillen. Tel daarbij op de winterhutten die ze bouwen en waar ook nog eens grote hoeveelheden riet en rietwortel voor worden gebruikt. 'Voor die hutten gebruiken ze gemiddeld anderhalf tot twee kuub riet, maar we hebben er ook wel gezien die twee keer zo groot zijn. De invloed op de natuur is gigantisch: de walkanten en legakkers eroderen en verdwijnen in het water. Ze vreten de kaden zo kaal als deze tafel hier. Ze graven gangenstelsels en ondergrondse holen, waardoor de boel verzakt. Ze veroorzaken enorme schade aan de waterkeringen, met alle risico's van dien'.

Waden met klemmen

De bestrijders, in dienst bij Wetterskip Fryslân, controleren gezamenlijk 42.000 kilometer aan watergangen op de aanwezigheid van ratten en grijpen in als er een familie gesignaleerd is. De teamleden weten exact van elkaar wat ze doen en werken dusdanig efficiënt, dat de plaag onder controle is. Werden in 1995 nog ruim 100.000 ratten gevangen, in 2013 waren dat er nog slechts 4.500. 'We zijn van een groep individuele rattenvangers een hecht team van bestrijders geworden. In het begin was het pionieren. We trokken een waadpak aan en namen een zak vol klemmen op de rug mee. Zo liepen we de sloten door. Als de klemmen op waren, waadden we terug naar de auto, om nieuwe te halen. Iedere dag opnieuw moesten we al die klemmen langs. Nu gaat het een stuk sneller, we hebben quads waarmee we langs de vangkooien rijden. We hebben gelukkig alleen nog maar een controlerende taak. Wat ik toen in een maand deed, doe ik nu in drie kwartier.'

Nu de rattenpopulatie zo ver teruggedrongen is, legt Vellema zich met zijn collega's toe op het ontwikkelen van meer diervriendelijke methoden om de ratten uit te roeien. In de oude vangkooien verdronken de dieren. Bovendien was er altijd een royale bijvangst aan snoeken en andere vissen, die zich klem zwommen in de ijzeren fuiken. Die bijvangst moet voorkomen worden. Er worden nieuwe kooien ontwikkeld met een filter waar ook een flinke snoek nog door kan ontsnappen. Daarbij komt er in de vangkooi een klem, waarin de rat direct doodgeslagen wordt en dus niet verdrinkt.

'Nu we de zaak onder controle hebben, wordt van ons verwacht dat we veldproeven doen. We vangen ratten, we meten, wegen en merken ze en zetten ze dan terug. We kijken dan hoe lang het duurt voordat we ze opnieuw vangen en hoe ver ze zich dan verplaatst hebben. Daarmee meten we de effectiviteit van onze vangmethoden, maar ook de reisgewoonten van de rat. Dit helpt ons om in de toekomst een nieuwe plaag te voorkomen.'

Wetterskip Fryslân

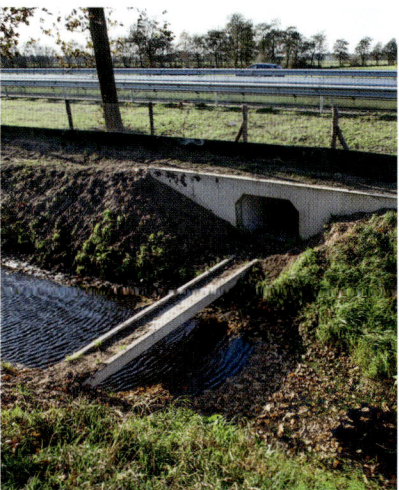

▲ 'Ecologisch tunneltje' met bruggetje in en bij de nieuwe rondweg die recentelijk in het kader van de Centrale As bij Garyp is aangelegd. Midden in de tunnel staat een verborgen hekwerk om 'groot' wild te keren. (Foto's Kees Klip)

Langs oude en nieuwe wegen

Een spannende geschiedenis

In De Earnewarre, ten noordoosten van Earnewâld, ziet men een spoor van de oude natuurlijke toestand, die stukje bij beetje in ere wordt hersteld. Er staan een paar boerderijen uit 1947-'48, die de Friese *'gelidbouw'* vertegenwoordigen. Ons treft de hoog hangende stoep bij de deur van een stal, het *'bûthûs'*. Die symboliseert de oxidatie, waardoor in veen de zwarte grond verdwijnt, totdat er uiteindelijk slechts zand met een laagje teelaarde overblijft.

Donkere wolken pakken zich samen boven Friese veenweiden. Volgens een recente provinciale notitie zijn ze op den duur vanwege de kosten niet te handhaven. In natuurgebieden gaat het minder hard, mits het water er een groot deel van het jaar tot vlak onder het maaiveld staat. Iets hoger en het staat hier, net als vroeger, 'plas en dras' oftewel *'splis'*.

Dit onrustbarende verschijnsel hangt samen met menselijke bedrijvigheid in een kwetsbaar gebied met een levende ondergrond. De Alde Feanen, hoewel niet het laagst gelegen, vormen er een deel van.

In Nederland vormt een immense delta de overgang van bergformaties en hoge zandgronden naar de zee. Op microschaal gebeurde in het oude Friese land hetzelfde. Enkele beken slepen in een ver verleden vanaf de oosterse hoogtes stroomdalen uit naar het westen en noorden. Nu dragen ze namen als *Boarn, Tsjonger of Kuunder en Lende*. De naamgeving van Friese wateren is in 2009 namelijk *ontnederlandst* ten gunste van het

Water om te varen

Een tjalk vaart richting De Veenhoop over het Siegersdiep bij Eernewoude. Links is nog net het werfje van Westerdijk te zien, recht voor het Zonsmeer. Uitsnede van een foto in Fen Fryske Groun, 5 juli 1929. Het werd daarna zo droog dat het Skûtsjesilen op woensdag 31 juli vanwege de lage waterstand op 'de Sânemar' niet kon doorgaan. Veel schippers kwamen toen economisch in de problemen. De tjalk komt straks bij een brug waar hij precies doorheen past. Maar de sluisjes in de Oude Venen, bij Dokkum, Berlikum en Finkum en achter Koudum blijven voor hem gesloten. Daarin passen alleen schepen van minder dan 40 ton.

▲ Offerhausgemaal.
Jaarlijks sterven er miljoenen vissen in Nederland, doordat ze worden vermalen in de pompen van gemalen. Bij gemaal Offerhaus is dit vanaf september 2011 verleden tijd. Dit gemaal bij Earnewâld is het eerste gemaal in Nederland dat vissen ongeschonden laat passeren, zowel stroomopwaarts als stroomafwaarts.
In opdracht van Wetterskip Fryslân heeft advies- en ingenieursbureau Tauw gemaal Offerhaus uitgerust met een nieuw visvriendelijk systeem. Met dit visvriendelijke systeem levert Wetterskip Fryslân een bijdrage aan het bevorderen van een gezonde visstand. Deze is van grote invloed op de waterkwaliteit en schoon water is weer goed voor de visstand.

Fries of een streektaal als het Stellingwerfs. De stromen voeren nog altijd het regenwater af dat op de zandgronden van het Drents Plateau valt. Vroeger hadden tientallen beken dezelfde functie voor de hoog groeiende venen in *de lege* of *het lage* midden van het toenmalige West-Vrieslandt.

Maar de grond werd in bezit genomen door boeren, die er hooi wonnen voor het vee en op een paar hoge koppen hun boerderijen bouwden. Hun geschiedenis is hier vanaf de twaalfde eeuw ongeveer te volgen. Hun bestaan is getekend door de overheersende aanwezigheid van het water. Dat is voornamelijk regenwater, ter plekke gevallen of door stromen naar hier gevoerd. Plaatselijk kwam er nog enige kwel vanuit de ondergrond. Een enkele keer werd alles overspoeld door een hoge watervloed van de zeekant, met soms brak water. Sporen van die watersnoodrampen zijn in de bodem te vinden in ziltige sliklaagjes.

Altijd, tot in de twintigste eeuw en onze dagen, is het water in zijn loop een functie van grote klimatologische en kortstondiger economische ontwikkelingen. Mensen in deze omgeving hebben er altijd mee gestreden, terwijl ze niet zonder konden. Want het gewas heeft om te groeien water nodig, en koeien, paarden en schapen om te leven. Zelfs een ouderwetse koe dronk al zestig liter in een etmaal. Bedenk wat dat in een lange winter betekende voor een flinke boer met vijftien tot twintig koeien.

Bij het Ds. Offerhausgemaal uit 1920 bevond zich een nieuwe waterscheiding met een sluis tussen 'buiten en binnen'. Die is ruim vijftig jaar later, in 1972, opgeruimd, waardoor het Earnewâldster Wiid bij het buitenwater is getrokken. De nieuwe scheiding ligt een eind verderop, in de Koaidyk, ten oosten van bungalowpark It Wiid en bedrijventerrein De Stripe. Het elektrische gemaal zelf is in 2010 vernieuwd en uitgerust met een visvriendelijke pompinstallatie.

Een dorpspastoor

Fryslân kent voor zijn eeuwige strijd tegen het water drie iconische symbolen. Het eerste is het Woudagemaal bij Tacozijl uit 1920. Het tweede, ruimtelijk van een heel andere orde, is de 33 kilometer lange Afsluitdijk, die in 1932 de Zuiderzee afdamde en de creatie van een zoet IJsselmeer mogelijk maakte. Het derde symbool van menselijk ingrijpen is het Prinses Margrietkanaal, dat sinds 1951 deel uitmaakt van het grootste kanaal voor de binnenvaart van Nederland. Ruim tien kilometer van deze waterweg snijdt dwars door de groene wereld van oude venen en nog vrij jonge cultuurgrond. Dit is te beschouwen als een natuurlijk lijkende, maar door mensen gecreëerde begrenzing van het natuurreservaat De Alde Feanen.

De eerste delen van 'het kanaal', Graft genoemd, werden in de Middeleeuwen gegraven toen Vrieslandt nog een zelfstandig, autonoom gewest was. De laatste werden uitgegraven en met elkaar verbonden in 1950. Maar in de jaren twintig heette een stukje vergroot water bij Grou al 'Nieuwe Kanaal'.

Een van de oudste tracé's van de Graft onder Wartena sloot aan bij de 'Oude Weg' tussen de Leeuwarder Sloot en de Kruiswaters (nu 'Krúswetters'). De Leeuwarder Sloot was een grenswater tussen de oude grietenijen Idaarderadeel en Tietjerksteradeel. Aan de westkant ervan lag eeuwen later het Bauke Halbeslân, aan de oostkant het *Skeprêdslân*.

Waarschijnlijk is de grenslijn in de tweede helft van de dertiende eeuw getrokken, toen de grietenijen zich binnen de *'goaën'* verzelfstandigden. De Leeuwarder Sloot zou een openbaar water geweest zijn, dat men gratis mocht bevaren. De naam kán verwijzen naar de plaats van bestemming van het verkeer. Maar het kan ook zijn dat Leeuwarder turfhandelaren de sloot hebben laten verbreden. Zie ook pagina 20-22.

74

Tot de officiële registratie op kadastrale kaarten was de toponymie een ratjetoe. In de verzameling die Toering en Franke in lange jaren van studie aanlegden, schemert de 'oral history' nadrukkelijk door. De kaart is bijgevoegd in het geschiedenisboek 'Earnewâld fan doe nei no' (1993).

De kern van het oude Rommertsmeer zou de smalle *'Jernsleat'* zijn geweest, misschien genoemd naar de mansnaam *Jen*, die afgeleid zou zijn van Johannes. Vóór de overstromingen in de twaalfde eeuw lag hier waarschijnlijk een boerennederzetting, die vanwege opkomend water inderhaast is verlaten. Als dit klopt, is het waarschijnlijker dat de *'Earn'* in de plaatsnaam een verbastering van een oude naam is, dan verwijst naar de adellijke adelaar, die het dorpswapen beheerst.

De vluchtende boeren zochten een veilig heenkomen op een hoger gelegen perceel in oostelijke richting. Daar vestigden ze zich rond 1150-1200. Ze bouwden er een nieuwe *Agneskerk* op het hoogste punt.

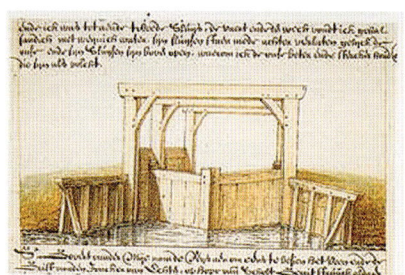

Welke gravin?

In de oude waternaam Graft is het werkwoord *'graven'* te herkennen. Sommigen menen dat ook te horen in *'Gravinnewei'*, een prehistorische dilluviale zandrug uit de ijstijden. Van Burgum loopt hij over Garyp dwars door de Sânemar naar het westen. Sumar en Eastermar zouden op dezelfde zandrug liggen. Tegenwoordig vormt hij een ondiepte in de Snitsermar en verdwijnt hij pas bij Workum in de Iselmar.

Was dit een zogenaamde *'heerweg'*, over een natuurlijke hoogte aangelegd en onderhouden opdat legers zich snel van West naar Oost en omgekeerd konden verplaatsen? In dat geval is het niet onwaarschijnlijk dat er veel eerder op hetzelfde tracé al een Keltische handelsweg lag. Bij opkomend water zou deze verhoogd kunnen zijn met links en rechts uitgegraven sloten.

Op een gemeentekaart van Idaarderadeel uit 1694 wordt een toen nog niet drooggevallen water ten westen van de Graft aangeduid als *'de Gravinne Oude Weg Sloot'*. Het omringende land is wat hoger dan elders in de omgeving. Men zou deze naam kunnen begrijpen als *'de sloot die deel uitmaakt van de oude (vaar)weg, die Gravinne Oude Weg heet.'* Maar het kan natuurlijk ook gewoon betekenen *'sloot bij de Gravinne Oude Weg'*.

Omdat de enige mogelijke gravin die we in deze context kennen, Ada van Holland, van 1188 tot waarschijnlijk 1234-1237 leefde en door onsmakelijk gekonkel van familieleden nooit officieel heeft mogen regeren, schrijven sommigen de naam toe aan volksetymologie. Want wie zou de naam nu nog associëren met het oude Friese *'gravene wei'* (gegraven weg)? Andersom: wie weet nog dat tussen 1175 en 1230 noordelijk Nederland bestuurlijk en economisch in grote verwarring verkeerde door een reeks watersnoodrampen, waarbij grote stukken land in zee verdwenen of, op het binnenland, verdronken? Een Hollandse gravin had zich temidden van de wanhopig tegen het water strijdende partijen wel met

◀ De sloep houdt keurig stuurboord voor de Wyldlannen, aan een zijtak van het Prinses Margrietkanaal. Voor zwemmers en drenkelingen hangt een trapje in het water.

◀ Een eenvoudig veensluisje, zeventiende eeuw. Website Wetterskip Fryslân.

De Agneskerk
De latere hervormde kerk van Earnewâld is in 1794 gebouwd op de plaats waar eerder een oude *tufstenen* kerk stond. Deze was, net als de kerk van Goutum, genoemd naar de heilige martelares die in de derde of vierde eeuw na Christus in Rome werd gemarteld, verkracht en vermoord omdat ze in de tempel van Minerva (of in een bordeel, schreven hagiografen die de Romeinse vruchtbaarheidsriten verafschuwden) geen mannen aan haar lichaam duldde. Ze had namelijk trouw beloofd aan Jezus Christus. Het zal niet toevallig zijn dat Agnes 'lam' betekent; Jezus wordt in de katholieke traditie aangeduid met 'lam Gods'. Vaak wordt de jong gestorven heilige afgebeeld met een lam op haar arm.

enig succes kunnen manifesteren als ze haar legers snel genoeg heen en weer kon dirigeren.

De critici van een romantische verwijzing naar een te vroeg getrouwde en gestorven gravin weten zich gesteund door het feit dat het toponiem her en der in de provincie Fryslân voorkomt. Er zijn verschillende *'Gravinnewegen'*, die weinig met elkaar te maken lijken te hebben. De discussie, al sinds de zestiende eeuw in beperkte kring gaande, zouden we daarom veilig laten rusten als die hoge zandrug niet zo bepalend was geweest voor de ontwikkelingen in de streken rond Earnewâld.

Turf uit hoog- en laagveen
Op een groot deel van Frieslands bodem groeide tot na de Middeleeuwen hoogveen op eigen vergaande wortels en plantenresten, voornamelijk gevoed door regenwater.

De reden voor vergraving van dit hoogveen was de lucratieve turfwinning, die rond 1400 overal in de Lage Landen en dus ook hier werd geintensiveerd. Deze leverde de energie, is later betoogd, waaraan de Lage Landen al vroeg een grote welvaart te danken hadden.

Omdat het land na afgraving en overstromingen bijna niets meer waard was, werden er al vroeg plannen gesmeed om de marginale gronden droog te leggen. In 1506 was het idee *'die landen die woest en oerheerigh (onbeheerd) laeghen tusschen Wartena ende Olboerne ende tusschen Groeuw te bedijken tot des Hartoeghs (George van Saksen) proufyt, ende van die woeste ende overheryghe landen wolden met dycken ende waetermoelens ghûed land maecken'.*

Het bleef bij ideeën, vooral door een gebrek aan macht, gezag en geldmiddelen bij de toenmalige Saksische heerser om ze in de praktijk te brengen. Friese boeren zelf hadden wel wat anders aan hun hoofd. Ze werden tussen 1496 en 1505 net getroffen door een reeks afschuwelijke overstromingen, waarbij een nog nieuwe infrastructuur van water- en landwegen grondig werd aangetast.

Tot indijking en ontginning werd eerst dus niet overgegaan, waardoor een volgende generatie turfgravers in de overgebleven lage venen kansen zag en greep. Ten zuiden en zuidwesten van de huidige Prinsenhof is tussen 1650 en 1690 de grootschalige vervening-nieuwe stijl begonnen. Venige percelen werden ingedijkt en ontwaterd en vervolgens dieper uitgegraven dan het peil in de omgeving. Niet Gietersen wonnen hier voor het eerst op grote schaal harde turfjes van onder de waterspiegel, zoals wel is verkondigd en geschreven, maar boeren uit de omgeving. Hoe droger en steviger de veengrond, des te waardevoller de turf. Maar die raakte een keer uitgeput, zodat de veenbazen en –handelaren wel gedwongen waren tot een drastischer aanpak.

Om de infrastructuur en de bemaling te kunnen bekostigen, werkten ze in de grootschalige vervening samen. Dat zou het nog bestaande toponiem *'Kompenije'* kunnen verklaren, hoewel er nooit in Compagniesverband is opgetreden. Een van de vroege turfgravers-veenbazen was de van oorsprong Garijper Holst, die hier rond 1650 al woonde. Hij zal samengewerkt hebben met Keimpes volk, die zich *'van'* Keimpema noemden. Die 'van' duidt op een bovenmodaal aanzien, of de pretentie daarvan.

Vanaf 1670 werd het laagveen rücksichtslos vergraven, totdat een groot aantal smalle *zethagen* (Fries: stripen) temidden van steeds verder uitdijende waterpartijen *(trek- en petgatten)* overbleef. Sommige percelen werden moeizaam drooggelegd en een groot deel van het jaar min of meer droog gehouden om er gras of hooi te winnen. In het najaar spoelde er water overheen, dat de grond op natuurlijke wijze bemestte met een laagje mineralenrijk slib. Heel waardevolle grond werd voor langere tijd

77

drooggelegd door er een hogere kade om te leggen met daarop één of meer watermolens voor de uitmaling.

Van die zomer- en winterpoldertjes waren er op een gegeven moment meer dan 1500 in deze streek, sommige weinig groter dan een huisstee (erf) of enkele hectares land. Pas bij de vorming van eerst een klein en later een groot waterschap, het laatste in 1916, ontstond er enige orde in de waterkering.

Een slepend proces

Wie niet al te flexibel denkt en de juiste kaarten niet bij de hand heeft, kan gek worden van de toponymie in deze wereld. Zo zagen we al dat de oude aanduiding *Rommertsmeer* heeft plaatsgemaakt voor *Holstmar*. De oude *Hans Meer* ten zuiden van de Folkertssleat staat tegenwoordig als '*Hânsemar*' op de kaart. Op de bekende topografische kaart van Wopke Eekhoff (1851) werd dit water echter als *Hanse Holstmeer* aangeduid. Een stuk land aan de overkant van de Folkertssleat heette *Bauke Halbeslân*, maar dat is nu voornamelijk water. De Hânsemar ligt vlak bij de oude Prinsenhof, een onderdeel van en niet synoniem met de Alde Feanen.

Als men nu weet dat nazaten van de in de vervening pionierende boer Holst Halbes in 1811 wel vijf verschillende namen hebben aangenomen – Bouma, Kleinhuis, De Wal, De Visser en Feenstra - is men extra dankbaar voor het sneupwerk dat Roel Toering en 'master' Douwe Franke hebben gedaan. Door Arend Toering is dit voorlopig afgerond in de publicatie '*Nammekunde Earnewâld en omkriten*', waar verschillende Holsten en Halbes in voorkomen.

Een van de verre nazaten van de eerste Holst Halbes is Jelle de Visser. Hij bracht het van boer tot filosoof en PvdA-raadslid in de gemeente Leeuwarden. Dat was hij in 2014 nog. Naar zijn pake Jelle Wigles de Visser (geboren in 1890) is de weg tussen Warten en Grou genoemd. Deze vroegere wethouder van Idaarderadeel heeft persoonlijk aan de ontsluiting van '*it Leechlân*' een waardevolle bijdrage geleverd.

Holst Halbes uit Wartena raakte in de jaren 1760 betrokken bij een slepend proces tegen vader en zoon Douwe Sytses en Sytse Douwes (van Keimpema). Deze ambitieuze grondbezitters damden rond 1750 het grenswater Leeuwarder Sloot tussen Idaarderadeel en Tietjerksteradeel af na deze eerder verwijd te hebben voor turfpramen. Ze hielden kennelijk geen rekening met het recht van passanten op vrije vaart over deze verbinding tussen Folkertssloot en de toenmalige Nieuwe Weg. De laatste was, blijkens één getuigenis, een uitgeslat water op het tracé van of vlak naast de eerder drooggevallen Oude (water)Weg, oftewel de Oudewegster Vaart.

▲ Monniken bezig met de turfbereiding, omstreeks 1250. 19de Eeuwse, geromantiseerde Illustratie.

▼ De Skeane Sleat met de Keet.

◀ Tekening van H. Beekkerk Heijmans, de 'Nieuwe Friesche Volksalmanak' van 1859. De botterachtige schuit is waarschijnlijk een 'haler', een snelle boot met bun om paling uit het vissersdorp naar exporteur W.A. Visser in Heeg te brengen. Volgens Roel Toering stonden er niet-historische details op deze verder treffende impressie.

Rommert Feijesz

De oorspronkelijke naamgever van het Rommertsmeer was naar we aannemen Rommert Feijesz. Althans, de lokale geschiedschrijvers Roel Toering en Douwe Franke en de latere toponiemenbeschrijver Arend Toering noemen hem. Hij was hier rond 1580 de dorpspastoor. Zo'n ambtsdrager werd doorgaans onderhouden met inkomsten uit onroerend goed, in dit geval kennelijk veengrond die uitgegraven kon worden om er turf van te maken. Rommert verdween als pastoor toen Friesland door een besluit van de Friese Staten werd geprotestantiseerd.

Een boer die hier in de zeventiende eeuw zijn bedrijf had, heette ook Rommert. Hij was de vader van een in 1710 geboren Holst, en stamde zelf uit het Garijper geslacht Holst Halbes. In die tijd werd het gebied economisch interessanter voor bestuurders en ambtenaren, omdat er grote hoeveelheden waardevolle turf werden gewonnen. Holst was er actief bij betrokken.

Omdat dorpspastoors in deze omgeving zeldzaam waren geworden, was de naamsverandering van Rommertsmeer in Holstmeer (en na de verfriesing van 2009 'Holstmar') niet zo gek.

Een alternatieve route naar het westen via de of het Rommertsmeer werd later verbeterd door het graven van de huidige *Skeane Sleat*. Langs dit water komt men tegenwoordig via de Holstmar uit op De Graft, oftewel het Prinses Margrietkanaal.

Het proces ging erover of de Leeuwarder Sloot net als de Folkertssloot en de Nieuwe Weg een vrij of openbaar vaarwater was en moest blijven. De eigenaar van het oeverland aan beide kanten hield daar geen rekening mee toen hij het zonder pardon afdamde. In de bewaard gebleven processtukken schemert oude Friese wetgeving door.

Ze zijn uit oude archieven secuur overgeschreven door Albert van Terwisga, echtgenoot van een verre nazaat, Ina van Terwisga-Bouma. Haar vader Wiggele Bouma was vrachtschipper op zeil, die nog wedstrijden heeft gezeild met het in 1914 gebouwde skûtsje de 'Onderneming', tegenwoordig de 'Grytsje Obes' van Romke de Jong. Het degradeerde in 2014 uit de A-klasse van de IFKS naar de B-klasse.

Kostbaar boerenland

Rond 1870, toen door de boterexport de grondprijzen tot grote hoogte stegen en men hier erg veel last kreeg van uit het zuidwesten opgestuwd water, ontstonden er opnieuw plannen om een paar duizend hectares drasland in één polder droog te leggen. Maar toen schoten de technische mogelijkheden tekort om zo'n omvangrijk project uit te voeren. Geldschieters staken hun kapitaal liever in andere werken, zoals een dam naar Ameland of drooglegging van grote meren in Noord-Holland en Wonseradeel.

Droogleggen was nog voornamelijk handwerk, en het bouwen van de kostbare stoomgemalen die hier nodig zouden zijn, smoorden de ondernemingszin van kleinere plaatselijke investeerders in de kiem.

Daarna bleven er de minder ingrijpende, jaarlijks terugkerende ingrepen door boer, rietsnijder en biesvlechter over. De laatste oogstte elk jaar *mattenbies (Schoenoplectus lacustris, Fr. kokels)*. Dit gebeurde rond 1900 in georganiseerde vorm om de zeer arme bevolking van Eernewoude werk en inkomsten te verschaffen met het vlechten van stoel- en vloermatten. Het beklijfde niet, door concurrentie van ander werk én nog goedkopere werkkrachten in andere delen van de wereld.

Na ernstige watersnoden in 1910, 1912 en 1916 werd een volgende aanval op *'it ûnlân'* voorbereid. Maar na de Eerste Wereldoorlog was de lobby voor de recreatie én voor de natuurbescherming al zo sterk dat bewoners en grondgebruikers zélf zulke plannen naar de prullenmand verwezen. Staatssteun was er namelijk niet voor te verwachten, omdat de rijksoverheid alle beschikbare middelen inzette op de komende afdamming en gedeeltelijke drooglegging van de Zuiderzee. Bovendien werd de plaag van hoog water beter beheersbaar door de vorming van een eigen waterschap onder de bezielende leiding van de vrijzinnige dominee G.J.A. Offerhaus. Hij stimuleerde de mattenvlechterij, trad in noodgevallen op als geneesheer en vertegenwoordigde zijn kudde bij gemeente en provincie. Vanaf 1925 had hij als een der eerste Eernewoudsters een eigen auto met als kenteken B-9792.

De bouw van het Woudagemaal bij Tacozijl in 1920 en de daarop volgende tijdelijke peilverlaging droeg flink bij tot een betere beheersing van de waterhuishouding. Tien jaar later, in 1930 werd It Fryske Gea opgericht.

Dit kocht in 1934 een stuk moeras in het *Prinsenhof* (Fries: Prinsehôf) aan, een gebied van 134 hectare.

Minder veen, meer mensen

De meeste bezoekers ontgaat de in de tijd gezien meest wezenlijke dynamiek die dít leven bedreigt en de belofte inhoudt voor een ander. Droog veen *oxideert* onophoudelijk. Koolstofatomen verbinden zich met zuurstof, waardoor het lijkt alsof de aarde in een onzichtbaar proces verdampt. Dat leidt in deze Friese veenstreken tot een daling van een niet met water bedekte bodem met 0,5 tot 1 centimeter per jaar. Over een droog oppervlak van 10 x 15 kilometer verdwijnt op deze wijze elk jaar 1,5 miljoen kubieke meter (0,01 x 10.000 x 15.000m) veengrond in de lucht.

Die hoeveelheid zouden 750 middelgrote skûtsjes in een jaar kunnen vervoeren als ze dertig weken lang elke week twee reizen maakten. Ja, zo druk waren de scheepvaartbewegingen hier rond 1914 nog, vlak voordat andere motoren dan stoommachines op grote schaal werden ingebouwd in schepen met meer ruiminhoud dan zestig kubieke meter.

Ondertussen rijst het water als gevolg van de opwarming van de aarde aan alle kanten van de komvormige provincie Fryslân, die naar het oosten toe wel tien meter hoger is dan bij de Iselmar in het westen. Om de onheilspellende effecten van deze beweging in te dammen, heeft Wetterskip Fryslân in lager gelegen delen alle kaden een halve meter laten verhogen en natte buffers aangebracht voor de opvang van *piekwater*.

Kleine boeren als de Jonkers, de Van den Bergs, Sytema's, Postma's, Kleinhuizen en Jansma's zijn al lang uit de wereld rond Earnewâld verdwenen. Hun boerderijtjes, het waren er 25 in de hoogtijdagen van de jaren 1925-'40, werden voor het grootste deel opgekalefaterd als kostbare recreatieobjecten. De familie Brenninkmeijer gaf in een mooie stjelp aan de Nauwe Saiter vlak bij de oude *dwinger* van Leeuwarden het goede voorbeeld. Op letterlijk een steenworp afstand van hun boerderij aan de Langesleatten ligt achter Boekema's Aldfean grond die zo ernstig vervuild is, dat hij in folie moet worden ingepakt. Toch groeien er de lekkerste appels en kersen, dankzij met faecaliën aangevoerde pitten.

Een vroegere Cees Wartena is er nog vrolijk van geworden toen hij waardeloze grond, waar hij als strijkgeldschrijver aan was blijven hangen, voor een beste prijs aan de gemeente Leeuwarden kon slijten. Vlakbij, is het verhaal, ligt tussen andere scheepswrakken een mooi houten

▲ De *'pleats fan de Brenninkmeijers'* aan de Neare Saiter.
Op de voorgrond een spinnenkopmolen om de polder bij hoog water droog te malen. De boerderij staat met de achterkant naar de Langesleatten. Links, aan de westkant, ligt de oude dwinger. Zie ook pagina 210.

◀ Een mooi binnenaakje met een scharnierend voordek, de 'tent', waar vissers in konden slapen. Op de achtergrond ligt een skûtsje, waarschijnlijk van Van Keimpema. De laatste aak zou in het midden van de jaren zestig in brand gestoken zijn en op de Wijde Ee uiteen gevallen.

◀ Harrit G. Wester in zijn prachtig gelijnde visboot. Earnewâldsters kochten zulke boten eerst in IJlst bij E.T. Holtrop en later bij Eeltje Holtrop van der Zee in Joure.

skûtsje. Dat heeft toebehoord aan de oude Albert van Akker, de pake van de schipper van het Ljouwerter skûtsje in de jaren 1971-'85.

Iets minder rijke recreanten en rustzoekers dan telgen uit de dynastie van Clemens en August (C & A) kwamen vanaf 1908 naar deze streken. Een pionier was de poelier De Jong, die hier in zijn vrije tijd zelf een deel van zijn wild schoot en zo de aanschaf van Skromelân (van 'Skroefmolelân') langs de Sânemar snel terugverdiende. Eerst voegden hij en zijn maten zich nog in het natuurlijk gegeven patroon van stille schoonheid en de sociale hiërarchie van de lokale gemeenschap van Eernewoude. Maar ze konden niet ontkennen dat ze tot de elite van Leeuwarden behoorden, en hun kinderen en kindskinderen vertrokken veelal naar elders. Het zijn voornamelijk rijkelui die de grond en recreatiewoningen nu in handen hebben. Dat is aan het uiterlijk en de omvang van de huizen, en de afgemeerde boten en schepen, te zien.

De grote trek van Leeuwarders naar deze oorden begon na oprichting van een Leeuwarder Watersportvereeniging in 1916. Naar het Pikmeer en de Wijde Ee bij Grouw zeilden ze eerst, maar al snel had De Jong een eigen pied à terre op een ruige vlakte onland. Een gewaardeerde traditie werd de door de Dokkumer watersportvereniging De Watergeus georganiseerde Nationale Princenhof Tocht, die meer een toertocht dan een wedstrijd was. En één keer per jaar organiseerde de IJs- en zeilvereniging Eendracht Maakt Macht hier skûtsjesilen. Alleen kon dat in 1929 niet doorgaan, omdat toen de Sânemar ter hoogte van de Gravinnewei vrijwel drooglag. Het ijs was sinds 1913 voor 'Lyts Bigjin'.

Die Sânemar noemde men toen nog afwisselend Zandmeer en Sonsmeer. Arend Toering denkt dat Zandmeer de historisch best passende benaming is. Dat is jammer voor romantici, want Sâne lijkt te verwijzen naar een elders wel gangbaar overblijfsel van de oude aanduiding Sânmêd. Zo'n *mêd* was Fries voor het Hollandse (mans)made of *mad*, wat zelf was afgeleid van wat één of een koppel arbeider(s) in een bepaalde tijdseenheid kon maaien. Zo werd indertijd een oppervlaktemaat wel vaker van een genormaliseerde eenheid arbeid afgeleid.

Het was dus nog voornamelijk hooiland, hier achter het water, waar gedroogd gewas per praam vanaf werd gehaald. Met dezelfde praam kon er wat jongvee naar de kale velden worden overgebracht. Omdat er weinig meer begraasd wordt, zijn de percelen nu zo ruig begroeid dat af en toe de kettingzaag eraan te pas moet komen.

In beheer bij het Waterschap

Waterschappen behoren tot de oudste democratische instituties van onze wereld. Belanghebbende *'ingelanden'* bepalen wat er gebeurt en hoeveel het mag kosten. Dat was in de Middeleeuwen al zo, en de juridische mogelijkheden zijn rond 1850 en 1907 verruimd door resp. het grondwettelijk recht op vereniging en beperking van de individuele aansprakelijkheid door Koninklijke goedkeuring.

Het 256 hectare omvattende waterschap *'De Eernewoudster Warren'*, dat in 1892 was opgericht, ging al in 1916 op in het ruim drieduizend hectare grotere boezemwaterschap *'Eernewoude c.a.'*. Het erbij horende Offerhausgemaal uit 1920 is voor een deel gefinancierd met obligaties van 1000 gulden. Later, in de jaren dertig, is dit waterschap nog getroffen door een financieel schandaal. Boeren betaalden, in de crisistijd, het gelag nadat de beheerder hun geld in dubieuze beleggingen zou hebben gestoken.

Boerderijen als 'de Kooi', 'Cuba', 'Laban' en 'Luctor et Emergo' bepaalden tot in de jaren zeventig de verkaveling. Dat gebeurde ook dichter bij Earnewâld, aan de Nauwe Saiter en de Folkertssloot, en op het vasteland

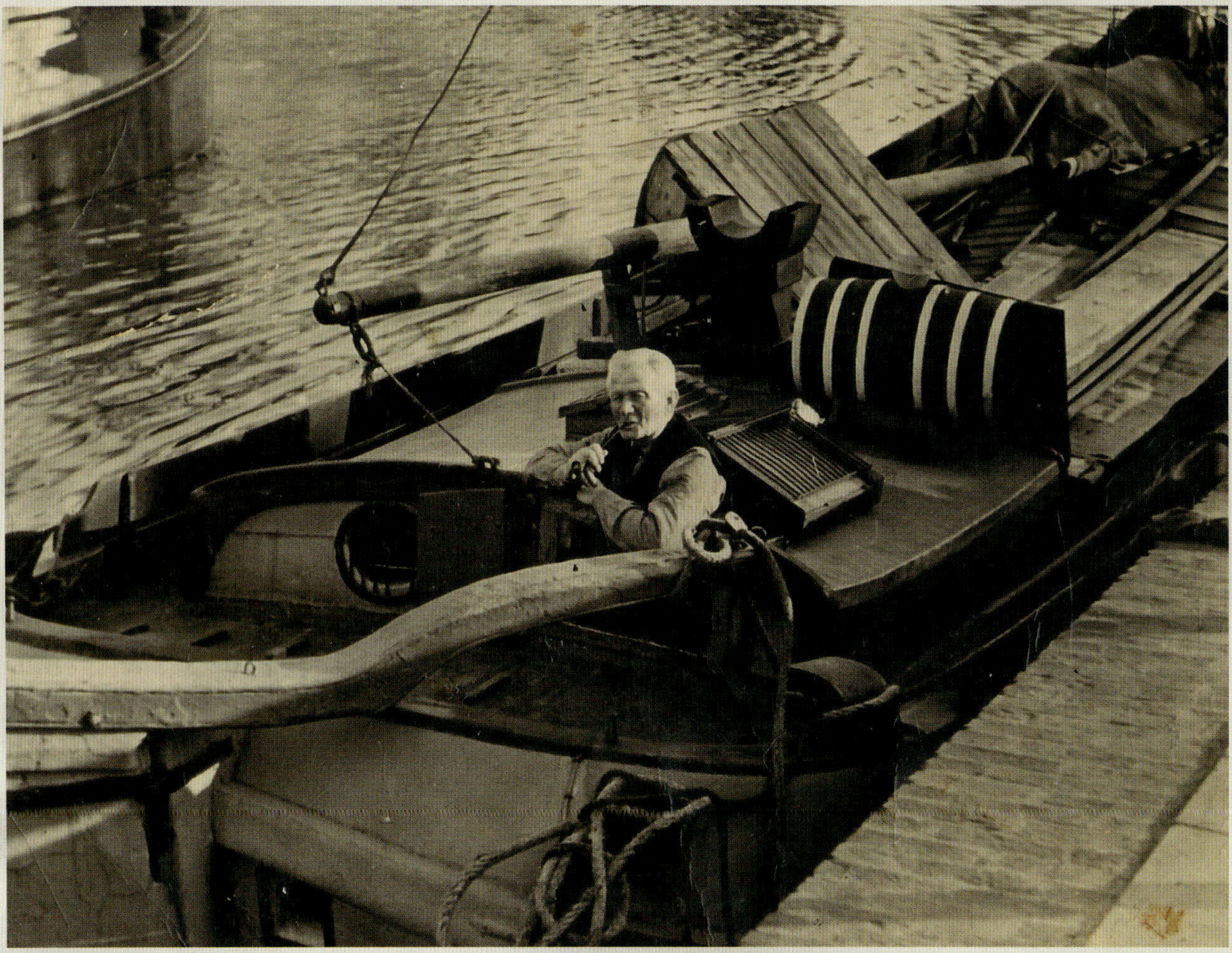

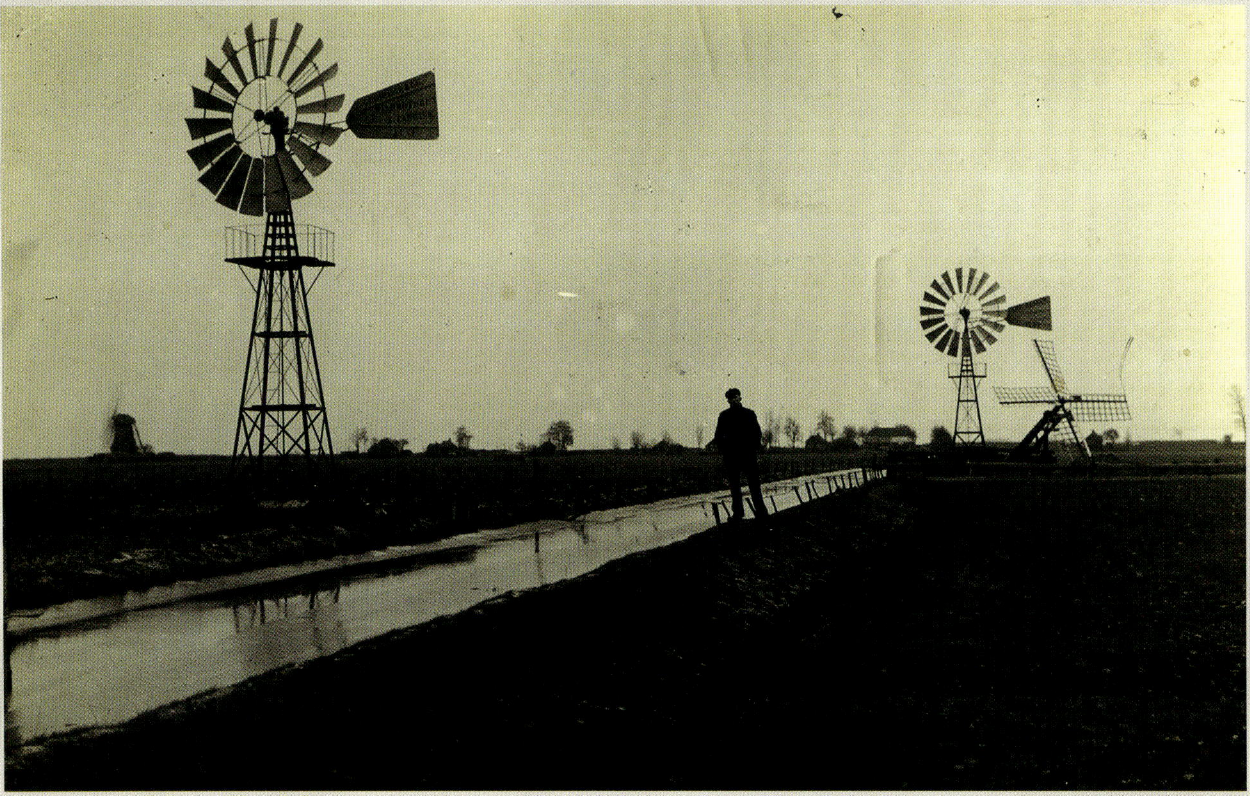

◀ Omdat ijzer in agressieve mest corrodeert, werden voor het transport nog lang houten skûtsjes gebruikt. De laatste zijn in de omgeving afgezonken. Misschien liggen onder de modder nog resten van bijvoorbeeld het lieve scheepje van pake Albert van Akker sr.

◀▼ Ten noorden van de Saiter ligt een poldertje met vroeger een eigen bemaling met een Amerikaanse windmotor. Hier kon geen skûtsje varen, reden waarom snik en praam populair waren. Ze varen nog steeds in deze omgeving, sommige in de jaren negentig van de vorige eeuw nieuw gebouwd, voor wedstrijden.
Systeem Bakker uit IJlst concurreerde rond 1920 met dat van Lubbert van der Laan uit Garyp. Op de foto de windmotor van Bakker met een vernuftig verend staartsysteem om de schoepen perfect op de wind te houden. Rechts een verplaatsbare paal(t)jasker.

ten noordoosten van de bebouwde kom. Labân en de Kooi zijn vervallen en verdwenen. Andere werden opgewaardeerd tot kostbare recreatiewoning. De meeste boerderijen op de wal kregen permanente bewoning.

In de crisisjaren 1930-'38 kwam de veehouderij in de problemen, waardoor de contributies of 'omslagen' geregeld te laat werden betaald. Vanwege de stijgende werkloosheid en de kans op rijkssubsidies zochten de gemeentebesturen van Smallingerland en Tietjerksteradeel in 1935 geschikte *werkverschaffingsprojecten*. In dit verband werden de Garijpervaart en de ringvaart vanaf Bergumerdam tot Eernewoude aangepakt. Een plas van de 'Van Keimpema Stichting' en de Bolderen werden in cultuur gebracht.

Bij de uitvoering van de ruilverkaveling Garijp-Wartena werden tochtsloten en gemalen in 1970 in onderhoud gegeven aan een nieuw waterschap Súd-Winninghe. Per 1 januari 1970 werd het waterschap Eernewoude c.a. opgeheven.

Natuur en toerisme
Het alternatief voor kleinschalige boerenbedrijven, visserij en rietoogst was natuur en toerisme. Er moest toch brood op de plank komen. De laatste twee segmenten, elkaar steunend én strijdig naast elkaar bestaand, werden een succes.

De Wargaaster predikant ds. R.J. de Stoppelaar (1873-1946) droeg daar sinds de vroege jaren twintig met de productie van een serie artikelen in Het Vaderland toe bij. Ze werden gebundeld in goed verkochte boeken met titels als '*Zon op de Golven*' en '*Blinkende verten*' toe bij. Kennelijk was hij behalve door natuurschoon gefascineerd door Maaike Martens Bergsma, die met haar Sytse Nammens Sietsma en hun geiten in een boerenbedrijfje aan het Holstmeer woonde totdat ze in 1924 overleed.

Als het water echt hoog kwam, verhuisde bij dit echtpaar de hele levende have naar de zolder. '*Stinkt dat dan niet?*', vroeg iemand Maaike. '*Nee hoor*', antwoordde ze, '*daar moeten die geiten maar aan wennen.*' Ze is, met steeds minder tanden, geregeld gefotografeerd. Ruim zeventig jaar oud overleed ze.

Hun boerenbedrijf is vervangen door een zomerwoning, waarin de Leeuwarder huisschilder Aldert Klugkist samen met zijn echtgenote, de Goutumer galeriehoudster Tineke de Jong, jaren heeft gewoond. In 2013-2014 stond hun luxueuze zomerverblijf aan de Sytze Maaikesleat te koop.

Dicht bij het bedoeninkje van Sytse en Maaike stond in de jaren twintig al 'De Keet', een jachthut. Elders lag de woonboot 'Stille Wille', met een opbouw. Poelier De Jong uit Leeuwarden had al in 1908 een eigen onderkomen op de hoek van de Sânemar en de Folkertssloot, 'Het Baken'.

Het succes van De Stoppelaar inspireerde anderen onder wie U.G. Dorhout. Hendrik Clewits van Dockum begon vlak voor het uitbreken van de Tweede Wereldoorlog in opdracht of met steun van bakker-hotelier Piet Miedema zijn '*Hoe 't groeide aan 't onland*'. Bakker Miedema, die vrijwel dagelijks met zijn bakkerswaren langs de boeren in de omgeving voer en daarmee dagen maakte van drie uur in de ochtend tot in de avond, zag het groot. Hij liet door de Leeuwarder architect Piet de Vries een hotel bouwen op een kruising van waterwegen. Het stond strategisch aan de buitenkant van de waterkering van It Wiid, zodat allerlei volk er binnen kon vallen. De Vries ontwierp een groot aantal recreatiewoningen, die hier werden gebouwd. Hij woonde er in zijn vakanties en vrije tijd zelf ook. Zijn zoon en schoondochter Han en Cora kregen 'Het Baken' in eigendom, dat ze met gevoel voor stijl en met een klein budget ombouwden tot een prachtig buitenhuisje.

In de Tweede Wereldoorlog zette Miedema zich als verzetsman in voor

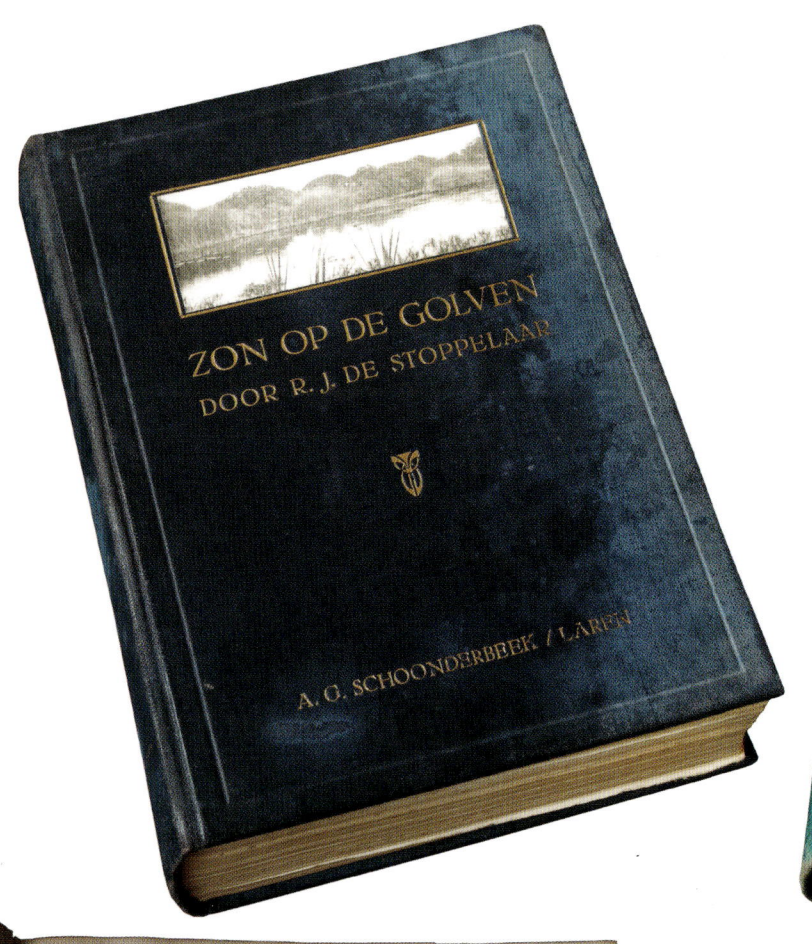

ZON OP DE GOLVEN
DOOR R. J. DE STOPPELAAR

A. G. SCHOONDERBEEK / LAREN

H. C. VAN DOCKUM

HOE 'T GROEIDE
AAN 'T ONLAND

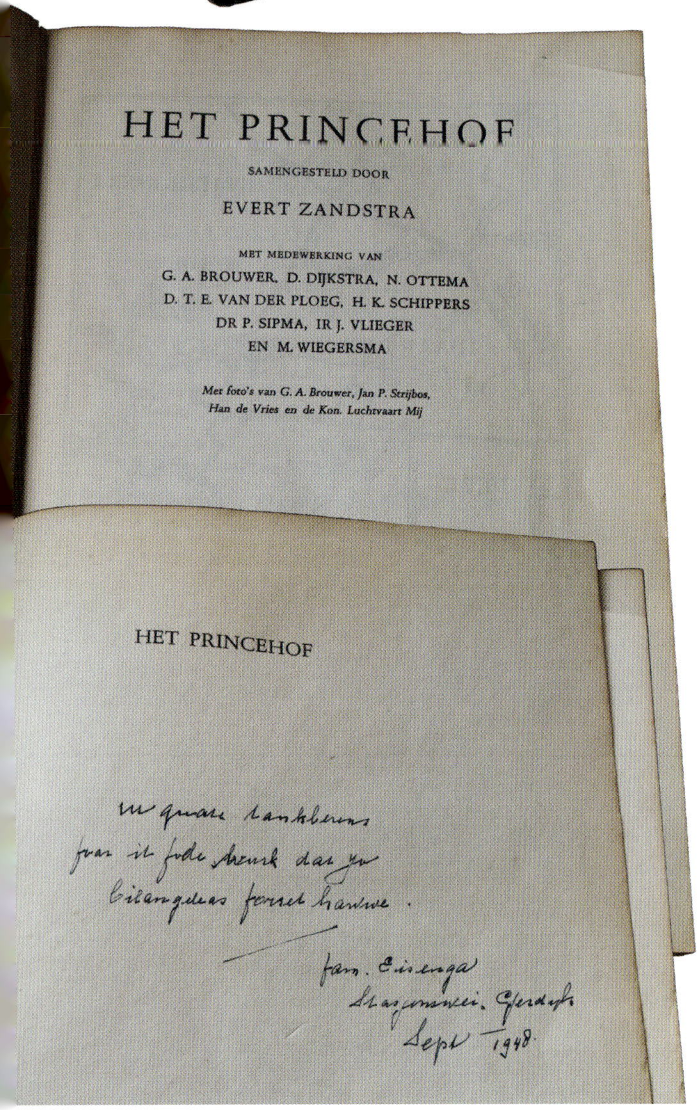

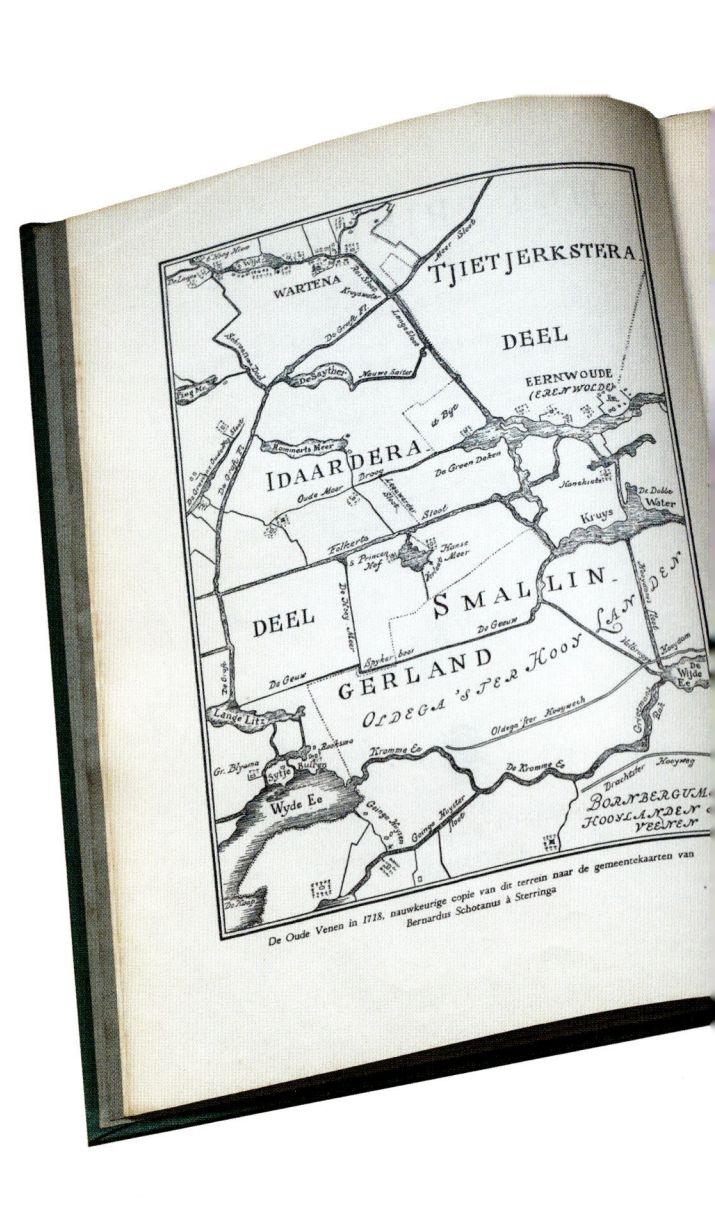

HET PRINCEHOF

SAMENGESTELD DOOR

EVERT ZANDSTRA

MET MEDEWERKING VAN
G. A. BROUWER, D. DIJKSTRA, N. OTTEMA
D. T. E. VAN DER PLOEG, H. K. SCHIPPERS
DR P. SIPMA, IR J. VLIEGER
EN M. WIEGERSMA

Met foto's van G. A. Brouwer, Jan P. Strijbos,
Han de Vries en de Kon. Luchtvaart Mij

HET PRINCEHOF

◀◀ In het in 1926 verschenen 'Zon op de golven' van R.J. de Stoppelaar zijn opstellen gebundeld die hij in de Haagse Post en Het Vaderland schreef. De romantische beschrijvingen maakten de Alde Feanen mateloos populair bij een welvarend lezerspubliek

◀ Het boek 'Hoe 't groeide aan 't Onland' van H. C. van Dockum verscheen in 1947 in druk bij Uitgeverij De Torenlaan in Assen.

◀▼ Een kloek en studieus werk met veel foto's was Het Princehof, geredigeerd door Evert Zandstra. Het werd in 1948 uitgegeven.
Het boek schijnt in 1948 geschonken te zijn door de familie Eisenga in Gorredijk. Wellicht familie van de door de nazi's vermoorde onderwijzer Jan Eisenga uit deze plaats?

▶▼ Het vervallen boerderijtje van Sytse Nammens Sietsma en Maaike Martens Bergsma aan de Holstmar tussen Earnewâld en Grou.

▶▶ Maaike Sietsma-Bergsma kort voor haar overlijden, toen ze volgens dorpsgenoten 'noch mar in hantsjefol' was.

de vele onderduikers die in de wildernis een veilig heenkomen zochten. De Alde Feanen werden toen wel een *'onderduikersparadijs'* genoemd. Omdat de Duitsers de gevaarlijke zompen niet in durfden, is er maar een enkele keer een razzia gehouden.

'Hoe 't groeide' is, vanwege waardevolle historische details, een nog altijd geciteerd boek. Ook Van Dockum beschreef met graagte en gevoel voor romantiek de *'Tiepstra's'* die hier wat later uitstierven dan elders. Van Sytse en Maaike kon hij echter alleen de grafsteen beschrijven, want ze leefden allebei niet meer. Piet Miedema zelf was kort na de bevrijding om het leven gekomen doordat hij als motorordonnans een aanrijding kreeg.

Na het kopen van de eerste percelen in 1934 maakte It Fryske Gea hier een onstuimige ontwikkeling door. Natuurliefhebbers uit alle windstreken toonden belangstelling en sloten zich bij de organisatie aan. Maar het waren eerst toch vooral Friezen die zich inzetten voor het beschermen van vogels en zeldzame dieren. Zij richtten na de oorlog overal vogelbeschermingswachten op. De belangstelling voor de Alde Feanen verbreedde zich tot buiten de oorspronkelijke kring van *'natuerminsken'*, die afleerden om bijvoorbeeld roerdomp- en buizerdeieren mee te nemen en uit te blazen voor hun ornithologische verzameling.

De ontwikkeling naar serieuze studie is af te lezen aan het in 1948 verschenen werk 'Het Princehof', dat was geredigeerd door Evert Zandstra. Bijna een halve eeuw later, in 1993, verscheen het Friestalige geschiedenisboek *'Earnewâld fan doe nei no'* van Roel Toering en Douwe Franke.
It Fryske Gea gaf daarvoor en daarna meerdere werken over het natuurgebied uit.
Van Klaas Jansma verscheen in 2004 'Dorp aan de Overkant', over de zomerwoningen in de Alde Feanen.
Tot slot schreef Arend Toering een studie over de toponiemen. Naast veldnamen staan daar ook de namen van gebouwen in.

Als kinderen...

Sitebuorren, de plek waar wij opgroeiden, mijn drie broers en ik, ligt aan de rand van het natuurgebied de Alde Feanen. In het gebied zelf woonden maar een paar mensen. De bekendste bewoners waren Sytse en Maaike, vooral bekend geworden door de boeken van de doopsgezinde dominee De Stoppelaar uit Wergea.

De Koaipleats was de enige boerderij in het gebied. Aan de westkant van het gebied stonden op Sitebuorren en in De Wyldlannen, gescheiden door de Geau, nog enkele boerderijen. Drie in de Wyldlannen en twee op Sitebuorren, allemaal aan de Grêft, met dit verschil dat de huissteden van Sitebuorren veel langer bewoond waren. Het bestaan was echter voor alle boeren gelijk, de boerderijen waren alleen over het water te bereiken.

De Alde Feanen heb ik vooral leren kennen door de zeiltochtjes in onze BM-er door de Grêft naar de Geau – met die Amerikaanse windmotor in de Spikerboar, even dobberen in de luwte van de wilgenbosjes, om vervolgens op de Grutte Krite met de wind in de zeilen oversteken naar de Fokkesleat. Langs het terras van de Princehof varen – daar aanleggen deden wij niet, want dat was alleen weggelegd voor deftige mensen – en dan via de Ûlekrite en de Folkertsleat terug naar de Grêft. Of een tochtje door het Sytse-Maaikesleatsje (of Skeane Sleat zoals het officieel heet), fok en grootzeil slap langs stag en mast, langzaam drijvend over het water, soms worden ingehaald door de eenden. Wat was het spannend als je daar een ander schip tegen kwam, de zeilboot reageerde niet meer op het roer. De rust en de stilte, alleen de geluiden van ruisend riet en zingende vogels, de roep van de roerdomp.

◀◀ Op Sitebuorren bij de Sitebuorster Ie zijn vandaag de dag in de bebouwing nog resten te herkennen van een vroegere nederzetting. De boerencultuur is grotendeels teruggedrongen om de natuur de ruimte te geven. Maar de herinneringen en de foto's van vroeger blijven, ook die van heit en mem in de jaren vijftig. Als schrijfster laat Auck Peanstra (in 1954 geboren als Aukje Peenstra) ze herleven in onder meer 'Sitebuorren, myn eigen paradys'.

Heit bezat in die tijd land in De Wyldlannen. Alle vervoer ernaartoe moest met de praam, die gehuurd werd bij Keimpema uit Earnewâld, en door de motorboot van heit werd getrokken. Eerst werd de maaimachine er naartoe gebracht, gevolgd door de zweelmachine die de stroken gemaaid gras ook kon keren. Na een paar dagen werd, als het weer meezat, van het hooi hooihopen - *reakken* - gemaakt. Het paard, dat al die machines moest trekken en elke keer met de praam werd vervoerd, sleepte de hooihopen naar de wal waar de mannen het hooi vork voor vork in de praam moesten laden. Mem kwam lopend door het land van de buurman eten brengen, met de boot werd ze overgehaald.

Het gezonde, kruidige hooi was lichter dan dat van Sitebuorren en diende als bijvoer voor de koeien en als voer voor het jongvee. Zo was er meer eten voor de beesten, maar wat was het veel werk. In totaal voeren ze wel een keer of tien met de praam op en neer. Als het hooien op Sitebuorren achter de rug was, kwam het werk in De Wyldlannen er nog eens achteraan.

Na de hooitijd werden de pinken er naar toe gebracht; het was soms een heel gedoe om die jonge, speelse beesten in de praam te krijgen. Ze moesten worden vastgebonden, want anders sprongen ze overboord. Als dat een enkele keer toch gebeurde, maakte heit daar geen probleem van. 'Hy swimt wol achter ús oan', zei hij, en dat gebeurde ook, het dier wilde de andere achterna. Later heeft heit het land verkocht, het werd te bewerkelijk.

Voor ons als kinderen waren de Alde Feanen een geweldige plek om ons te vermaken. Spelen in de bosjes van het dichtgeslibde petgat van de Hege Warren dat tegen de Geau aan lag. Die moerassige grond die veerde onder je laarzen. De mossige geur, het bloeien van een grote verscheidenheid aan bloemen: dotterbloemen, gele lis, kattenstaart, het wemelde er van de bloemen. We baanden ons een weg door de wildernis met als doel de Geau te bereiken en de boten te bespioneren die er langs voeren.

In het najaar ging ik er met mijn moeder naar toe, dan zochten we veenmos - toen nog niet een beschermde plant - dat ze gebruikte voor haar bloemstukjes.

Mijn broers speelden er 's zomers ook: met takken een hut bouwen, oorlogje spelen, als Indianen door de bosjes sluipen. Met de buurkinderen bij het arkje in de Geau inbreken dat in het voorjaar diende als verblijf voor een eierzoekersploeg uit Grou. Thee zetten en er een koekje bij eten. En dan worden opgehaald door broer Jan, die er door mem op uitgestuurd werd om hen te zoeken. Als 'dank voor het aangenaam verpozen' een dikke drol achterlaten in de theepot die pontificaal midden op de tafel werd neergezet. In het voorjaar met de schouw met het zeiltje erop naar de Alde Feanen om eendeneieren te zoeken, in de herfst bramen plukken. Met een emmervol kwamen ze thuis, mem was er blij mee, maar ook druk: koken, de pitjes er uit zeven, het inmaken in potten.

De Alde Feanen waren voor ons vertrouwd terrein, wij hebben het nog gekend als paradijs, hoe het was vóór de komst van de luxe motorboten en sloepen.

Auck Peanstra

'Sloatkanten' noemden kunstschilders in de jaren veertig en vijftig het maken van populaire schilderijen over Earnewâld en omgeving. Bouke van der Sloot was een van de kunstenaars die zo zijn krappe budget elk jaar aanvulde. Het leverde mooie schilderijen op, waarvan er nu één bij notaris Slagman in Leeuwarden hangt. Het is ongesigneerd. Is dit een Bouke van der Sloot?

88

Kunst is het nieuwe kijken

Een bronzen otter op een zwerfkei. Drie verweerde stalen schaatsers op het water. Een basalt-lavastenen visser met fuik op een keurige sokkel. Drie kunstwerken markeren het 'Bûtenwiid' in Earnewâld, het ene nog figuratiever dan het andere.

▲ Jeen Wester, Hilbert van der Duim en Jos Niesten poseren voor kunstenaar Hans Jouta, die van hen een standbeeld maakte. Zie pagina 101.

◄ Ids Wiersma. Egnatius Ydema bij Eernewoude (1908)

Ter gelegenheid van het 100-jarig bestaan van ijsclub 'Lyts Bigjin' kreeg de Ferwerter beeldhouwer Hans Jouta (*Holwerd 1966) opdracht om drie winnaars van de Earnewâldster marathon 'De 100 fan Earnewâld' te vereeuwigen. Jos Niesten, Hilbert van der Duim en Jeen Wester poseerden gewillig voor hem als 'De Marathonriders'. In cortenstaal, dat onder een sfeervol roestlaagje gaaf blijft, maakte hij het sculptuur van deze drie schaatsers. Dankzij een bijzondere constructie staan ze in het water verankerd, zodat ze voor de onbevangen kijker een hallucinerend effect oproepen. Schaatsers op het water? Maar soms staan ze op het ijs.

Hun bevroren beweging is belangrijker dan de temperatuur. Is dit een laatste fase in de *denaturalisatie*, die met het leggen van kunstijs bij Thialf, vriesinstallaties in een kanaal bij Biddinghuizen en tenslotte een kunststoffen semi-ijsachtige ijsvloer al ver gevorderd is? Tegenwoordig schaatsen ze al op een gelegenheidsbaantje onder de Oldehove, al is het tien graden boven nul. Op dezelfde plek wordt soms trouwens ook een groot bassin geplaatst om er te zeilen – terwijl het water van de Ie nog geen honderd meter verderop ligt. Maar dat is dieper, misschien kouder en minder rein dan Vitens-water uit een kraan.

Otter op steen

Figuratiever maar bij nadere beschouwing toch opmerkelijk is de bronzen otter, die de Haagse kunstenares Janneke Ros in 1991 vervaardigde. Een dorpscomité onder aanvoering van de slagerszonen Jan en Wybe Adema was voor de uitgestorven held van de Alde Feanen, de grootste marterachtige, een inzamelingsactie begonnen. Het beeld zou de voorlopige bekroning vormen van de actie 'In otter bliuwt in wrotter', geïnitieerd door Fryske Gea-directeur Henk Kroes.

Echte otters zijn twintig kilometer verderop in Aqua Lutra bij Leeuwarden te bewonderen, maar hoe velen maken vanuit Earnewâld deze reis? Slechts een enkeling is het zeldzame geluk beschoren om een wilde otter in zijn leefomgeving waar te nemen. Dan moet je Tjibbe de Jong of Addy de Jongh heten, of Sake P. Roodbergen. Het mooi getypeerde bronzen dier, dat wel een natuurlijke kleur lijkt te hebben, is daarom een cadeautje aan de duizenden bezoekers die hier bij de bootjeshaven en de ligplaats van het Earnewâldster skûtsje langs komen.

Niet alleen de lenige, schattig ogende otter vraagt aandacht, ook zijn 'sokkel', als je de zwerfkei zo mag noemen. Dit lijkt op de *'Dingstien'* die

▲▼ Ids Wiersma. Paaltjasker.

◀ In 1991 namen Jan en Wybe Adema het initiatief voor een beeld van de otter. Janneke Ros maakte het op ware grootte. Toen dit beeld werd gemaakt, kon nog niemand voorzien dat twintig jaar later echte otters zouden spelen in de Alde Feanen.

▶ Schraal om de kaken maar sterk op zijn benen staat 'de fisker' van David van Kampen. De in Leeuwarden geboren kunstenaar toont zich hier, net als in veel andere werken, een meester van de verstilling.
In Leeuwarden staat een beeld dat als 'boeren' wordt aangeduid, maar herinnert aan de veehandelaren op de oude Veemarkt.

Levenskunst

De meeste kunst in Earnewâld is door kunstenaars van elders gemaakt. Maar een kunstzinnig dorp is het zeker. Zo herinneren oude Earnewâldsters zich Jannes Kobus nog, die jarenlang in een aakje woonde, totdat het aan de elementen werd overgegeven. Hij speelde onder meer op de viool, zoals op zijn grafsteen nog te zien is.

Een 'levenskunstenaar' van de moderne tijd is Baukje Bruinsma, die veel bijzondere projecten ter hand nam. Zij registreerde bijzondere verhalen van buurtgenoten. Jarenlang was haar alter ego 'Freule fan Dampo'.

Schrijfster van succesvolle kinderboeken als 'Toen het lente werd op Oegehoek' was Clara de Groot (1898-1994). Omdat ze geregeld bij de hervormde pastorie in een hokje woonde, was haar bijnaam 'Clara Hut'. Na haar dood schreef Anneke Holtrop, afkomstig uit Delfstrahuizen, 'It riedsel fan de Pôle'.

vroeger bij de herbouw van de kerk in de weg lag, later naar de school werd overgebracht en daar in de modder wegzakte. Hij is door Toering en Franke beschreven in het geschiedenisboek over Earnewâld.

In oude tijden placht de rechter staande op zo'n steen een vonnis uit te spreken. Hij markeerde de overgang van het door God gesanctioneerde recht en de toepassing in wereldse sferen, vandaar zijn ligging op de grens van het kerkhof. In de omgeving van Earnewâld zijn enkele van deze dingstenen teruggevonden.

Waarom de otter op zo'n steen zit en niet op een desnoods in brons nagebootste ondergrond van modder en riet? Het lijkt een knipoog naar de schaatsers, een eindje verderop, die meestal een vloeibare ondergrond hebben waar men een vaste zou verwachten. Maar de steen lijkt ook een model van de wereldbol, en symboliseert daarmee wellicht de grote mobiliteit van deze dieren. De otters die in 2002 in de Weerribben zijn uitgezet, waren van Letse afkomst. Binnen twee jaar zaten ze al zestig kilometer verderop, in deze omgeving.

Kortom, hoe figuratief ook, dit werk van Janneke Ros geeft volop aanleiding tot nadere reflexie.

Visser met fuik

'De fisker' van David van Kampen herinnert aan een beroepsgroep die voor de Tweede Wereldoorlog in Earnewâld nog sterk vertegenwoordigd was, maar nu vrijwel uitgestorven. Het in 1977 geplaatste beeld staat op de kop van de dijk aan de noordoostkant van het dorp. Van Kampen (Leeuwarden, 1939) maakte dit beeld van keihard basaltsteen. Toch ademt de stoere en toch fragiele manspersoon met zijn fuik de soepelheid van lichter materiaal. Dat hij een lege fuik draagt en geen vissen om zich heen heeft, is verontrustend. Er wordt niets meer gevangen, ook dit tijdperk is kennelijk voorbij.

David van Kampen vereeuwigde als kunstenaar veel 'vergane glorie', zoals *'hantsjebakkende'* veehandelaren in Leeuwarden, een tuinder in Huizum, een mollenvanger in Harkema en de cichoreiteelt in Wouterswoude. Vaak suggereert zijn werk beweging, maar door het harde materiaal dat zich moeilijk laat bewerken, oogt het wel eens wat stijfjes.

De visserij was bij Earnewâld een belangrijk middel van bestaan. Vroeg in de jaren twintig van de negentiende eeuw bestelden Earnewâldster vissers al mooie visboten en -aken bij de vaardige bouwer Eeltje Teerdzes Holtrop in IJlst. Sommigen lijken als wederverkopers gefungeerd te hebben, zoals Auke Douwes Feenstra. Toerings (ook geschreven als *'Touring'*) behoorden rond 1850 tot de prijswinnaars bij veel zeilwedstrijden in de omgeving. Hun visgebied strekte zich uit tot bij Langweer. Ze woonden dan tijdelijk op hun aken, die met een scharnierende 'tent' of klavier in het voordek was uitgerust. De laatste houten aak schijnt in de vroege jaren zestig brandend van de kant af te zijn gestoten.

Earnewâldster visserlui maakten deel uit van de ooit bloeiende palinghandelsketen, die voorname Engelse keukens als eindbestemming had. Handelaren in Workum, Heeg en Gaastmeer met de passende namen Visser en Van Netten exporteerden tonnen levende aal per zeilende palingaak naar Engeland. In Londen hadden ze hun eigen geprivigeerde

◄ De Æbelina vlak na de tewaterlating in 2009. Dit unieke houten skûtsje werd bij het Skûtsjemuseum gebouwd onder regie van Johan Prins. Het is 5cm korter dan de originele Ebelina uit 1861, dat als 'Dorp Grouw' onder Wiebe en Mindert Peekema decennia lang nauwelijks te verslaan was.
IJzeren skûtsjes van een latere generatie brachten bij de eerste echte vaart van de Æbelina eerbiedig een groet met de fok. Het grootzeil was gestreken.

◄▼ De 'Doarp Grou'

De 'Doarp Grou'
De Hellingshaven dankt zijn naam aan de tijd dat er in Grouw voorname zeeschepen werden gebouwd op de werf van de Sjollema's. IJzeren skûtsjes zijn in Grouw niet gebouwd. Maar door de prestaties van Ulbe Zwaga, Berend Mink en Douwe A. Visser leeft het skûtsjesilen volop in dit dorp.
Sinds 1929 bestaat er een Skûtsjekommisje. 'Master' Sybren de Jong en vader en zoon Feike en Jan Feike Hoekstra hebben er veel werk voor verzet.
Het beeldje van de 'Doarp Grou' op de Hellingshaven kan beschouwd worden als hommage aan al deze helden.

ligplaats. De gevangen aal werd bij Earnewâld tijdelijk opgeslagen in een kaar ('kear') en met een snelle schuit naar Heeg of Gaastmeer vervoerd.
Daarnaast vingen de Earnewâldsters allerlei zoetwatervissen voor de eigen markt. Doordat er door de overwegend arme inwoners in verhouding veel vis werd gegeten, leefden ze vaak in goede gezondheid, zo wil de overlevering. Dat is nog wel eens uit te zoeken in bevolkingsstatistieken.

Van skûtsje tot sluis
Een 'ouderwets' skûtsje op een brok natuursteen markeert de kop van de Hellingshaven in Grou. De in 1951 geboren Rotterdamse kunstenares Karianne Krabbendam maakte het beeld 'Skûtsje Doarp Grou' in 2001.
Grou was de eerste plaats waar (in 1929) een Skûtsjecommissie werd opgericht. Vanaf 1958 won het Grouster skûtsje met als schipper Ulbe Zwaga vier keer op rij de titelstrijd bij de SKS. Maar een skûtsjebeeld had ook in Earnewâld kunnen staan, want hier is het Skûtsjemuseum en zeilen veel oude staalijzeren skûtsjes en één nieuw houten 'fearskipke'. Earnewâld was het eerste dorp dat een skûtsje als collectief bezit verwierf, in 1956. Daarmee was het met ondergang bedreigde skûtsjesilen voor het nageslacht bewaard. Dat het zó'n succes zou worden, kon niemand voorzien.
Het beeldje van Karianne ademt een licht nostalgische sfeer. Het zeil lijkt te 'leven'; dit is katoen in brons, niet het dacron dat vanaf 1997 bij de SKS is toegestaan. Bemanningsleden zijn er amper aan boord. Dat verschilt sterk van de gangbare praktijk, waarin twaalf tot veertien mannen en vrouwen elk een functie aan boord van een wedstrijdskûtsje hebben.
Karianne Krabbendam maakte veel sfeervol werk in Fryslân, vooral in Grou, waar ze een tijd woonde. Achter de spoorwegovergang bij de Verlengde Schrans in Leeuwarden staat een beeld van Betje Cohen, de jodin die net als haar zuster Roosje door de nazi's werd vermoord. In Grou realiseerde ze eerder De Leugenbank (1986), In de Zon (1987), Drie zeilers (1988), De baanveger (1991) en De kuiper (1991). Zij tekende ook voor de Appèlmaster in Nij Beets (1988), verwijzend naar de arbeidersstaking van bijna honderd jaar eerder. Bij de verbeelding van De baanveger en De appèlmaster ging ze karikaturaal te werk. Dat levert bijna groteske beelden op met opvallend grote handen, die ofwel bedelend worden uitgestoken óf dreigen.
Een eindje verderop, bij De Veenhoop, is in 1993 in het Polderhoofdkanaal een minimalistische stalen constructie van de Sneker ontwerper Henk Lampe (*1951) geplaatst. Dat roept bij eerste aanblik van dichtbij vragen op. Van enige afstand breekt ineens op verrassende wijze de contourwerking van een historische sluis door. Wie eenmaal zo'n ahaErlebnis heeft meegemaakt, kan niet meer onbevangen naar de hoekige vorm kijken. Dit was, dit ís de sluis. Daarmee is het werk niet alleen van historisch belang, maar ineens ook weer heel actueel. Zie pagina 141.

'Even sloatkanten'
De Friese kunstschilders en tekenaars Egnatius Ydema en Ids Wiersma waren in het eerste decennium al actief in de natuur tussen Eernewoude en Oudega (Sm.). Dat leverde een paar sfeervolle en documentair belangrijke schilderwerken en schetsen op, van het landschap (Ydema vooral) en attributen als de paaljasker (Wiersma). Het werd nog mooier als Wiersma zijn collega schilderend op doek vastlegde, met als decor de fraaie natuur.
Een stroom kunstenaars volgde hun voorbeeld. De grootste Friese schilder van de nieuwe tijd, Gerrit Benner (1897-1981), leerde de

TIJD VAN HET BAKEN

HUISJE IN ALDE FEANEN

94

Wolkenluchten. Links en rechts Fonger de Vlas, linksonder Gerrit Benner (collectie Fries Museum).

Gerrit Benner (Leeuwarden, 1897-Nijemirdum, 1981) is vooral beroemd geworden om zijn prachtige wolkenluchten. De eerste veertig jaar van zijn leven bleven zijn uitzonderlijke talenten verborgen. Tijdens zijn gedwongen rust als onderduiker in de Alde Feanen overwon hij een persoonlijke crisis en ontdekte hij zijn gaven.
Tot Benners faam als een van de beste Friese kunstenaars ooit heeft Cora de Vries bijgedragen, echtgenote van Hans de Vries, de zoon van architect Piet de Vries.

Het is moeilijk om een eerlijk stukje brood als fotograaf te verdienen. Fonger de Vlas heeft een scherp oog voor de bijzondere schoonheid van deze omgeving. Hij kan dat gevoel overdragen aan anderen. Als schipper op een skûtsje leerde hij de elementen kennen.

◀ Ontwerpkunst van Hans de Vries. Het Baken. Uitgave 2014.

schoonheid van de petten en *stripen* bij Earnewâld kennen toen hij er in de Tweede Wereldoorlog ondergedoken zat. Benner moest vluchten voor de bezetter. In de gedwongen ledigheid van een bestaan als voortvluchtige herstelde hij van een geestelijke crisis, waar hij in was beland toen zijn lederwarenzaak in Leeuwarden in 1937 failliet ging. De ontdekking van zijn uitzonderlijke gaven als landschapsschilder veranderde zijn leven compleet. De vlucht naar dit desolate oord bleek een *'blessing in disguise'*. Bij Eernewoude leerde Benner vakbroeder Wim Kersten kennen, die na de oorlog conservator werd van het Stedelijk Museum in Amsterdam. Kersten droeg sterk bij tot de bekendheid van de Friese neo-expressionist.

Cora de Vries, die met haar man Hans het huisje Het Baken zou betrekken, presenteerde Benner in haar befaamde galerie 'Collection d'Art'. Diens zoon Henk was toen al zijn zaakwaarnemer.

Een groepje landschapsschilders trok in de jaren veertig 's zomers geregeld naar Grou om vandaar met bootjes of op de fiets verkenningstochten door de Alde Feanen te maken. Onder hen was Bouke van der Sloot, zoon van de briljante autodidact Andries en oomzegger van de eveneens zeer bewonderde Jentje, die pas op hoge leeftijd als een razende begon te schilderen om van zijn laatste jaren geen uur te verliezen.

Ook Gerard Westerman, Abe Gerlsma en anderen zouden door dit gebied zijn aangetrokken. Volgens Peter Karstkarel maakten ze er naast mooie originele kunst risicoloze werken, waar mensen met geld grif een leuk bedrag voor wilden neertellen. *'Even sloatkanten'* noemden ze volgens Karstkarel de bezigheid die hun zekere inkomsten opleverde. Enkele van hun werken duiken af en toe op. Er hangt een fraai exemplaar in Notariskantoor Slagman aan de Willemskade in Leeuwarden, dat eigendom is van een IJlster veilinghuis.

In de jaren vijftig vooral was de Earnewâldster onderwijzer-dorpsman Douwe Franke als verdienstelijk fotograaf actief. Hij maakte veel documentaire opnamen, van het skûtsjesilen bijvoorbeeld, en andere grote gebeurtenissen in zijn dorp. Fonger de Vlas lijkt in onze dagen dit werk van de schier onvermoeibare Franke voort te zetten, al legt Fonger zich sterker toe op de natuur en landschappelijke schoonheid.

Toen Franke ouder werd, maakte de Garijper autodidact Klaas Koopmans, de vader van de huidige galeriehoudster Anje en zijn opvolger Gosse, sfeervol schilderwerk in wijde omgeving. Naarmate hij zich meer kon losmaken van het conventionele huis-, tuin- en keukenwerk, won zijn expressionisme aan kracht. Schitterende schilderijen maakte hij op de Friese klei, gevoelige aquarellen in Engeland, en heel mooi werk in Earnewâld en omgeving.

Dat inspireerde anderen, zoals plaatsgenoot Jan Tjibbe Hoogstins. Die schilderde in 1982 naar een oude foto een schoorsteenstuk in de schouw van de verbouwde boerderij uit 1771 aan de Westerein te Garyp, dat nooit ergens anders te zien is geweest.

Zeer populair waren in de jaren tachtig en negentig van de twintigste eeuw de sfeervolle etsen van Pyt de Vries (Koudum 1932 – Drachten 2003). Ze ademen nostalgie en ambachtelijkheid en verraden vakmanschap. Doordat boekhandels in Drachten en Grou en de lijstenmaker P. Goris in Warten ze voor enkele tientjes tot honderd gulden per stuk verkochten, hangen ze overal in deze omgeving. Ze zijn nu dankzij hun onvergankelijke kwaliteit veel meer waard.

De jonge Gosse Koopmans schilderde even later ook wel enkele fraaie petgaten met ruige begroeiing, maar hij introduceerde in de jaren 1990 een nieuwe aanpak, namelijk de snelle artistieke registratie van bijzondere gebeurtenissen. Dat werk staat in de traditie van het expressionisme in het tijdperk van de opkomende fotografie, toen verstilde beelden wél, maar heftige beweging nog niet door de camera vastgelegd kon worden. Gosse Koopmans gaf daardoor een nieuwe impuls aan figuratief schilderwerk, waardoor hij zich een eigen plaats in de kunstwereld heeft veroverd. Maar er is meer.

Met zijn aanwezigheid bij gebeurtenissen verschaft hij die op zichzelf een meerwaarde, waardoor zijn optreden zelf een 'performance act' is, een andere actuele kunstvorm. Dat wordt versterkt als er een interactie ontstaat met zijn publiek, zeker als dat door een fotograaf wordt geregistreerd voor de krant of, nog mooier, door een cameraman van Omrop Fryslân. 'Gosse on tour'.

Klaas Koopmans (1920-2006) ontworstelde zich aan de artistieke beperkingen van het verversbestaan. Hij brak door als psychiatrisch patiënt, die van zijn behandelend arts niet mocht schilderen. Hij maakte ontroerende schetsen van medebewoners.
Voor tal van klanten schilderde hij brave 'stukjes' voor in de huiskamer, maar als vrij kunstenaar doorbrak hij zijn grenzen. Het Friese landschap had zijn liefde.

▲ Schoorsteenstuk Jan Hoogstins.   ▼ Earnewâld. Pyt de Vries.

Jaap Ket
De bekende Friese kunstenaar Jaap Ket houdt zich bezig met het maken van schilderijen, tekeningen en etsen van onder andere portretten, natuur en landschappen. Daarnaast ontwerpt en maakt hij decors en attributen voor dans en toneel. Ket schaatst graag in de Alde Feanen. 'Schaatsend kom je in dit bijzondere natuurgebied op plekken waar je met een boot niet kan komen'. Deze ets, gemaakt met droge naald in hardboard, is daar een resultaat van.

Rien Leffertstra
Rien Leffertstra was docente tekenen op het MBO en werkte ook een paar jaar als docente aquarel bij De Blauwe Stoep, het creativiteitscentrum in Leeuwarden dat later bekend stond onder de naam Parnas. De acquarel 'Eernewoude, winter 1993' maakte Leffertstra na een dag schaatsen in de Alde Feanen. De kleurenpracht van het ijs en de rietkragen, het krassen van de schaatsen in het ijs en de beleving van die dag verwerkte ze in dit schilderij.

Evelien de Boer

Natuurliefhebster Evelien de Boer hoorde bij toeval over de ooievaarskolonie bij het Wikelslân. Ze werd nieuwsgierig, ging er wandelen en voelde zich meteen aangesproken door de afwisseling van bos, veld en water. Ze maakte foto's en schetsen tijdens haar wandelingen en gebruikte die als uitgangspunt voor haar schilderijen. De Boer bleef terugkomen in het gebied en werd gegrepen door de veranderingen in kleuren, vormen en licht door de verschillende seizoenen heen. Ze begon met het landschap als geheel en zoomde later in op de details. Zo kwam ze terecht bij de veldbloemen in hun natuurlijke omgeving.

Gosse Koopmans

Gosse Koopmans schildert naast imposante landschappen, mooi en vlot opgezette cafétaferelen, ontroerende portretten van kinderen, dieren en volwassenen, prachtige stillevens, schaatsers in actie op het ijs alsmede persoonlijke verslagen van zijn deelname aan meerdere elfstedentochten.
Naast zijn vrije werk schildert hij ook in opdracht. Koopmans laat zich inspireren door het spel van licht en donker, waarbij verwondering altijd het uitgangspunt is. In zijn landschappen, die hij op locatie maakt, wordt dit nog gecombineerd met ruimte, wolkenluchten en waterpartijen.
Gebruikte technieken zijn olieverf op doek, olieverfschetsen op papier, potloodschetsen op papier en gemengde technieken (viltstift en kleurpotlood). Afgebeeld: Tewaterlating van de Æbelina (2009).

Klaas Koopmans
Klaas Koopmans is in 1920 in Garyp geboren als eerste kind van een 'verver' met een schildershobby. Hij werd ook huisschilder en kreeg bij zijn vakopleiding decoratief en vrij tekenen.
Koopmans exposeerde zijn schilderijen voor het eerst in 1948. De reacties - onder meer 'een rasschilder' - moedigden hem aan.
Zijn expressionistische landschappen zijn breed bekend geraakt. Het zijn verrassend dynamische en kleurrijke beelden van Koopmans' alledaagse omgeving. Het zijn expressieve en emotioneel geladen perspectieven van een authentiek waarnemer.

Volken de Vlas
Volken de Vlas verhuisde samen met broer Fonger en hun ouders naar Earnewâld toen vader Harm er onderwijzer werd. Hij studeerde eind jaren '90 af aan de kunstacademie in Groningen en is tegenwoordig als ontwerper en designer woonachtig en werkzaam in Groningen. Na zijn studie aan Minerva heeft Volken nog een tijdje in Earnewâld gewoond en zich gericht op het schilderen. De Vlas schilderde onder meer verschillende Friese landschappen en een daarvan is dit werk van de Rengerspôle, ter plekke gemaakt in de Alde Feanen.

Walter Stoelwinder

Walter Stoelwinder is een fotograaf die al sinds 2005 in Frankrijk gevestigd is. Stoelwinder kwam vaak in het voorjaar naar de Alde Feanen om daar te fotograferen. Van It Fryske Gea kreeg hij toestemming om vrijuit in het natuurgebied te werken. Als dank hiervoor maakte Stoelwinder dit schilderij van de boerderij De Reidplûm, waar tegenwoordig een natuurcamping gevestigd is.
Het schilderij kreeg een plek op het kantoor van It Fryske Gea, aan De Stripe in Earnewâld.

Hans Jouta

Hans Jouta is opgegroeid bij de uitgestrekte waddenkust van Fryslân. Dit kenmerkende landschap is de bron van de verbondenheid die hij voelt met de natuur. En zijn bijzondere relatie van mens tot dier. Het is deze combinatie waarmee Hans een dieper gevoel legt in zijn beelden. Bij elke creatie is de menselijke maat en vorm samen met de natuur zijn inspiratiebron. Jouta maakt beelden van metaal, hoofdzakelijk brons.
In 2013 maakte Hans Jouta dit monument voor de winnaars van de natuurijsklassieker 'De 100 van Earnewâld'. Jeen Wester, Hilbert van der Duim en Jos Niesten, winnaars in 1963, 1987 en 1986 stonden model voor het levensgrote kunstwerk dat een plek vond centraal in het dorp, net boven het water van It Wiid.

Galerie Koopmans

Schoonheid brengt vreugde

▲ Foto Kees Klip

Wie vlak voor het dorp Earnewâld het terrein aan De Stripe oprijdt, ziet als eerste een opvallend donker houten gebouw, met okergele accenten. In dit gebouw zijn meubelmakerij Wester en Galerie Koopmans gevestigd. Onlosmakelijk met elkaar verbonden. Hier spreekt de liefde voor hout en kunst nog voor de bezoeker ook maar een stap binnen gezet heeft.

Galerie Koopmans werd geopend in het jaar 2000. Het was een grote wens van Anje Wester-Koopmans om een ruimte te creëren waar het werk van haar vader Klaas en haar broer Gosse Koopmans, beiden kunstschilder, een permanent podium kreeg. Haar man, Hindrik Wester, bouwde het pand zelf.

Al vanaf het eerste moment organiseert de galerie twee exposities per jaar: in de winter en in de zomer. Niet enkel met werk van vader en zoon Koopmans, maar van diverse kunstenaars uit het hele land. Schilderijen, brons, glas, keramiek, foto's, alle disciplines vinden er een plek, passend bij het thema van de lopende expositie. Vast onderdeel van de exposities zijn de bronzen kunstwerken van Hans Jouta uit Ferwert, die ook het beeld van de drie schaatsers op It Wiid maakte.

'Galerie Koopmans is eigenlijk niet representatief voor andere galeries, als het gaat om bezoekersaantallen,' vertelt Gosse Koopmans. 'De hele entourage van het gebouw, de energie en sfeer die uitgaan van het pand, maken dat mensen hier gemakkelijk naar binnen lopen.'

De galerie is in alle opzichten laagdrempelig. De sfeer is informeel, er is ook niet altijd iemand aanwezig om tekst en uitleg te geven. Bezoekers lopen naar believen in en uit, of gaan rustig zitten om de kunst op zich in te laten werken. Tijdens exposities krijgen de bezoekers wel een persoonlijke rondleiding. Wie zeker wil zijn van een persoonlijke ontvangst, kan even bellen voor een afspraak of kijken op de website. Voor de aanschaf van een kunstobject is het ook mogelijk om buiten de openingstijden een afspraak te maken. 'Het is onvoorstelbaar hoeveel mensen hier komen. Vaak meer dan honderd in een weekend, ook in de winter. Je moet iets bieden waar mensen blij van worden en blijkbaar zijn wij daarin geslaagd.'

Naast de exposities in zomer en winter worden er ook diverse workshops georganiseerd. Schilderen, portrettekenen, maar ook bijvoorbeeld het maken van sieraden. Liefhebbers kunnen zich ter plekke opgeven en zich onderdompelen in het creatieve proces. Beginners en gevorderden ervaren de voldoening van het zelf maken van een eigen, uniek product. Voor grote groepen zijn er clinics. Personeelsuitjes of teambuildingsdagen als creatieve onderbreking door gezamenlijk te werken aan een schilderij of ander kunstwerk in de galerie, of op een skûtsje in het natuurgebied.

Gosse Koopmans

Je best doen voor het paradijs

Kunstschilder Gosse Koopmans is geboren en getogen in Garyp, als één na jongste in een gezin van acht kinderen. Zoon van expressionist Klaas Koopmans. Opgegroeid in een gelovig gezin. Gezegend met de gave van teken- en schilderkunst.

Wat de jonge Gosse niet onder woorden kon of durfde brengen, vond een uitweg in zijn schetsboeken. In het gezin Koopmans werd weinig gesproken over emoties en gevoelens. Ze vonden elkaar in de schilderkunst. Ook later, toen de ouders van Gosse Koopmans al op leeftijd waren, bleef praten moeilijk. Koopmans besloot regelmatig, als hij bij zijn ouders langskwam een portret van hen te tekenen. Dat maakte het contact gemakkelijker.

De meeste mensen kennen de kunstenaar als landschapsschilder, veelal bezig in de buitenlucht. Toch is hij daar pas mee begonnen in aanloop naar de opening van Galerie Koopmans in Earnewâld, waar het werk van hem en zijn vader een permanent podium heeft. Eerder tekende en schilderde hij hoofdzakelijk portretten en stillevens. Het landschap waagde hij zich niet aan, dat was van zijn vader.

'Mijn zus Anje vroeg me of ik niet eens landschappen zou maken. Omdat ik iets bijzonders wilde voor de opening van de galerie, ben ik naar buiten gegaan en vol enthousiasme gaan schilderen. De omstandigheden waren niet perfect, het was koud en grijs, maar dat maakte niet langer uit. Het buiten werken voelde als een bevrijding'.

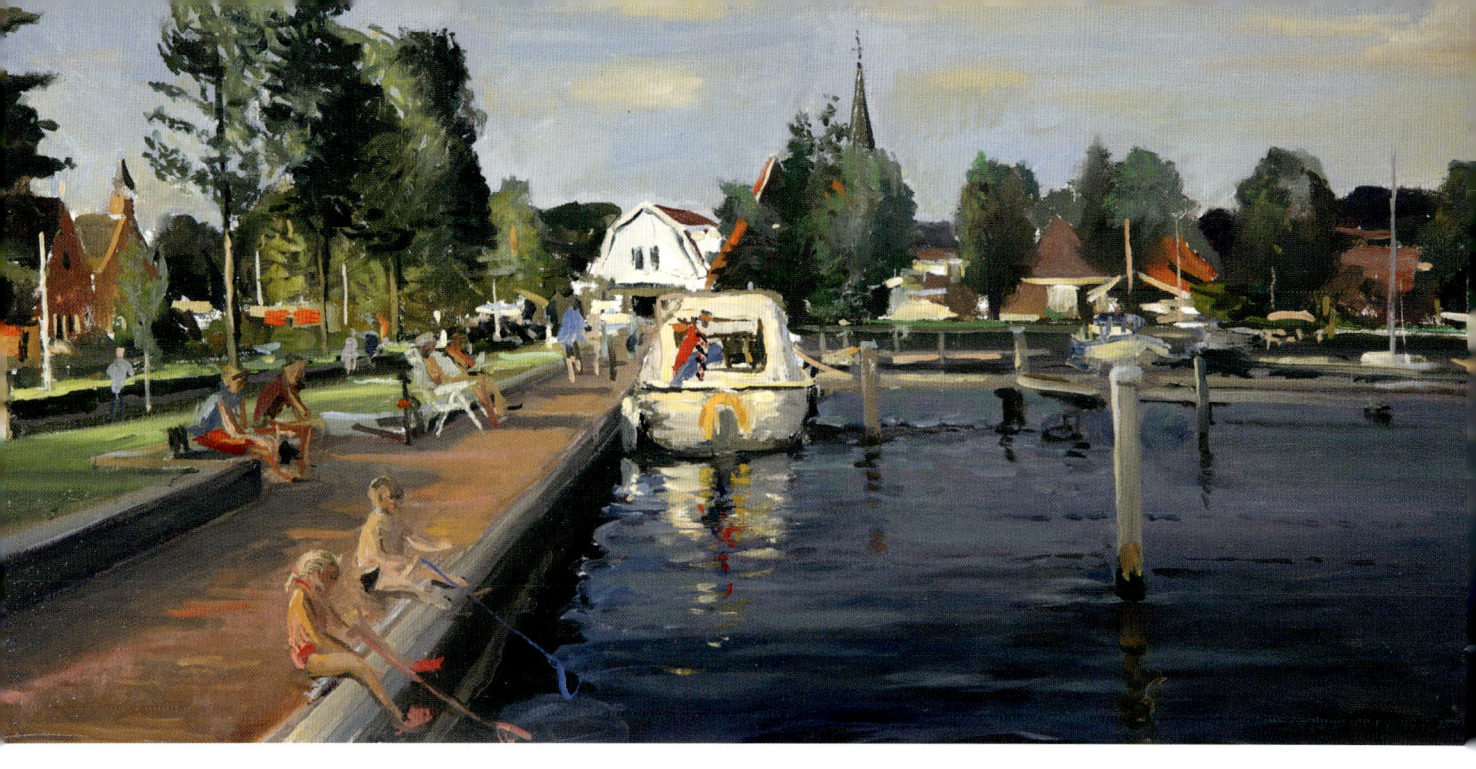

De landschapsschilderijen bleken een enorm succes en al bij de opening van de galerie werd er werk verkocht. Steeds vaker trok Koopmans de buitenlucht in. Hij legde de natuur vast, maar ook de activiteiten die daarbuiten plaatsvonden. De kermis, de drukte op een terras, maar ook de marathonschaatsers tijdens 'de 100 van Earnewâld'. Als het even kan, wil de schilder naar buiten. Als de zon schijnt, maar ook als het sneeuwt. Alleen als er sterk ijs ligt, is er de twijfel: 'ga ik schilderen, of ga ik schaatsen?' Want Koopmans is een enorme schaatsliefhebber, van kindsbeen af. In de galerie hangt een schilderij van een jongetje met houtjes in zijn hand, onderweg naar de ijsbaan. Het is de schilder zelf, die het liefst de hele dag op het ijs stond, dromend dat hij een topper was als Kees Verkerk.

De kunstenaar wordt vaak aangesproken door voorbijgangers, als hij buiten aan het werk is. Het stoort hem maar zelden. Vooral wanneer kinderen nieuwsgierig vragen beginnen te stellen, geeft hij uitgebreid tekst en uitleg, onderwijl rustig doorwerkend aan zijn schilderij. Het is een wonderlijk gezicht, hoe een wit doek langzaam maar zeker verandert in het landschap waar de schilder door zijn oogharen naar kijkt. Impressionist wordt hij genoemd, al wringt dat af en toe met zijn gevoel: 'een schilderij is zoveel meer dan een impressie van wat ik zie en vastleg. Het woord impressie geeft weer dat het om een momentopname gaat, maar ik zie het meer als een stilzetten van de tijd op een moment dat er van alles gaande is. De beweging blijft voor eeuwig bestaan in het schilderij'.

'Fryslân biedt een enorme diversiteit aan landschappen. Het is een grote symbiose tussen mens en natuur. Kijk maar eens om je heen hier in de Alde Feanen: overal zie je menselijk ingrijpen, maar wel met respect voor de omgeving. Het paradijs kun je niet maken, maar je kunt wel je best doen om er zo dicht mogelijk bij te komen. Dat is wat ik wil laten zien in mijn werk. Dat is waarom ik zo graag buiten werk. Zie je daar op het doek? Daar zit een vliegje. Dat vloog er tegenaan toen ik net aan het schilderen was. Ik haal het er niet af. Dat is ook natuur.'

105

Fonger de Vlas

De man van het licht

Hij noemt zichzelf een *'man van het licht'*. Uren in een kijkhut zitten wachten op die ene vogel wil hij niet. Het volle leven in de Alde Feanen is hem dierbaar. Fonger de Vlas is in zijn vrije werk een landschapsfotograaf pur sang.

Veruit het grootste deel van zijn vrije tijd brengt Fonger door in de natuur. Daar raakt hij nooit op uitgekeken. Een geboren Earnewâldster is hij niet, maar hij hoort er wel helemaal bij. De 41-jarige Fonger kwam hier op jonge leeftijd wonen toen zijn vader Harm in 1989 mededirecteur werd van de Master Frankeskoalle. Dat was vóórdat het bungalowpark It Wiid werd gebouwd en het Skûtsjemuseum, waar Harm de Vlas voorzitter van zou worden. Hij heeft dus nog het 'oude' Earnewâld gekend – dat ook al heel anders was dan het onbedorven dorpje van de jaren vijftig, of dertig.

Doordat zijn ouders watersporters waren, leerde Fonger zelf al jong zeilen. In 2000 startte hij een skûtsjeverhuur- en relatievaartbedrijf op, maar dat eiste grote investeringen. Het bloed van pake Fonger, een fanatiek natuurman én fotograaf, kroop ook door zijn aderen. Eigenlijk was hij meer een kunstenaar dan een ondernemer. De digitale camera's kwamen in zwang, zodat goede fotografen zich echt móesten onderscheiden van productieve amateurs. In 2007 verkocht De Vlas zijn aandeel in skûtsjebedrijf 'Annage', om zich fulltime op de fotografie te richten.

De mooiste plekjes

'Ik verdien de kost als reportagefotograaf bij bruiloften, bedrijven en bouwprojecten,' vertelt Fonger. Bij het eerste kan men zich van alles voorstellen, maar welke bouwprojecten zijn nu nog het fotograferen waard? *'De Haak om Leeuwarden'* bijvoorbeeld. Dat is echt schitterend.' En dan volstaat het niet om vanaf de grond alles in de gaten te houden, je moet ook de lucht in. 'Als ik vanuit een vliegtuigje fotografeer, lijkt het daar beneden één groot kunstwerk. Dat zie je niet als je erlangs rijdt.'

Fonger is in zijn vrije tijd altijd in de Alde Feanen. 'Uiteindelijk ben ik toch een pure landschapsfotograaf, altijd op zoek naar de perfecte combinatie van licht en mooie natuurverschijnselen.' Befaamd zijn de natuurbeelden, die stilte en geduld vragen, zoals de baltsende futen.

'Omdat ik altijd veel gezeild heb en een natuurmens ben, weet ik aardig wat van het weer. Ik hoef de Buienradar er niet bij om te zien hoe buien zich ontwikkelen, want ik kijk liever naar de lucht dan naar het scherm.'

Fonger weet ook waar hij in een bepaald seizoen moet zijn om een fraaie zonsopgang of -ondergang te vangen. 'Daarbij neem je altijd een decor mee dat de sfeer bepaalt. Zo ben ik bij een zonsondergang graag op de 'Alde Headamsfeart', iets ten westen van de huidige vaarweg. De oude ligt precies naar het noordwesten gericht. Daar heb je tussen april en augustus de mooiste zonsondergangen.' Bij stil weer draagt het spiegelende water daartoe bij. 'Want het ligt in de luwte, vaak is het water werkelijk zo vlak als een glasplaat.'

Van concurrentie, elders een grote plaag die de levensvreugd van fotografen verstoort, is hier eigenlijk geen sprake. 'Je hebt een boot nodig om op de goede plekjes te komen. Dan moet je hier goed bekend zijn.'

Fonger geeft workshops aan natuurfotografen, 's ochtends theorie en dan 's middags met een boot de Alde Feanen in. 'Ik vind het prachtig om hier met de mensen te zeilen en ze dan te leren hoe ze goed met de camera om kunnen gaan. Ze te vertellen over het licht.' Met de cursisten komt De Vlas op plekken waar ze normaal niet mogen komen. 'Omdat ik de cursus geef in samenwerking met It Fryske Gea. In 2014 heb ik dat voor het eerst gedaan, en het was een groot succes.'

Fonger de Vlas legde in de loop der jaren behalve de Alde Feanen ook het groeiende en zich steeds vernieuwende dorp Earnewâld vast, compleet met zijn markante bewoners, beelden uit het dagelijks leven en festiviteiten. 'Het is al een heel archief geworden. Ik ben er trots op.'

www.fotofonger.nl

9

Een land van musea

In 2014 is vanuit het Aquaverium in Grou een route uitgezet langs museale instellingen rond de Alde Feanen. Het zijn er zeven of negen, net hoe men rekent en definieert. Bij minder mooi weer kan men een paar mooie dagen in deze schatkamers doorbrengen, hoe groot de onderlinge verschillen ook zijn.

De rijksoverheid en samenwerkingsverbanden proberen al jaren de aanduiding *museum* te reserveren voor instellingen die aan hoge eisen van beheer, expositie, documentatie en educatie voldoen. Het Frysk Lânboumuseum 'By de Boer' in Earnewâld heeft met enkele professionele krachten naast veel vrijwilligers, zijn beleid daarop ingericht, net als het grote voorbeeld Fries Scheepvaart Museum in Sneek. Helaas vrijwaart dat ook deze twee niet van bezuinigingen van overheden. Anders dan bij *'VVV-kantoor'* kan de bescherming van het begrip 'museum' echter niet met juridische dwang worden gehandhaafd. Dat lukt zelfs de overkoepeling van tweederde van de Friese musea en oudheidkamers, de *Museumfederatie Fryslân,* niet. Deze federatie probeert de vereiste kwaliteit wel te garanderen, maar is al lang blij dat zeventig instellingen er lid van zijn.

Tot voor kort waren het *Skûtsjemuseum* in Earnewâld en *It Damshûs* in

◀ Op de verdieping van het Skûtsjemuseum is een skûtsje op bijna ware grootte ingebouwd. Afgebeeld is de roef met gedekte tafel. De tegeltjes of 'stientsjes' zijn met een koperen spijkertje door het hart in de schouw bevestigd. (Foto Kees Klip)

▶ Speciaal voor de musea rond de Alde Feanen is in 2014 voor het tijdschrift Fryslân Markant een route ontwikkeld die te fietsen is, op eigen kracht of met elektrische ondersteuning.

▼ In het Aquaverium te Grou waren in de zomer van 2014 veertig Friese musea en oudheidkamers vertegenwoordigd op een Museumplein Fryslân. Het Nijbeetster Openluchtmuseum Damshûs had er een fraaie presentatie ingericht. (Foto Kees Klip)

Nij Beets, de drukst bezochte museale instellingen in wijde omgeving, niet bij de Museumfederatie aangesloten. Zij voeren een eigen beleid, waarin het 'ontdekkingsavontuur' een belangrijke rol speelt. Het Skûtsjemuseum bijvoorbeeld schermt oud spul bewust niet voor het publiek af. *'Se moatte it oanreitsje kinne, rûke, priuwe byneed.'* En het Damshûs zet vooral in op de buitenaccommodatie in het mooie veengebied.

Deze beide draaien, net als It Kokelhûs, Museum Warten, Roorda State, het Mineralogisch Museum, het Hert fan Fryslân en oudheidkamer Uldrik Bottema, helemaal op vrijwilligers. Zo zijn in deze streek vele honderden mensen actief bezig met het verzamelen, bewaren en tonen van de historische of sociaal-culturele rijkdom. Ze doen dat niet alleen op 'ouderwetse' wijze, maar in toenemende mate ook met demonstraties en boeiende websites.

109

'Hert fan Fyslân'

Markant raadhuis als herinnering

In het souterrain is het stoere raadhuis ingericht als museum. 'Hert fan Fryslân' is de naam, 'hart van Fryslân'. Dat klopt, want volgens een oude mythe ligt het middelpunt van Fryslân op honderd meter afstand van de kerktoren van Aegum, in deze gemeente.

Aegum ligt aan de zuidkant van het vroegere Wargaastermeer, nu een uitgestrekte polder van 220 hectare. Vóór de indijking en drooglegging in 1633 was Aegum een vissersdorp, nu wonen er enkele boeren. Tot 1 januari 1984 was dit een dorp in de gemeente *Idaarderadeel*, die in 1942 een nieuw Raadhuis kreeg. Mr. C.N. Renken was toen burgemeester. Hij zou het nog twee jaar uithouden voordat hij in 1944 tijdelijk verdween. Na de bevrijding kwam hij terug en in 1954 werd hij PvdA-burgemeester in Epe. In de Tweede Wereldoorlog kreeg de burgemeester van het locale bestuur er als leider vele taken bij. Eén daarvan was het toezicht op de ijskwaliteit in winters met vorst via een toen net opgerichte IJswegencentrale Idaarderadeel.

In 1984 kwam de gemeente Boornsterhem in de plaats van Rauwerderhem, Utingeradeel en Idaarderadeel. Nu zijn, per 1 jnauari 2014, onderdelen van Boarnsterhim ingedeeld bij Leeuwarden, Heerenveen, de Friese Meren en Súdwest-Fryslân. In de dertig jaar ertussen is er een hele wijk én een bedrijventerrein aan de westkant van Grou bij gebouwd. Daar tussenin ligt een klein stukje van het grootste kanaal van het noorden, het Prinses Margrietkanaal, als aquaduct over de weg, tegenwoordig de A6.

Het gemeentehuis van vroeger is nu grotendeels in gebruik als notariskantoor. Maar de kelderetage bevat herinneringen aan de tijd waarin Grouw (met een w) nog een trotse hoofdplaats was. De onvergetelijke gebroeders Halbertsma verrijkten de Friese taal toen, midden in de Friese romantiek, met hun volksverhalen, liedteksten en dialectstudies.

Het water en Sint Piter

Sint Pieter was de schutspatroon van schippers en vissers. Zijn naamdag *Sint Petri* is 22 februari. In deze streken wordt deze dag in sommige kringen beschouwd als begin van een nieuw jaar. Omdat de scheepvaart in het oude Friesland (of '*Vrieslandt*') van grote betekenis was, zijn er in deze provincie nog veel Sint Pieterparochies. Garyp behoort daartoe.

Maar Grou is de enige plaats waar, mede dankzij enthousiaste onderwijzers én de Gebroeders Halbertsma, Sint Piter in ere wordt gehouden. Hij geeft hier op 21 februari cadeautjes aan de kinderen. Volgens de verhalen was Sinterklaas Grou namelijk een keer op zijn reis vergeten.

Het museum 'Hert fan Fryslân' bevat uiteraard een collectie met interessante bijzonderheden over Sint Piter. Natuurlijk wordt er ook uitgebreid aandacht besteed aan de betekenis van het water voor het oude Grouw in het bijzonder, en Fryslân in het algemeen. Bij water hoort ijs in de winter, dus zeilen en schaatsen.

Over die vormen van vermaak schreef de volksdichter en arts Eeltje Halbertsma liedjes, die nu nóg soms worden gezongen. Bekend van hem zijn het lichtvoetige 'Driuw no myn boatsje, driuw fleurich derhinne' en het stijlvolle 'Rôlje, rôlje, wetterweagen.' Maar ook het martiale Friese volkslied 'Frysk bloed tsjoch op' heeft hij geschreven, als 'De âlde Friezen'. 'Dokter Eeltsje' en zijn geleerde broers Joost en Tsjalling worden in beperkte kring nog altijd vereerd als pioniers van de Friese taal- en letterkunde.

Wat het water betreft: in het oude Grouw werd in 1848 de eerste zeilvereniging van Friesland gevestigd, de huidige Koninklijke Zeilvereniging Oostergoo. Hier werd in 1953 de oprichting van een Stamboek Rond- en Platbodemjachten gemarkeerd met een boeierreünie. En sinds 1929 beschikt Grouw over de oudste skûtsjecommissie van Fryslân.

Het Grouster skûtsje behoort tot de snelste drie van de vloot. Het is met Ulbe Zwaga senior, Berend Mink junior en Douwe Albertszn. Visser vele malen kampioen geweest bij de Sintrale Kommisje Skûtsjesilen.

Kostbare collecties

Speciaal voor kinderen is het project 'Lytse Eeltsje' ('Kleine Eeltje'), over dichter-schrijver Halbertsma. Daar hoort een kleine dorpswandeling langs zijn geboortehuis en de aan hem gewijde gedenknaald bij.

Een exclusief onderdeel van de collectie heeft een eigen naam, 'Pronkjen'. Een kostbare verzameling porselein, goud, zilver en textiel uit het legaat van mevrouw Atje Gaastra is hier te bezichtigen. Het herinnert aan de rijkdom die ooit werd uitgestald in de royale huizen van de elite en de 'opkeamers' van hun voorname boerderijen, die ook wel 'pronkkeamer' werden genoemd. Doorgaans werden die alleen gebruikt om voornaam bezoek te ontvangen.

Zo zijn we terug bij de bouwgeschiedenis en architectuurhistorie, waarvan dit raadhuis wel een bijzonder voorbeeld is. Dat het in de Tweede Wereldoorlog werd gebouwd, is aan de 'germaanse stijl' te zien. De als eenvoudig timmerman opgegroeide architect Alexander Jacobus Kropholler (1881-1973) had sympathie voor de 'nieuwe orde' toen hij dit gebouw ontwierp. Dat is aan het in 1942 gebouwde gemeentehuis te zien.

Zelf ging hij uit van het beginsel dat een gebouw met een publieke en representatieve functie omvang, hoogte en afstand tot de weg harmonieus in zijn ontwerp moet combineren. Het stijlvolle beeldhouwwerk van Tjipke Visser (1876-1955) paste daarbij, net als het krachtige metselwerk met de rode baksteen.

Het Skûtsjemuseum

De vrouw 'yn 'e beage'

(Foto's Kees Klip)

Op bedrijventerrein 'De Stripe' in Earnewâld staat een bijzonder gebouw. Binnen dringt de lucht van teer diep in de neusgaten. Het vuur in de smidse brandt, Roel Wassenaar smeedt. Het kan niet missen: dit is het Skûtsjemuseum 'De Stripe'.

Aan de steiger ligt een replica van de snelste zeiler van de negentiende eeuw, het houten *fearskip Æbelina*. Achter het gebouw liggen ijzeren skûtsjes. Er staan zwaarden op steunders, als tafel, en onder de vluchttrap onder de nooduitgang ligt een stapel turven. Een mast, een roer, een uitgesneden stuk uit de 'Hoop op Welvaart', boten, boeien en een *lamme arm*: buiten is al genoeg te zien.

Tegen de achtergevel is boven de hoge schuurdeuren een bord getimmerd met de belofte: '*historische scheepswerf/blok- en pompmakerij*'. Het ontwerp van het zwart geverfde gebouw is duidelijk ontleend aan het '*skûthûs*', dat vroeger het hart vormde van elke Friese scheepswerf. Het oorspronkelijke gebouw kwam in 1998 onder hoge druk tot stand, toen de concurrentie zich in de provinciale pers meldde met plannen voor permanente exposities in Leeuwarden, de Galamadammen en zelfs Grou.

Surfleraar, relatievaarder en skûtsjeschipper Age Veldboom had toen al, in 1997, het initiatief genomen om een passende slechtweervoorziening bij zijn verhuur- en vaarbedrijf in te richten. Zijn zolder lag al vol oude 'rommel' die door anderen was afgedankt. Age was een echte liefhebber van de oude stempel, zelf kleinzoon van een schipper. En in Earnewâld wilden velen hem helpen toen de nood aan de man kwam, al viel de naam '*museum*' eerst niet in goede aarde bij de gemeente Tytsjerksteradiel. Het bestemmingsplan voorzag namelijk niet in een museum op deze bedrijfslocatie. Daarom kreeg het museum als officiële naam 'Historische Scheepswerf De Stripe'. Dat mocht wel, al moest er wel iets bedacht worden om de pretentie in deze naam waar te maken.

Een enthousiaste groep vrijwilligers runde het museum, bouwde de collectie uit en verzorgde samen met de initiatiefnemer rondleidingen met '*smoute verhalen*' voor steeds meer gasten. Na zeven jaar kocht de Stichting Skûtsjemuseum Earnewâld het museum en de inventaris. Johan Prins uit Workum was toen met andere vrijwilligers net begonnen met de bouw van een houten skûtsje, het enige dat in Fryslân vaart.

In het museum staan foto-exposities met in de ene ruimte wedstrijdbeelden van SKS en IFKS en in de andere werkfoto's van schippers. Er is een *'Tjitte Lammerts Brouwer bedstee'* en een *Meeterprijzenkast*, terwijl Ulbe Zwaga vanaf een portret op de bezoekers neerkijkt en boven de deur naar de smidse de reuzengaffel van de oude 'Poep' hangt.

De inmiddels al flink uitgebreide collectie wordt nog geregeld aangevuld met schatten van particulieren. Zo schonk wijlen Jitze Visser uit Workum kort voor zijn dood een hele vloot door hem gebouwde miniaturen. Ze staan in de buurt van een in de zolderruimte ingebouwd skûtsjemodel op bijna ware grootte. In april 2014 werden miniatuurmodellen van alle veertien SKS-skûtsjes aan de collectie toegevoegd. Het was een gift van de Stichting Sneker Pan, die ze ter gelegenheid van het 100-jarig bestaan van het Sneker skûtsje had laten maken voor een bij de oever van de Snitser Mar opgevoerd Iepenloftspektakel.

Het skûtsjemuseum wordt draaiende gehouden door ruim vijftig vrijwilligers.
Iedere dinsdag komt een flink aantal van hen naar De Stripe om de nodige klussen te doen. In de wintermaanden is dat voornamelijk werk aan de inventaris en de binnenkant van het gebouw, in de zomer wordt ook het terrein tip top in orde gehouden en krijgen velen van de zesduizend bezoekers een rondleiding, inclusief sterke verhalen.

De mannen doen alles zelf: timmeren, glaszetten, smidswerk. Het is allemaal handwerk, van handige werkers. Schippers van nu kunnen er terecht voor zwaarden, handgemaakte essen blokken, kloten, touwen en beslag.

Op 'De Stripe' kon men de oudste vrijwilliger van Nederland tegenkomen. De 94-jarige Jan Bruinsma is al tachtig jaar actief als timmerman. Zes dagen in de week schaaft en beitelt, zaagt en boort hij aan grote en kleine zaken. Een mast voor een skûtsje werkt hij bij, maar net zo gemakkelijk maakt hij even een zwaard of een blok. Bovendien voorziet hij het museum van souvenirs, die voor een prijsje verkocht worden ter versterking van de kas. Snijplankjes in de vorm van een zeil, kleine *klootjes* als sleutelhanger, blokken als waxinelichthouder, je kunt het zo gek niet verzinnen, of Bruinsma maakt het. En zijn opvolger staat al klaar.

Centraal in het museum staat het leven van een vroegere generatie zeilschippers, die op skûtsjes voeren. Een speciaal eresaluut krijgt de vrouw *'yn 'e beage'*, in de trekzeel. Dat past bij de sfeer. Het hele gebouw ruikt naar lijnolie en teer. In de nagebouwde roef proef, ruik en voel je het oude schippersleven.

In de krappe ruimte aan boord rond 1900, toen skûtsjes op zeil dagelijks duizenden vrachten turf, terpmodder, mest en zand vervoerden, ervaar je het zware bestaan van hard werken, soms armoede maar ook de vreugde van een vrij leven. En er is speciaal rekening mee gehouden dat er voor een heel jonge generatie, die van toeten noch blazen weet, een uitdagend programma moet zijn.

Het skûtsjemuseum doet dan ook graag mee aan het opleidingsprogramma van de *Stichting Foar de Neiteam*, dat gericht is op overdracht van de kennis en het enthousiasme voor het skûtsjesilen aan een volgende generatie.

De Æbelina

Aan de kade ligt de trots van het museum: het houten skûtsje Æbelina, het eerste en enige houten skûtsje dat na 1903 nog is gebouwd. Massief eikenhout is van kielplaat tot luiken met water en vuur in sierlijke rondingen gebogen om een schip te maken zoals dat ooit de Friese wateren beheerste.

Zo voeren Wiebe Minderts en Mindert Wiebes Peekema er mee, en voor hen Gerben Jentjes en Jentje Gerbens Zuidema, schippers op het Grouwster veerschip. De in 1861 gebouwde oude 'Ebelina' of 'Dorp Grouw' was legendarisch. Ze won zo veel prijzen dat ze soms van deelname werd uitgesloten, of een extra lange route moest varen.

Naar het voorbeeld van het oude beurtschip, gebouwd door Eeltje Holtrop van der Zee, bouwde Johan Prins uit Workum bij het Skûtsjemuseum van Earnewâld tussen 2004 en 2009 een replica, volledig op ambachtelijke wijze.

De boomstammen werden met paard en Malle Jan naar de werkplaats getrokken en daar tot planken verwerkt, de planken werden verhit en in het juiste model gebogen. Tot in de kleinste details is het vakmanschap van Prins en zijn hulpkrachten zichtbaar.

De Æbelina is ingericht als een beurtschip voor de huidige tijd. In het kleine ruim kunnen vaten en pakjes gestouwd worden die, als vanouds, van A naar B worden getransporteerd. Maar er zijn handreikingen aan het gerief van de moderne tijd gedaan. Wie nu meevaart en *'uit de broek'* moet, hoeft geen gebruik te maken van een emmer. Er is een toilet aan boord. Er zal ook iets te drinken zijn, en te eten wellicht, maar verder is het zoals het was.

Al kan er nu bij wegvallende wind een elektromotor worden gestart, wat vroeger niet mogelijk was.

Pake Jan Bruinsma 95 jaar!

Van turf en biezen

It Kokelhûs fan Jan en Sjut

(Foto's Kees Klip)

Het kleinste museum in wijde omgeving bevindt zich midden in het dorp Earnewâld. Het staat vlak bij het gereformeerde kerkje aan de overkant van de weg en een oud gedempt stukje water, it Fliet.

Het antieke woonhuis met oude gesmoorde pannen daken voor mensen van een kleiner slag dan tegenwoordig werd in 1777 gebouwd voor een veenbaas. Sinds 1957 is het als oudheidkamer te bezichtigen.

'Kokelhûs' verwijst naar de Friese benaming voor mattenbies, *kokels*. Dit vormde rond 1900 de basis van een Earnewâldster vorm van bedrijvigheid, die zich bij het groeien van de welstand én de concurrentie niet kon handhaven. Earnewâldster matten hebben daardoor nooit de bekendheid verworven van bijvoorbeeld hun Genemuider tegenhangers.

De woonkamer van het Kokelhûs is ingericht in de stijl van het begin van de twintigste eeuw. Bezoekers zien er oude spulletjes, compleet met betegelde wanden en twee bedsteden. Daar sliepen de mensen vroeger half liggend, half zittend. Omdat ze door een gebrek aan jodium in hun drinkwater meestal veel kleiner waren dan hun tegenwoordige nazaten, lijken die bedsteden te klein om er een nacht slapend in door te brengen. Maar dat gebeurde dus wel. En je hoefde meestal geen slaappillen als je een werkdag van veertien uren in de buitenlucht had doorgebracht.

De duivel

De ingang biedt toegang tot een oud kruidenierswinkeltje. In een zijkamer is *turfsnijwerk* uitgestald, beeldjes van harde turf. Het is gemaakt door de in 1943 overleden potschipper Jan Wijma uit Oudega (Sm.). De naastgelegen woning, die bij het museum is getrokken, werd in het begin van de twintigste eeuw bewoond door de roemruchte *'Duvel fan Earnewâld'*. Deze bebaarde Cornelis Frederik Dirks Helfrich, alias *Freark Prûk*, leefde van 1820 tot 1903.

115

Hij overleed in de Verenigde Staten, waarheen hij geëmigreerd was. De winkelier-venter-kruidenzoeker joeg geregeld argeloze vrouwen langs de waterkant de stuipen op het lijf door na een lange onderwaterzwemtocht ineens voor hun ogen op te duiken.

In het huisje is verder oud gereedschap uitgestald, waarmee Freark Prûk misschien nog heeft gewerkt. Het werd vroeger door boeren, vissers en rietsnijders uit de omgeving gehanteerd. In de aangrenzende expositieruimte is ieder jaar een wisselende expositie te zien, die vooral charmant is door de kleinschaligheid van de ruimte.

Veelzijdig man

Tot 1955 woonden op dit adres Jan en Sjut (Sjoerdsje) van den Berg. Zij hadden een kruidenierswinkeltje en ze waren daarnaast melkventers. Omdat geld schaars was en moeilijk te verdienen, was Jan er rietsnijder, scheerbaas en boerenarbeider bij. Niet alles tegelijk natuurlijk, maar in wisselende hoedanigheden. Hij was, zeiden ze, van vele markten thuis.

Jan en Sjut hebben op deze plek Earnewâldster biezen vloermatten gevlochten van kokels. Zo'n mat ligt op de vloer en hetzelfde materiaal is verwerkt in stoelmatten. Daarom is dit een 'kokelhûs'. Jan van den Berg stierf in 1952. Sjut bleef toen alleen achter. In haar testament schreef de notaris op 14 april 1955 het volgende:

'Het is haar wil en begeerte dat haar huis en de goederen die zij daartoe wil aanwijzen blijven en in stand gehouden worden in de toekomst in de toestand waarin zij zich thans bevinden. De bedoeling van deze beschikking is de blijvende instandhouding van huis en inhoud tot een eenvoudig museum. Daartoe zullen ook eventuele huurders of bewaarders verplicht gesteld worden om steeds de bezichtiging van het pand toe te staan'.

Sjut stierf in 1955. Sinds 1957 is haar huis met behulp van vrijwilligers als museum ingericht. Dat was het eerste jaar na aankoop van het eerste Friese skûtsje door een dorp, het Earnewâldster skûtsje met Berend Mink als schipper.

'By de boer' in Earnewâld

Frysk Lânbou Museum

In de modernistische omgeving van een jaren negentig bungalowpark roept een bijzondere collectie agrarische erfstukken de sfeer van honderd jaar geleden op. 'By de boer' heet het Frysk Lânbou Museum. Het vormt een wonderbaarlijke maar trefzekere combinatie met het bezoekerscentrum van It Fryske Gea.

De Friese landbouw ontwikkelt zich razendsnel naar hogere productiecijfers en kwaliteit. Overal in het Friese land worden nieuwe hoge boerenstallen gebouwd. Amerikaans-Friese koeien en Friese paarden groeien in hun schoft- en stokmaat nog harder dan het mensengeslacht dat hier rondwandelt en –vaart. Men zou bijna vergeten hoe glorieus het rond 1900 was. Toen was Fryslân het mekka van de coöperatieve wereld. In Wergea, op beloopbare afstand van de Alde Feanen en bereikbaar met praam of zeilboot, stond zelfs de eerste coöperatieve zuivelfabriek. Die dateert van 1886, en het gebouw staat er, zij het met een nieuwe bestemming, nóg.

Maar het echte landbouwmuseum is bij Earnewâld te vinden, aan de Koaidyk. Van verre zie je de hooibergen, die bijna overal elders zijn opgeruimd.

Glorieus verleden

Rond 1920 waren Friese melkveehouders en potertelers toonaangevend in de agrarische wereld. De Friese zwartbonten waren vanwege hun productiviteit wereldberoemd. Dat kwam natuurlijk door rationele inzichten ten aanzien van de veefokkerij, waartoe vooraanstaande Friezen van vaak adellijke komaf in de jaren 1850-'70 een belangrijke bijdrage hebben geleverd.

Boeren zelf speelden er handig op in, bijvoorbeeld door de wonderlijk succesvolle *'moddereconomie'*. Deze was gebaseerd op de bodembevruchtende werking van terpmodder, die vanaf 1842 (IJlst) op grote schaal werd toegepast. Bijna waardeloze grond werd er groen en vruchtbaar van. Om dit mogelijk te maken, bouwden uitstekende scheepsbouwers speciale houten schepen, die zowel zware terpaarde als heel lichte turf konden vervoeren. Dit waren, rond 1860 ontwikkeld, de voorlopers van de huidige skûtsjes.

Maar er gebeurde veel meer op het Friese boerenland van anderhalve eeuw geleden. 'Bintje', ontwikkeld door schoolmeester Kees de Vries in Sumar en genoemd naar zijn leerlinge Bintje Jansma, werd de ideale patataardappel. Een hele generatie boeren op sobere zandgrond heeft het er goed van gehad. Beter nog voor de dagelijkse consumptie waren kleiaardappelen als Doré en later Irene en Bildtstar. De zaaizaad- en pootgoedcoöperatie ZPC ging de hele wereld over om de gure, maar voor jonge aardappels ideale klimatologische omstandigheden langs de Waddenkust optimaal te benutten in de poterteelt.

Dit behoort allemaal tot het glorieuze verleden van de Friese boerenstand, die twee eeuwen lang de cultuur in dit gewest in hoge mate heeft bepaald.

Hoofd boven water

De geschiedenis van de Lege Midden in Fryslân is onlosmakelijk verbonden met de landbouw, in het bijzonder de melkveehouderij in een natte omgeving. Het water is daar onlosmakelijk mee verbonden. Vergeet niet dat een gewone koe al zestig liter water per etmaal drinkt, en een hoogproductieve tachtig liter. 's Zomers is dat zelden een probleem. Maar voor de komst van bedrijfszekere waterleiding was dat in de winter met ijsgang heel anders.

In het Fries Landbouwmuseum 'By de boer' maken bezoekers op een levendige manier kennis met dit aspect van tweeduizend jaar agrarische geschiedenis. Die begon toen op en rond de terpen. Die werden niet alleen opgeworpen om droge voeten te houden, maar ook om plaats te bieden aan een flinke voorraad zoet (regen)water, van levensbelang voor de opkomende veehouderij.

Hoe hielden onze voorouders het hoofd letterlijk boven water? Hoe werkten ze? Welke problemen kwamen ze tegen in hun strijd om het bestaan? Het Frysk Lânbou Museum is absoluut niet stoffig of oubollig. Het is een modern ingericht, levendig museum. De stoommachine uit de zuivelfabriek draait, het krakende geluid van de karnmolen klinkt in de boterhoek en een boerenfamilie uit de terpentijd klaagt over slechte oogsten en een hoge waterstand. Overal zijn filmpjes te zien uit vervlogen tijden.

Het museum toont de leef-, werk- en woonomstandigheden van de boer tijdens verschillende perioden. Zo dansen we van de terpentijd naar de middeleeuwen, door de ellendige achttiende eeuw met de komst van de Gieterse turfproductie naar de bloeiperiode rond 1870. Vlak daarna dompelde een internationale agrarische crisis de Friese boerenwereld in diepe ellende.

De perioden voor en na de Tweede Wereldoorlog staan in het teken van herstel en modernisering.

Amerikaanse windmotor

Het complete verhaal van de Friese boer én zijn vrouw en kinderen door de eeuwen heen wordt getoond met een uitgebreide collectie gereedschappen en voorwerpen die gebruikt werden bij de akkerbouw en de veeteelt.

In het sfeervolle museum zijn de collectie van Stichting 'Us Mem' over het Fries Rundvee Stamboek, delen uit de Nationale Zuivelcollectie en allerlei waardevolle pronk- en siervoorwerpen te zien. Verder hangt er een fraaie verzameling schilderijen en afbeeldingen.

Naast de vaste collectie zijn er jaarlijks verschillende tijdelijke tentoonstellingen te bezichtigen. In 2014 bijvoorbeeld stond de Amerikaanse wynmotor centraal, een moderne molen waarvan de families Bakker in IJlst en Van der Laan in Garyp verschillende varianten op de markt brachten.

Het museum deelt het dak met het bezoekerscentrum Nationaal Park De Alde Feanen, van It Fryske Gea. Het gebouw is zowel over land als over water te bereiken, met een eigen kade.

Saluut aan de turfgravers

Veenderijmuseum It Damshûs

In 1958 werd het laatste oude stenen turfmakerswoninkje in Nij Beets steen voor steen afgebroken en een paar kilometer verderop weer opgebouwd. Vrijwillige dorpsbewoners deden het werk. Anderen richtten het in naar het voorbeeld van een armoedig verleden.

De naam van het huisje, de kern van het latere museum, is afgeleid van de laatste bewoner Hendrik G. Dam: 'It Damshûs'. Later werden nog vijf eenvoudige veenarbeidershuisjes gereconstrueerd, die samen een museumcomplex aan de noordkant van het dorp Nij Beets vormen. Daar kwam een bezoekerscentrum met ruimte voor exposities bij, dat in de komende jaren ook dienst zal gaan doen als filmzaal.

Op het terrein van 'It Damshûs' zijn in het millenniumjaar 2000 vier landschapselementen aangelegd, die samen een beeld geven van de ontwikkeling van een typisch Fries laagveenlandschap door de vervening. Het begint met een laagveenmoeras. Daarna volgt de turfwinning 'op het droge', zoals die in en na de Middeleeuwen in Fryslân werd gebezigd. Het typische verveningslandschap werd 'dankzij' de Gieterse methode (vanaf 1751) grondig vergraven in de diepte, zodat petgaten en zethagen in slordige afwisseling overbleven.

Waar dat plassengebied werd drooggelegd, zoals op de meeste plaatsen in Fryslân is gebeurd, ontstond een voor de veehouderij geschikte polder.

De snertpreek

In 2003 werd het 'Houten Himeltsje', het onder ds. G.A. van der Brugghen gebouwde houten kerkje van Nij Beets, op het terrein van het openluchtmuseum gereconstrueerd. Daar zit een mooi verhaal achter. In de armste tijden wilden eenvoudige veenarbeiders met hun kwalijk riekende manchester kleding niet elke zondag vijf of meer kilometer lopen om de preek in het verderop staande 'adellijke' kerkje van Oud Beets bij te wonen. In een houten noodkerk in Nij Beets voelden ze zich beter thuis, zeker als de predikant in tijden van honger er erwtensoep liet opdienen. Dat smaakte lekker in combinatie met een 'snertpreek'.

In 2006 kwam er een aanvulling bij: de woning van de veenbaas, die tegelijk als winkel en café dienst deed. Doordat de veenbaas mensen aannam en de lonen uitkeerde, en in de winter borgde, waren de arbeiders wel gedwongen bij hem te winkelen.

Het paradoxale geval deed zich voor dat bijna geruisloos het oude café van de stakingsleider Jan Everts Dam tegenover de ingang van het Damshûs plaats maakte voor een fraaie nieuwe woning.

Het tot volle wasdom gekomen openluchtmuseum van Nij Beets bevat tevens een werfje en molentjes.

In 2013 werd de ingang van het museum verplaatst. Er kwam een royaal parkeerterrein bij, wat gezien de groeiende belangstelling geen overbodige luxe is. Een nieuw entreegebouw completeerde voorlopig het geheel.

Met de praam
Het veenderijmuseum laat de bezoekers op een levendige en actieve manier ervaren hoe laagveenturf werd gemaakt. Indrukwekkend voor vooral een jeugdig publiek is de presentatie van de leef- en werkomstandigheden van veenarbeiders in de periode van 1863 tot ongeveer 1920.

Het was een tijd waarin heel veel veranderde. Petroleum kwam in gebruik, voor het koken op 'in pitsje' en de verlichting. Op vrouwen- en kinderarbeid, tot in de jaren 1890 normaal, kwam steeds meer kritiek. Maar door de economische crisis verarmde het volk in de venen.

Hun slechte werk-, woon- en leefomstandigheden vormden de voedingsbodem voor een felle sociale strijd. Die werd nog wanhopiger toen door het aflopen van de turfwinning in de jaren 1890 veel volk in werkloosheid gedompeld werd.

Daarbij wordt een indruk gegeven van de verandering van het land als gevolg van de turfwinning. Je ziet het niet alleen gebeuren, je kunt het tijdens een vaartocht met een praam ook ervaren. De mogelijkheden daartoe worden sterk verruimd nu het Polderhoofdkanaal opengaat. Ineens liggen het Skûtsjemuseum en het Frysk Lânboumuseum in Earnewâld op vaarbare afstand en kun je een prachtige museumroute voor jezelf creëren.

Zo krijgt de bezoeker op plezierige wijze een totaalbeeld van de sociaal-economische, politieke en landschappelijke geschiedenis van de laagveenderij in Opsterland en Smallingerland.

Openluchtmuseum It Damshûs bestaat dus uit zes woonhuisjes, een kerkje, winkel/herberg, molens, enzovoort, die op ware grootte zijn nagebouwd en ingericht.

▶ Verdronken bos.

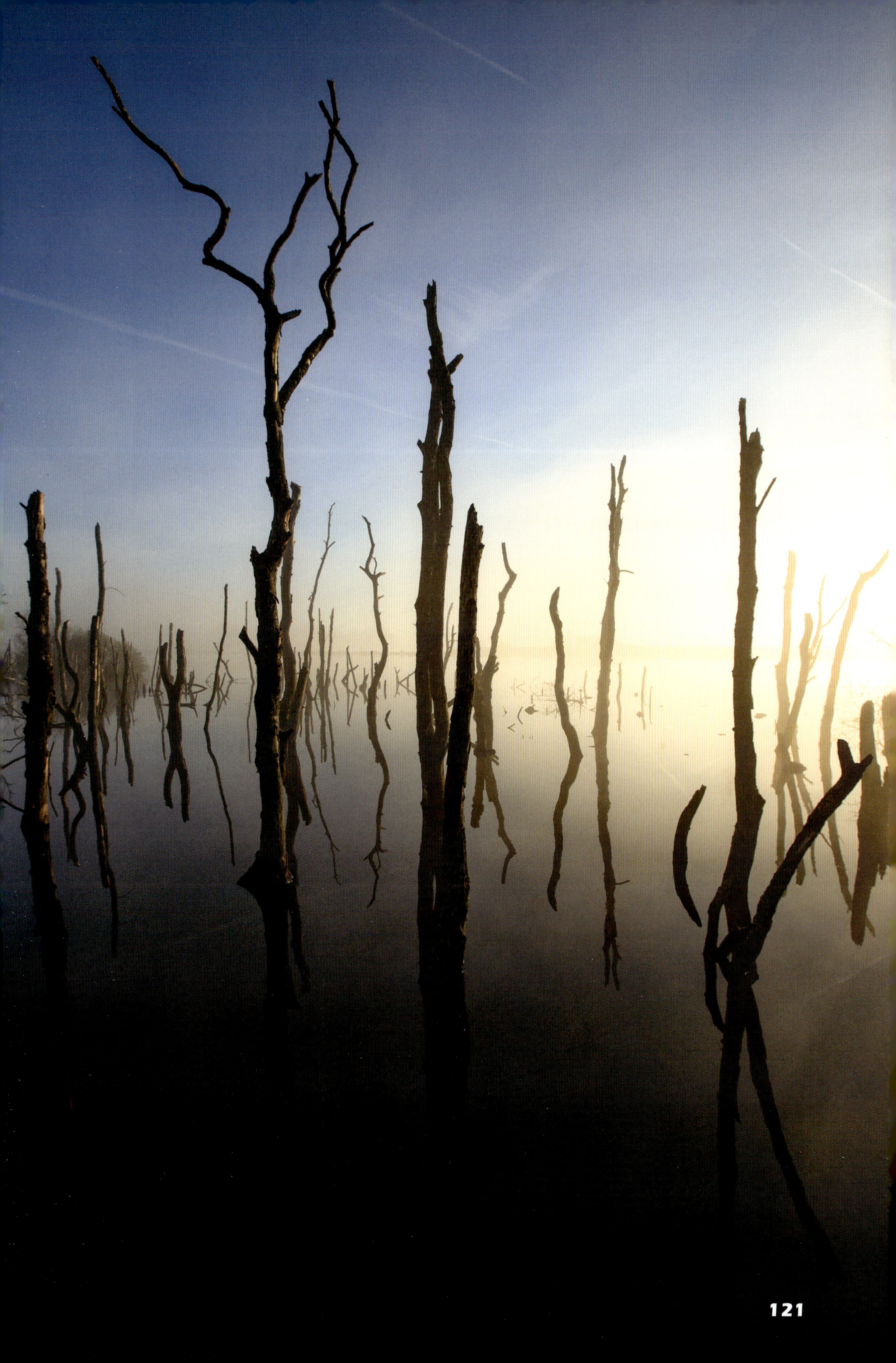

Het naar het zuiden toe sterk uitgebreide hotel-restaurant Princenhof, als restaurant handelend onder de naam 'Puur Prince'. Links onder de rondvaartboten van Rondvaardij Princenhof, boven de jachthaven met een afdeling voor kleine bootjes en een voor grote jachten.

Leven, genieten en verdienen

Een bedrijvig volk

Luidruchtige bootjesmensen beheersen op warme dagen het paradijs met blinkend metaal of kunststof. De explosie- of fluistermotoren geven hun de exposure van een drukke, haastige generatie. Warme dagen komen er steeds meer en het seizoen wordt langer. Wat betekent dat voor de sfeer?

▲ Met sloep en semi-klassiek jacht op het Achterste Wiid. Aan de wal ligt de Lytse Earnewâldster, het skûtsje van Sjoerd Kleinhuis.

Veel geld hoef je niet te hebben om tussen Earnewâld en Grou rond te varen. De eenvoudigste, goedkoopste vorm van transport over water is met de pont over, fiets aan de hand. Voor vijf euro pak je vier van de negen ponten die de eilanden en schiereilanden rondom Grou met elkaar verbinden.

Overal zijn jachten en boten te huur voor enkele euro's per uur tot honderd euro per dag. Polyvalkjes om te zeilen, roeivletjes met knetterende aanhangmotortjes, stoere motorvletten, fluisterbootjes met elektrische aandrijving en, voor de echte liefhebbers, kano's. Met die laatste vaartuigjes dring je, als je dat beslist wilt, door tot in de diepste geheimen van de natuur in de Alde Feanen. Niet iedereen stelt dat op prijs, zeker niet de natuurbeheerders met een gevoelig hart voor schuwe dieren en

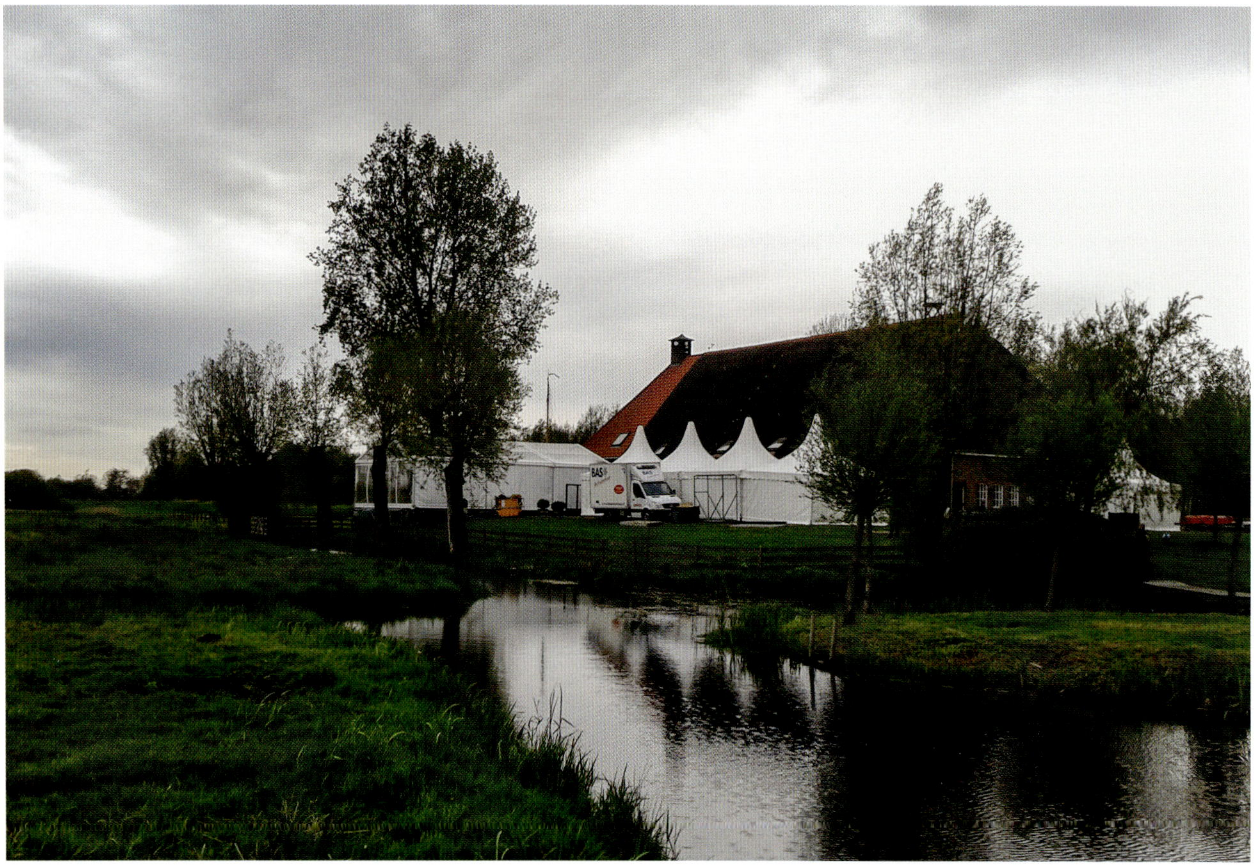

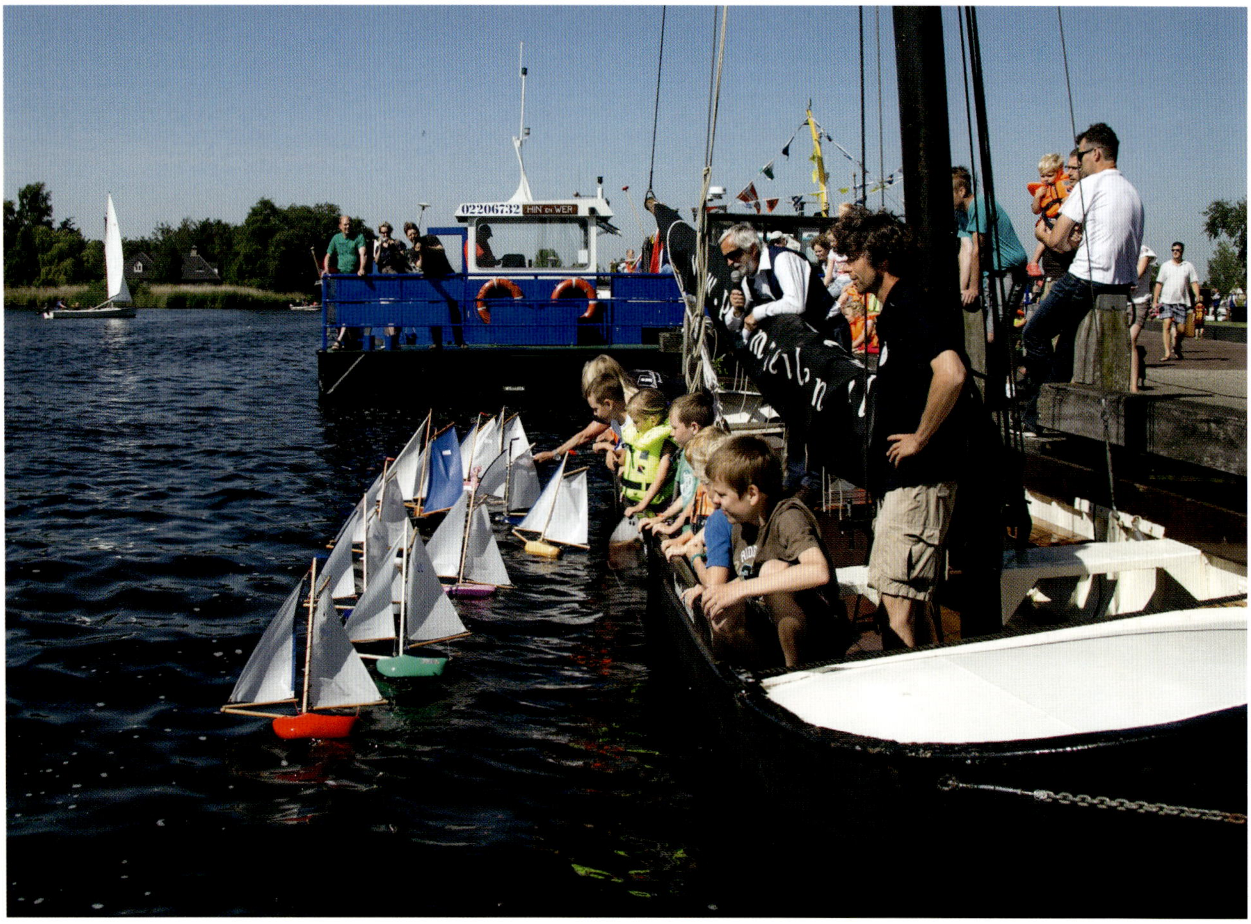
02206732

◀ Wiersma Tenten uit Leeuwarden verzorgde in mei 2012 een privéfeest op het eilandje Nauwe Saiter.

▼ Jong geleerd, oud gedaan. Het 'klompkesilen' leeft de laatste jaren in Fryslân weer op. Op de achtergrond de pont tussen het dorp en bungalowpark It Wiid.

kwetsbare planten. Maar pogingen om grote delen van de Alde Feanen, en tegenwoordig het Natura 2000-gebied, helemaal voor bezoekers af te sluiten, leden in het verleden geregeld schipbreuk.

Bij de in- en uitgang van de smalle Rânsleat tussen de Sânemar en het Ald Wiid is, toen de strijd om de bungalowtjes op It Wiid tot een climax kwam, door recalcitrante Earnewâldsters zelfs een binnenvaarder ingehuurd om aangebrachte palen omver te varen en met de schroef dichtslibbend water uit te diepen.

Er heerst nu een fragiele status quo waarbij leefgebieden van zeldzame soorten met kettingen zijn afgesloten. Dat daar nog wel eens een avontuurlijke kanoër met een piepklein bootje tussen- of onderdoor *sneakt*, wordt node geaccepteerd. Elders zijn door 'Marrekrite' steigers een eindje van de kant af geplaatst, zodat pleziervaarders er wel kunnen aanleggen, maar de rust niet kunnen verstoren.

Rustzoekers in de tijd van de romantisch schrijvende Ds. De Stoppelaar deden dat ook niet, als ze geen jager waren tenminste. Pleziervaarders van een huidige generatie nemen zonder scrupules een daverende radio mee. Zodoende raast er heel wat 538 en Sky door de Alde Feanen. Het toppunt van contrast tussen stilte en drukte zijn de *partyschepen*, die 's avonds tot diep in de nacht met feestvierende gasten voor de decors van wiegende rietplanten en opschietend struikgewas langs schuiven. Met de huidige regelgeving zijn ze niet te weren, als iemand dat al zo willen.

De partyschepen vertegenwoordigen de nieuwe, luxueuze tijd in de rondvaart-'industrie'. Daarbij hoort een wijnhandel in Grou waar je voor een goede Bourgogne 94 euro moet neertellen, een Sint Piterkerk waar soms Bach ten gehore wordt gebracht, de galerie van Anje Koopmans in Earnewâld en de biologisch werkende snackbar met bekroond softijs van Jan Adema.

De grote doorbraak

Bij de gemeentelijke herindeling van 1984 werd het water *'oan 'e foardoar'* van het toenmalige Eernewoude toegewezen aan de nieuw gevormde fusiegemeente Boornsterhem. Het natuurgebied kwam nu grotendeels in één bestuurlijke hand, wat met alle nieuwe plannen wel zo voordelig was. Maar het was uitermate frustrerend voor de organisatoren van het Earnewâldster skûtsje, die nu op *'frjemd wetter'* moesten acteren. Dat ze vergunningen in Grouw moesten aanvragen, dat was toch wel de *bloody limit*.

Misschien dachten ze bij de provincie en Binnenlandse Zaken dat door de nieuwe indeling procedures rond een door de gemeente Tietjerksteradeel gemaakt bestemmingsplan sneller tot een afronding kon komen. Dat bleek een vergissing. Kwamen eerst bootjes- en huisjesmensen in het geweer tegen volgens hen te strakke regels, later eiste de natuurpartij betere garanties voor handhaving van het groen en beperking van de verstoring. Hoewel in 1983 een nieuw bestemmingsplan voor het dorp Earnewâld en het natuurgebied *'onherroepelijk'* was verklaard, strandden pogingen tot een gewenste herziening op een conflict tussen It Fryske Gea en een kongsi van gemeente, provincie, de bouwer van bungalowpark It Wiid en groepen Earnewâldsters. Dat bleef tot midden jaren negentig voortsudderen, en onwillekeurig werd Boornsterhem daar bij betrokken. Al die tijd was drs. Aad van Dulst burgemeester in 'Bergum'. In 1996 werd hij opgevolgd door de oud-gedeputeerde drs. Jaap Mulder, die als lenige CDA'er met een Fries hart compromissen wist te sluiten die kort tevoren ondenkbaar waren.

De nieuwe gemeentelijke indeling kwam te laat om een oud grensconflict tussen de IJswegencentrales van Idaarderadeel en Tietjerksteradeel helemaal op te lossen. Deze IJswegencentrales dankten hun ontstaan aan de wens van de bezetter in de jaren 1940-'42 om grip te krijgen op een verantwoord gebruik van de meest gebruikte ijsvloeren in Fryslân. In kranten mochten toen niet te veel informatieve publicaties over ijssterkte e.d. worden afgedrukt vanwege het gevaar van luchtlandingen door geallieerde parachutisten. IJswegencentrales konden in gezamenlijkheid iets doen om levensgevaarlijke situaties na enkele dagen vorst te voorkomen door het ijs te meten, wakken te markeren en goed geveegde banen uit te zetten.

Die van Idaarderadeel vroegen vergunning voor tochten in de Alde Feanen, dus ook voor de *Grote Princenhoftocht*, op het gemeentehuis in Grouw, de Earnewâldster organisatoren van hún *Derde Princenhoftocht* in Bergum. Het was de bedoeling dat de Friesche IJsbond dit zodanig zou coördineren dat er op één dag op hetzelfde water geen twee tochten werden georganiseerd. Maar op zaterdag 16 januari 1982 ging dat mis. Misschien hadden Piebe Wester en Johannes de Vries het te druk met

Archief verdwenen

Een handicap bij de nieuwe indeling van de Alde Feanen was onzekerheid over het bestemmingsplan. Voor de ambtelijke top van Boornsterhem kwam daarbij dat het archief met foto's van alle zomerwoningen in het Tietjerksteradeelster part van de Alde Feanen niet werd overgedragen. Dat was door een recalcitrante medewerker uit het archief van Tietjerksteradeel gelicht en niet teruggelegd. Daardoor wist men op het gemeentehuis in Grouw-Grou jarenlang niet hoe de huisjes er oorspronkelijk uit zagen. Sommige werden nogal ingrijpend verbouwd, zonder dat een handhavende ambtenaar kon optreden. Er moesten eerst nieuwe foto's en tekeningen worden gemaakt. Veel huisjes in het groen werden daardoor groter en geriefelijker.

◀ Geregeld zijn de Alde Feanen het toneel van druk bezochte schaatstochten. Een kaart met de route is dan onmisbaar. Hierbij de route van de tocht van 2010, die vergelijkbaar is met die van eerdere en latere jaren.

◀▼ Jeugdactiviteit in bezoekerscentrum Nationaal Park.

schaatsen. Het gevolg was dat deelnemers van twee kanten op hetzelfde water schaatsten. Omdat ze goed uitkeken, bleef het aantal gekwetsten beperkt. Alleen de organisatoren waren erg boos.

Zo'n hilarische situatie zou niet weer voorkomen, hoopte men bij het invallen van de strenge vorst in 1985. Maar er liepen op andere terreinen veel karren uit het spoor in de nieuw gevormde gemeente. De culturen van Utingeradeel (Akkrum), Rauwerderhem (Rauwerd-Raerd) en Idaarderadeel (Grouw) bleken moeilijk tot een eenheid te smeden. Met name in Oldeboorn en Akkrum konden prominenten de aspiraties van *'de hoofdplaats'* Grouw maar matig waarderen. Rauwerd treurde vooral over de vergane glorie met een leeg gemeentehuis, waar met moeite een nieuwe bestemming voor werd gevonden. De grandeur was eraf. Die kwam niet terug toen een verfriesing werd doorgevoerd waarbij Grouw Grou werd, Oldeboorn Aldeboarn en Rauwerd Raerd. De gemeente heette voortaan Boarnsterhim. De *omtaling* verliep in Tietjerksteradeel-Tytsjerksteradiel iets moeilijker, maar in Earnewâld waren ze wel blij met de nieuwe naam.

De bedrijvigheid in en rond de Alde Feanen legde, nadat de conjunctuurcrisis van 1981-'83 voorbij was, in minder dan tien jaren de landelijke sfeer van genoeglijke gewoonheid af. De lang gekoesterde *armoedecultuur*, waarvan de titel van dorpsblad *'Luzefeier'* in Earnewâld een symptoom was, werd in de jaren negentig afgelegd. In Grou gebeurde dat feitelijk al eerder met de vestiging van luxe winkels in de hoofdstraat en het realiseren van een mooi bedrijventerrein.

Een belangrijk moment in de opwaardering was de bouw van een nieuw, enkele jaren fel omstreden bungalowpark in het zompige groen aan de zuidkant van It Wiid. Dat was in 1992-'93. Het verzet vanuit It Fryske Gea was taai, maar bracht niet het gewenste resultaat. De humor der historie en het vernuft van bestuurders zouden ertoe leiden dat het bezoekerscentrum van deze organisatie onderdak kreeg in het royale hoofdgebouw van Bungalowpark It Wiid.

Het complex is inmiddels een onlosmakelijk deel van de omgeving geworden met een algemeen gewaardeerd Frysk Lânboumuseum binnen zijn deuren. Aan de overkant liggen de bedrijven van Annage en Gjalt Wester en de rustiek ogende houten werkplaats van It Fryske Gea. Wel zijn projectontwikkelaars en financiers gestraft met verlies en tegenslag. Een poging van It Fryske Gea en overheden om met een *uitsterfbeleid* het aantal woonarken in korte tijd geforceerd terug te brengen, liep stuk op eigendomsrechten van de bezitters. Die af te kopen zou veel te kostbaar worden, zodat feitelijk de bestaande situatie werd gelegaliseerd. Dat gold ook voor de illegale (ver)bouw van veel huisjes in het groen, waartegen ambtelijke diensten van Boarnsterhim niks konden uitrichten.

Terwijl het daardoor in steeds langere vakantiezomers veel drukker werd in het paradijselijke hart van de Alde Feanen, werd een noordoostelijk randgebied het toneel van nieuwe natuurontwikkeling.

Nadien wisselden nog tientallen parkbungalows en solitair staande huisjes aan Folkertssleat, Sânemar en Sytse Maaikesleat van eigenaar. Er werd in deze omgeving door vermogende particulieren veel nieuw gebouwd, tot de economische trein in 2009 wereldwijd uit de rails liep. De insolventie van de Lehman Brothers werd ook hier merkbaar.

Men fluisterde in 2008 dat een mooi huisje aan de wateroverkant wel een miljoen moest kosten. Daar koop je nu, zes jaar later, twee voor. Hier en daar staat een *'te koop'* bordje op een fraai perceel, wat tien jaar geleden ondenkbaar was. We telden bij het skûtsjesilen van 2014 drie zulke bordjes bij Earnewâld en wel zes elders in de omgeving.

127

Gemeente als gedaagde

In 1992 volgde drs. Ype Dykstra mr. Bernhard Holtrop op als burgemeester van (toen nog) Boornsterhem. Hij was nog niet ingewerkt toen hij vernam hoe in zijn gemeente baggerspecie op de goedkoopste wijze werd verwerkt. Wat in 'Groundaam' boven water was gehaald, werd in het Pikmeer gedumpt, met medeweten van de verantwoordelijk ambtenaar Rienk van Gorcum.

Dykstra trad krachtig op, maar belandde met zijn gemeente in een taaie en stroperige procedure. Die leidde op 23 april 1996 tot het eerste Pikmeerarrest van de Hoge Raad, dat inhield dat lagere overheden niet strafrechtelijk konden worden vervolgd omdat ze per definitie het algemeen belang dienden. Na *'heroverweging en precisering'* kwam de Hoge Raad hier in 1998 (6 januari) op terug. Als het om *'te privatiseren'* activiteiten ging, kon een lagere overheid en konden haar functionarissen wél strafrechtelijk worden vervolgd.

Deze twee Pikmeerarresten bleken van groot belang in een samenleving met een terugtredende overheid, die veel taken liberaliseerde en privatiseerde, maar sommige daarvan noodgedwongen terugnam. Bij zijn afscheid in 2014 zou de president van de Hoge Raad mr. Willibrord Davids het Pikmeerarrest mét het *'Tongzoenarrest'* als twee van de meest markante in zijn 22-jarige loopbaan noemen. (In het Tongzoenarrest ging het om de vraag of het ongevraagd geven van een tongzoen een vorm van verkrachting was. Bij nadere afweging vond de Hoge Raad van niet).

Terwijl Boarnsterhim door deze affaires verwikkeld raakte in kostbare en tijdrovende procedures, ontkwam Tytsjerksteradiel maar ternauwernood aan een vergelijkbare juridische tragedie. It Fryske Gea, aangevoerd door Elfstedenheld Henk Kroes, reageerde furieus op claims van overheden, die gemene zaak maakten met de bungalowbouwer van It Wiid.

◄ 'Idylle' aan de Folkertssleat, met een 'Te Koop'-bordje. Het huisje lijkt een 'houtrijke woning' uit Leeuwarden, die in de natuur is neergeplant. De verticaal gestreepte 'garagedeur' past daar ook beter bij dan bij een zomerwoning. (Foto Kees Klip)

▼ Het laatste jaar voor de vishandel op het parkeerterrein. De rommelige aanblik zal plaatsmaken voor auto's, de vishandel verhuist naar een vast onderkomen.

▼▼ Gezelligheid bij Wester.

Er kwamen méér en grotere boten dan was afgesproken, het werd drukker, de handhaving kon beter. Maar na alle vuurwerk leerden ook tegen de bouwplannen agerende Earnewâldsters leven met de nieuwe situatie. Een rechter hoefde niet meer het laatste woord te hebben. Toen was de waterkant ingrijpend van aanzien veranderd door de bouw van een zomercafé van Westersail vóór de eveneens met fikse nieuwbouw uitgebreide restaurantaccommodatie van Jan Wester. Het stond enkele meters van de kiosk van Gjalt Wester met brandstofpompen, tegen de hardgrijze betonnen kade. Op het groen stonden speeltuigen voor de jonge jeugd, waaronder een groot piratenschip.

Deze facelift kwam met veel vernieuwingen op tal van terreinen. De dorpsschool vergrootte haar draagvlak door de beperkende banden van confessionaliteit af te leggen en een bijzondere school voor vrij- en rechtzinnig te worden. De hervormde kerk kreeg een nieuwe, *Frysksinnige* bestemming. Waar voorheen Adema zijn slagerij en winkel had, verrees een bijzonder cafetaria van Jan Adema, met een kledingwinkel en om de hoek een ijssalon. Daar tegenover werd de *'Selsbetsjinningswinkel'* van Hindrik en Anje Wester uitgebreid en van een open, lichte gevel voorzien.

Terwijl Earnewâld zich ontworstelde aan de armoe van het verleden, stagneerde de economische ontwikkeling in Grou wat. Er kwamen wél nieuwe jachthavens ten noord- en zuidoosten van de kom, maar een fraai waterfront aan weerszijden van het Theehuis kwam er voorlopig niet. Het in 2001 nieuw gebouwde Aquaverium kreeg met stugge tegenwerking te maken, terwijl bedrijvigheid uit de kom naar het industrieterrein trok - inclusief de Lidl, een Mitra en een Jumbo. Nieuwe bedrijven vestigden zich op een nieuw bedrijventerrein aan de noordwestkant van de Grou. Die uitbreiding verliep vrij soepel, maar veel problematischer was de omleiding van recreatievaart rond de kom van Wergea – omdat precies op het verkeerde moment de onroerend goed markt instortte.

Niet alleen deze ruimtelijke problematiek en de *Pikmarkwestie* spleet de gemeente Boarnsterhim. Er was veel waarover B en W, het ambtelijk apparaat en groepen in de bevolking van mening verschilden. Dat liep van wel of geen brede school, een omstreden en nooit gerealiseerd asielzoekerscentrum, *'vergeten'* bruggen en verkwanselde kostbare bouwgrond tot langdurige en hardnekkige conflicten in de gemeenteraad. 'Boarnsterhim' kreeg door de vele bestuurlijke en ambtelijke missers de bijnaam *'Blunderhim'*, wat maar ten dele aan de burgemeester en zijn wethouders geweten kon worden. In 2012 waren de middelen uitgeput en trad de toenmalige burgemeester Ella Schadd vrijwillig terug, een unieke stap. De gemeente werd per 1 januari 2014 opgeheven. Delen ervan werden ingedeeld bij Leeuwarden, Heerenveen, De Friese Meren/De Fryske Marren en Súdwest-Fryslân. Een stukje van het water kwam terug bij Tytsjerksteradiel, een ander deel blijft bij Smallingerland.

Drie gemeenten, één water

Eén effect is dat bij grote schaatstochten de organisatoren rekening moeten houden met de eisen van drie gemeentebesturen. Een enkele keer is zo'n tocht een officiële marathonwedstrijd van nationale allure, de *'100 fan Earnewâld'*, op It Wiid. Deze werd voor het eerst na jaren op 7 januari 1997, drie dagen na de Elfstedentocht, onder auspiciën van IJclub 'Lyts Bigjin' weer verreden. Het nieuwe was toen een live reportage voor de televisie, wat Earnewâld veel extra publiciteit opleverde. Het was ook bij die gelegenheid dat vergunningenkwesties en de eis van de KNSB dat het ijs 15 cm dik moest zijn, tot enig gemor leidden. Volgens enthousiaste Earnewâldsters was het tevoren 15 cm, volgens KNSB-controleurs op plaatsen nauwelijks 14 cm dik.

Meestal organiseert 'Lyts Bigjin' vanuit Earnewâld een tocht over voornamelijk ondergelopen landerijen met de Jan Durkspolder als start- en finishplaats. Vaak is het ijs hier al gauw sterk genoeg. Maar voldoet dit ijs dan ook aan de eisen van de KNSB? Die stelt, is in 2008 nog officieel bevestigd, als minimum voor toertochten 12 cm; een tocht kan worden aangevraagd als er 8 cm ligt. Ze smokkelen er in Earnewâld altijd 1 centimeter bij doordat de *'ijsmeter van Jeen Wester'* bij de 1 begint, en niet bij 0. Maar ook dat is lang niet altijd voldoende om op prachtig ijs de horden los te laten, wat *dunijs-specialisten* als Age Veldboom c.s. graag willen.

En hoe vindt in het vervolg de afwikkeling van het verkeer plaats als er op een winterse dag ineens vijfduizend auto's in de richting van Earnewâld rijden? De laatste keer werd het dorp in opdracht van de gemeente radicaal voor alle verkeer afgesloten, zodat geen horecaondernemer van de massale toeloop op het prachtige ijs kon profiteren. Sommige automobilisten maakten, doordat Smallingerland niet precies dezelfde eisen stelt als Tytsjerksteradiel, een ingewikkelde dwaaltocht.

Dit soort zorgen houdt de organisatoren van schaatstochten bezig. Het veroorzaakte nog in de winter van 2012-'13 hoofdbrekens bij alle partijen. De keerzijde van deze medaille is dat 'Lyts Bigjin' door de overvloedige inkomsten uit schaatstochten de schoolkinderen van Earnewâld royaal kan tracteren op zeil-, zwem- en schaatslessen.

Bij de jaarlijkse SKS-wedstrijden starten de skûtsjes normaliter van de wal in de Langesleatten. Dat is vanaf 1 januari 2014 in Tytsjerksteradiel. Misschien finishen ze ook in deze gemeente, als ze aan de noordoostkant van het het Siids- of Sydsdjip langs 'hun' bordje gaan. Maar ze zeilen een wedstrijd lang voornamelijk in de gemeente Leeuwarden, want daartoe behoren de Folkertssleat en de Sânemar nu.

De afdeling Communicatie van de gemeente Leeuwarden moest hier in de zomer van 2014 nog aan wennen. Toen verschenen in Friese kranten advertenties waarin werd aangekondigd dat binnenkort de skûtsjes dicht bij de gemeente Leeuwarden zouden zeilen. Feitelijk zeilden ze twee officiële kampioenswedstrijden van de SKS, één jubileumwedstrijd van de Kommisje Ljouwerter Skûtsje én de openingswedstrijd van het watersportseizoen bij Earnewâld, grotendeels in de uitgebreide gemeente Leeuwarden.

Het Kanaal

De 'Vaarweg Lemmer-Delfzijl' of eigenlijk 'Amsterdam-Delfzijl' is het diepste en breedste vaarwater van Nederland binnen de dijken, en het loopt híer langs. De 118 kilometer lange, deels nieuw gegraven vaarweg kreeg in 1951 op Friese bodem een eigen naam toen het grote sluizencomplex tussen Lemmer en Tacozijl in gebruik werd genomen door HKH Prinses Margriet. Het lag vlak bij het D.F. Woudagemaal uit 1920. Dit was in 2014 het grootste nog werkende stoomgemaal van Europa en is erkend als Werelderfgoed door de UNESCO. Dankzij dit gemaal kon Friesland zich verlossen van zijn afhankelijkheid van natuurlijke waterlossing bij laagwater door sluizen, duikers en schuiven.

Het 65 kilometer metende Friese deel van het kanaal heet dan ook Prinses Margriet Kanaal. Het loopt dwars door oude wateren als Grutte Brekken, Koufurd, Snitser Mar, Pikmar en Burgumer Mar, die voor een deel zijn gekanaliseerd en waartussen nieuwe tracé's zijn gegraven. Op lastige kruisingen met wegverkeer zijn aquaducten aangebracht: in de wegen Sneek-Joure en Leeuwarden-Heerenveen. De nieuwe Centrale As gaat ook onder dit water door.

In de jaren tot 2018 is en wordt het vergroot tot de Europese status *Va*. Dit Romeinse cijfer duidt op een internationale classificatie, om misver-

▶ Het oude botenbedrijf annex pompstation van Gjalt Wester. De achternaam komt hier al eeuwen voor. (Foto Kees Klip)

▼ Skûtsjesilen bij Earnewâld. Van de Langesleatten gaat het over de Sânemar naar de Folkertssleat. Links tussen de E en de Halve Maen het dak van 'Sayterhonk'. De Earnewâldster schipper is Gerhard Pietersma, die álles uit schip en bemanning weet te halen.
Op Sayterhonk ontdekte de bewoner Louis Lyklema de eerste steenmarter in deze omgeving.

Wettersportbedriuw Gj. Wester
Shop
1629
1359
Euro
9,0 sint
Koarting
Disel
8,0 sint
Koarting

standen en verwarring met andere, regionale en nationale, indelingen te voorkomen. Hoe hoger het cijfer, hoe voornamer en groter het vaarwater.

Een groeiend gevaar is de confrontatie tussen beroeps- en recreatievaart. Dat heeft al veel levens gekost. Het is altijd riskant om met een plezierjacht op dit kanaal te varen, ook als de beroepsschipper op een 3000 ton metende binnenvaarder niet achter zijn radarscherm in slaap sukkelt. Zeilers moeten stuurboord houden, met een goed werkende motor standby, en opletten bij hindernissen op de wal. Bij bosjes en boerderijen kan de wind lelijke turbulenties vertonen, die een zeilboot van wind berooft of uit de juiste koers jaagt.

Een gekanaliseerde vaarweg over bestaande oude waterwegen tussen Leeuwarden en Drachten sluit op het Prinses Margrietkanaal aan. Deze loopt vanaf het (Van) Harinxmakanaal via de Foanejacht langs de Krúswetters bij Warten over de Langesleatten, het Sigersdjip en de Fokkesleat naar de Headamsleat. Door de Headamsbrêge komen de schepen op de Wide Ie onder Oudega (Sm.).

Nu er bij Leeuwarden een containerterminal ligt, neemt het containervervoer over water in belang toe. Dat veroorzaakt bij relatief hoog water angstige situaties bij bruggen en andere kunstwerken. Soms schuren de bovenste containers tegen de onderkant van het brugdek.

Dicht bij de ingang van de Sânemar, ter hoogte van de aanlegplaats van rondvaartboten, raakt deze vaarweg de *Aldewei*, of *'Aldeweisterfeart'*. De aansluitende Sytse Maaikesleat vormt een tegenwoordig weer redelijk druk bevaren oude verkeersader tussen Earnewâld en de Graft. Zo vormt in groter verband de nieuwe gekanaliseerde vaart de beste verbinding over water tussen Drachten-Oudega en, via het Van Harinxmakanaal, Leeuwarden-Harlingen.

De huidige regionale verkeersader over water wordt door een deel van het Drachtster bedrijfsleven als te beperkt ervaren. Niet alleen voor zeilers, maar ook voor schaatstoeristen bij Earnewâld zijn de binnenschepen hinderlijk en zelfs gevaarlijk. Meermalen is het voorgekomen dat een binnenvaarder een mooie ijsvloer bij Earnewâld vernielde. Meestal wordt dit ongerief opgelost met vlot- of baillybruggen, maar soms reageren schaatsers furieus. Dat gebeurde op zaterdag 2 januari 1993 met schipper Cees Nobel van het motorschip Spes Salutis. Hindrik Wester en Age Veldboom stonden toen aan het front van een woeste mensenmenigte met de stenen in aanslag om hun woede te koelen op de schipper. Die had amper in de gaten wat hij aanrichtte; varen was zijn vak immers, en hij was ingehuurd met steun van de Friesch Groningsche Vereniging tot IJsbestrijding. Deze vereniging, waarvan de coördinerende werkzaamheden waren toevertrouwd aan Provinciale Waterstaat, zorgt er altijd voor dat de grootste kanalen tijdens ijswinters zo lang mogelijk bevaarbaar blijven.

Een enkele keer wordt er een bedrag uitgetrokken om een schipper *'overleggeld'* te betalen, zodat hij niet uit Drachten hoeft te vertrekken. Daar is het Drachtster bedrijfsleven weer niet bijster mee ingenomen, wat men zich kan voorstellen.

Maar een plan van de Grouster VVD'er Foeke de Wolff om dan maar een nieuw kanaal naar Drachten door de Kromme Ie te graven, stuit op stevige bezwaren van de natuurpartij – om van de kosten maar niet te spreken.

In het pand waar in 1960 Aalse Adema en zijn vrouw Annie hun slagerij zijn begonnen, is sinds 2003 Lunchroom Adema van zoon Jan gevestigd. Vader Aalse heeft met zijn slagerij landelijk aanzien verworven door de uitzonderlijk hoge kwaliteit en innovatieve vleesproducten. In de lunchroom hangen nog de oorkondes van weleer.

In 1970 werd er verbouwd. Het oorspronkelijke houten gebouw maakte plaats voor een stenen woonhuis met aangrenzende slachterij en winkel. Begin jaren '80 is het pand verder aangepast aan de moderne tijd met geheel vernieuwde worstenmakerij. Eind jaren '80 verhuisden Annie en Aalse met hun zonen Wybe en Jan naar een vrijstaande woning vlakbij hun slagerij in Earnewâld. Hierdoor kwam de woonkamer van de familie vrij en kon het pand opnieuw worden verbouwd zodat een extra winkelruimte werd gerealiseerd. Aalse en Annie stoppen in 1996 met hun slagerij en zoon Jan nam het pand in 2003 van zijn ouders over. Na wederom ingrijpende verbouwingen wordt achter de oorspronkelijke slagerij Lunchroom Adema gebouwd. De oude slagerij wordt nog enige jaren door derden voortgezet. In 2010 stopt het slagersbedrijf en wordt de winkel verbouwd tot IJswinkel. De oude slachterij en worstenmakerij worden bij de lunchroom getrokken.

▶ Lunchroom Adema verspreidt sinds enkele jaren een zelfgeschreven weekflyer huis aan huis in Earnewâld en de dorpen in de omgeving.
In deze weekflyer, die elke keer weer uniek is, wordt aandacht gegeven aan de producten en diensten van Lunchroom Adema.

2014 weekflyer voor
Earnewâld

ADEMA LUNCHROOM

Meer info:
www.lunchroomadema.nl

Biologische fricandel met mayonaise 2,50
Puur biologisch vlees, dat is smullen

Even voorstellen: Gjalt maakt onze zelfgemaakte appeltaart !

De door velen gewaardeerde appeltaart wordt nu zo'n kleine twee jaar gemaakt door Gjalt Zondeveld. Bijna elke zaterdag in de winter en in de zomer meerder dagen per week komt Gjalt uit Nijega op de trekker naar Earnewâld! Maar dat is binnenkort afgelopen dan zal hij het met zijn eigen auto komen. "Die heb ik van mijn broer zegt Gjalt: maar ik moet hem nog even laten nakijken maar dat kan ook , want ik heb mij rijbewijs nog niet!" Over enkele weken doet hij examen. Gjalt heeft het naar zijn zin in de Lunchroom. Hij maakt naast de appeltaart ook de zelfgemaakte appelmoes met kaneel, snijd de salades, tomaten en komkommer. Zet het terras netjes en veegt aan en als laatste hangt hij altijd de vlag uit! Gjalt weet nog niet wat hij later wil gaan worden maar vindt het steeds leuker om om te gaan met mensen. Gjalt loopt nu één dag in de week stage in revalidatiecentrum Lyndensteyn te Beetsterzwaag . Daar gaat hij op de fiets naar toe...

Biologische burger 11,95
Een biologische rundvlees burger van 150 gram van slager Biesma uit Opeinde met ijsbergsla, zelfgemaakte appelmoes met kaneel, verse friet en mayonaise

Plate gehaktbal 10,95
Een super Hollandse gehaktbal van 150 gram van slager Rypma uit Gytskerk geserveerd met gemengde salade, dressing, verse friet en mayonaise

Plate saté 9,95
3 stokjes saté met zelfgemaakte

Wij hebben de beste kwaliteit kroketten, burgers en frikadellen want ook daar zit veel verschil in. Onze snacks worden gebakken in verantwoorde plantaardige olie. Hierdoor zijn onze snacks lekkerder en veel minder vet.

Plate schnitzel 9,95
Malse varkensschnitzel met frisse gemengde salade, honing-

Biologische Kalfskroket met mosterd 2,75
100% Biologisch kalfsvlees

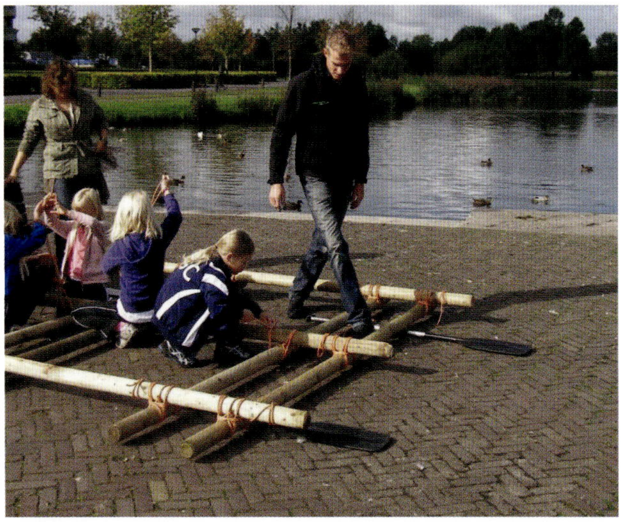
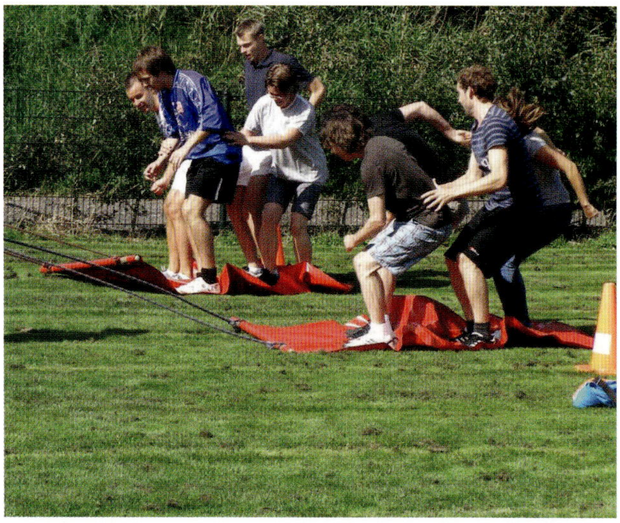
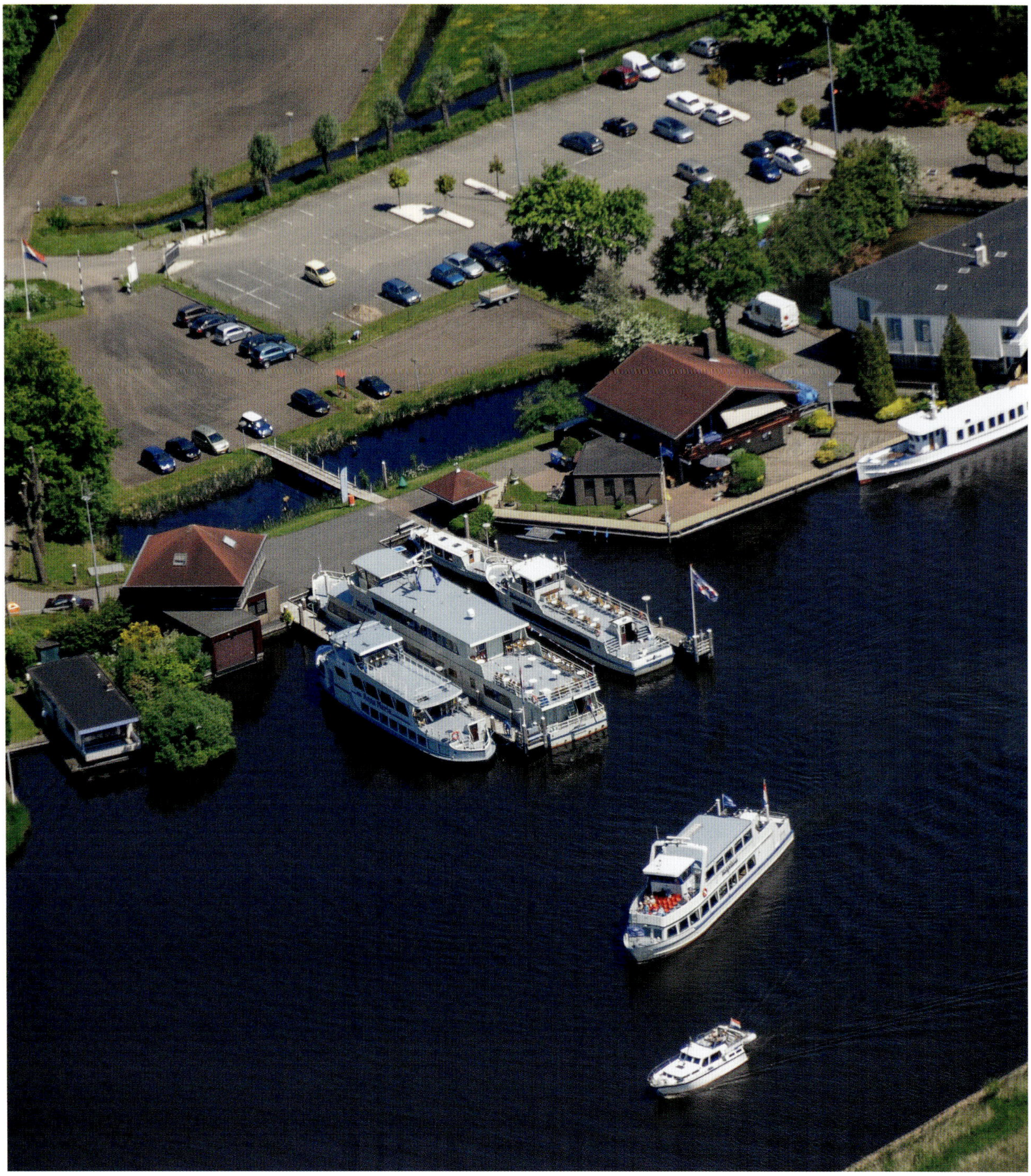

Outdoor Veldboom

Midden tussen wandelpaden en kanoroutes is Outdoor Veldboom gevestigd. Op het terrein is plek voor talloze activiteiten, met de nadruk op ACTIEF, want stilzitten is er niet bij.

Na de inspanning is er in de oude boerenschuur van de voormalige ooievaarsboerderij 'De Reidplûm' tijd om uit te blazen en na te praten onder het genot van een lekkere kop koffie, een drankje of een hapje. Ook is er de mogelijkheid om te overnachten op ons natuurkampeerterrein, waar eveneens plek is om te barbecueën.

◀ Met tien luxe partyschepen verzorgt Rondvaardij Princenhof diverse rondvaarten in de omgeving.

▶ Sinds 1905 wordt de werf aan het Sigersdjip geëxploiteerd door de familie Westerdijk. Tot 1940 lag de nadruk op de bouw en onderhoud van bedrijfsvaartuigen, zoals tjalken, skûtsjes, pramen en visserssscheepjes. Door de ontwikkeling van de recreatievaart is de nadruk na 1940 komen te liggen op de bouw en het onderhoud van pleziervaartuigen.
In 1960 is de eerste Westerdijk zeeschouw van stapel gegaan, waarvan er tot en met 1982 150 exemplaren zijn gebouwd. Tegenwoordig runnen Wieger en Sietske Yachtcharter Westerdijk, voor verhuur van motorboten.

Snel en langzaam verkeer

De Feantersdyk is, vanaf de afslag van de Wâldwei, korter dan het fietspad op de kade langs de ringvaart. Het rijdt met de auto sneller van de Wâldwei tussen Leeuwarden en Drachten naar de Alde Feanen dan over de Earnewarre, de in 1843 aangelegde verbinding Earnewâld-Garyp. Dat wil zeggen: als er bij of in Earnewâld geen skûtsjesilen, braderie of schaatstocht is.

Op deze weg passeert men eerst de zandwinning in de Panhuyspoel en enkele kilometers verderop bedrijventerrein De Stripe, beide aan de linkerkant. Daarnaast bevindt zich de botenhandel van Willem Hoekstra met een grote jachthaven. Verderop ligt een woonschepenhaventje. Aan de rechterkant, de noordkant van de weg, liggen rietvelden en schraal grasland met mos en een paar bomen. Er staat een tussen rietschermen verscholen kijkhut, waar een kuierroute naar ooievaarsnesten langs voert. In natte tijden is het gebruik van laarzen aan te bevelen, want het is er ondanks paalbruggetjes zompig.

De opwaardering is de voormalige boerengemeenschap op 'De Burd' bij Grou, te bereiken met een grote motorpont over het Prinses Margrietkanaal, niet voorbij gegaan. Van het vernieuwde bungalowpark 'Yn 'e Lijte' bereikt men via de brug over de Galle en langs bedrijven en schiphuizen het vasteland, *It Grouster* (of Wartenser) *Leechlân*.

De Grouster PKN-gemeente bezit een oeverstrook langs de Neare Galle en Wergeasterfeart, tegenwoordig onderdeel van de staandemast-route langs Wergea. De recentelijk tegen golfslag beschermde woonarken leveren samen jaarlijks tienduizenden euro's pacht op. Het bedrag wordt bij elke verkoop van een ark hoger, omdat de tarieven zijn aangepast.

Bijna alles is duurder geworden in de Alde Feanen. Dat is goed, want voor kwaliteit mag betaald worden. Of, anders gezegd, alleen als er betaald wordt, mag men kwaliteit verwachten.

Fietsen door het nat

Het Prinses Margrietkanaal volgt eeuwenoude vaarwegen en afwateringssloten, die aan elkaar gegraven, verbreed en voortdurend verder uitgediept zijn. Dwars daarop ligt de Aldewei of Sytse Maaikesleat, die vroeger deel uitmaakte van de vaarweg naar Leeuwarden. Die werd in 1832 al gebruikt door een beurtschipper Adema, wiens 'Lytse Bever' na vele restauraties een luxe zeiljachtje is geworden, waar Peter Tolsma uit Workum nog een monografie aan wijdde.

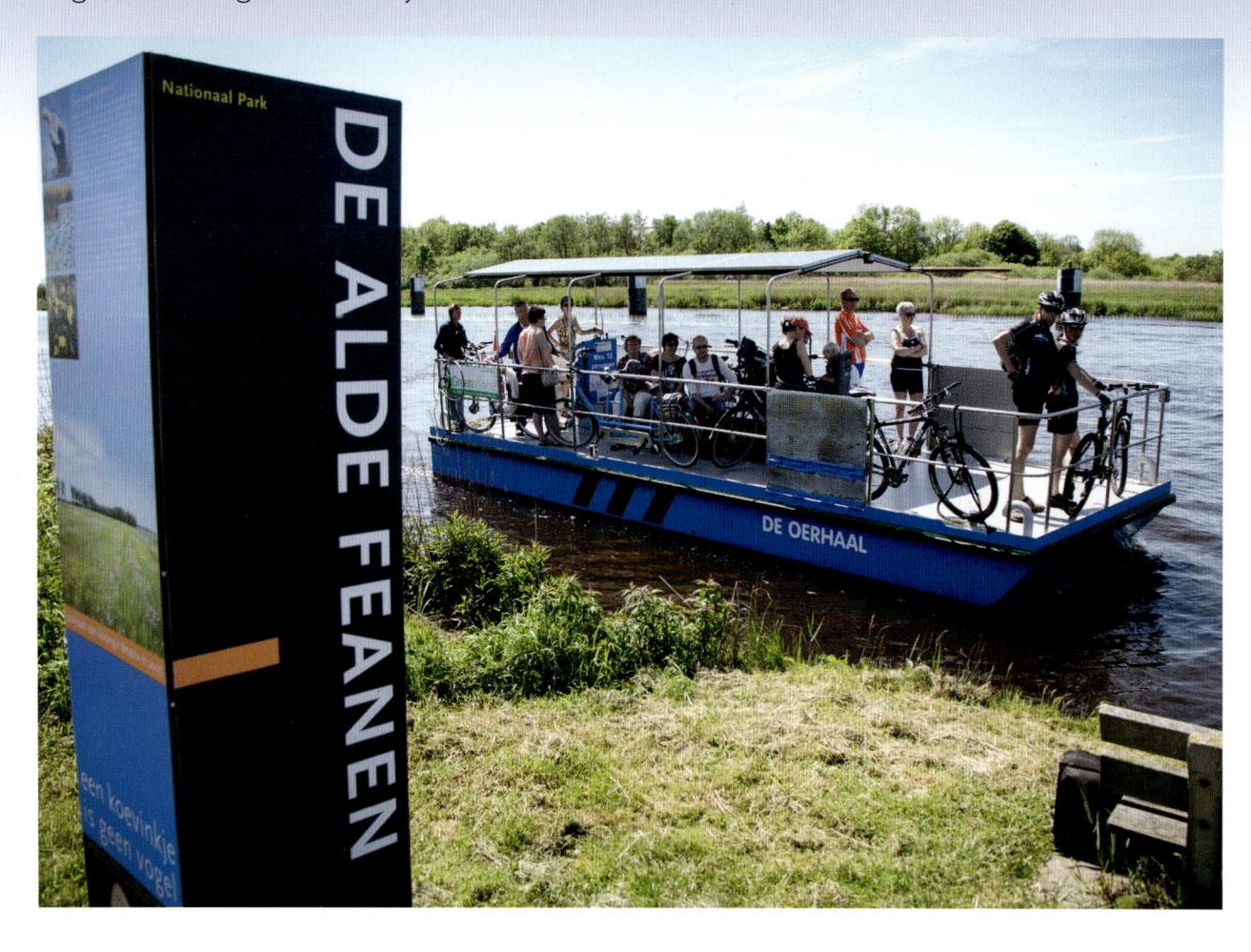

▲ De Oerhaal vormt de kortste verbinding tussen Earnewâld en Warten. Het woord is een Fries homoniem. Het betekent 'pont' én hersenbloeding.

De laatste is dan ook jarenlang voorzitter geweest van de Stichting Stamboek Ronde en Platbodemjachten.
Met elektrisch aangedreven *fluisterbootjes*, die Gjalt Wester verhuurt, kunnen bezoekers van de rand van het dorp in stilte tot aan de petgaten en afgesloten waterplassen langs dit meer varen, of verder, naar Grou. Voor Akkrum, Sneek of Lemmer is een grotere actieradius vereist. Wie zelf geen kruiser heeft, kan daarvoor een motorvlet huren bij Leo Hoekstra. Die maakt echter meer lawaai.

Het oude Idaarderadeelster stukje natuur lag vlak bij Grou aan de over-

▲ Drie keer op de fiets, één keer met de pont. Rechtsboven: de brug over de Headamsleat. Daarachter ligt Hotel Restaurant Iesicht.

kant van het water in De Burd. Die voormalige boerengemeenschap is nu met een grote motorpont over het Prinses Margrietkanaal verbonden met het opgewaardeerde bungalowpark 'Yn'e Lijte' bij Grou. Van hier bereikt men via de brug over de Galle en langs bedrijven en schiphuizen het vasteland, *It Grouster* (of Wartenser) *Leechlân*.

Dicht bij de kruising landt de moderne pont van Earnewâld op Warten aan bij een schelpenpad. Het is een van de negen in deze omgeving, gerekend van de zonnepont Schalkediep bij Suwâld tot de verbinding over Wide Ie bij Iesicht.

De pont over de Heafeart bij Gersloot werd vlak na de ingebruikstelling in 2014 weer uit de vaart genomen omdat passanten in boten last hadden van de ketting door het water.

Hin en Wer

Vanaf het begin was ik de schipper

Wie snel van 'It Wiid' naar Earnewâld wil, of omgekeerd, gaat met de pont. De 'Hin' en Wer' vaart van april tot en met oktober van 's ochtends tien tot 's avonds zes heen en weer tussen dorp en overkant. In het hoogseizoen zelfs van 's ochtends negen tot 's avonds elf. Kapitein, stuurman en matroos van de 'Hin' en Wer' is Wiebe Veenstra, die al vanaf het begin de vaste man is op de Earnewâldster pont.

'In 1992 is deze pont hier gekomen. Vanaf het begin was ik de schipper. Daarvoor zat ik al tien jaar op de pont bij de Headammen. De pont kwam hier vanwege het bungalowpark. De huisjes werden het hele jaar door verhuurd en om te voorkomen dat de toeristen hun boodschappen in Oudega haalden, bracht de gemeente Tytsjerksteradiel deze pont in de vaart.'

In de beginjaren was het nog gebruikelijk dat de huiseigenaren verplicht waren hun bungalow het hele jaar door verhuren. 'Ik heb heel wat kerstdagen en nieuwjaarsdagen op deze pont doorgebracht,' grijnst Veenstra.

De winterdagen waren bepaald geen pretje, zeker niet als het flink vroor. 'Het is een keer zo koud geweest, dat ik besloot de volgende dag niet te varen. Het vroor dat het kraakte en de wind kwam uit het oosten. Toen de wind ging liggen zag ik het ijs op mij toe komen. Het leek wel

◀ De Earnewâldster pont overleefde tot nog toe vele aanslagen, ook een tunnelplan en bezuinigingen. Maar het blijft oppassen.

▲ Het is maar een tochtje, van de kade naar Bungalowpark It Wiid of terug, maar het is uitkijken met al die drukte.

▶ Pontbaas Wiebe Veenstra. De KNRM is hij goed gezind, maar hij helpt liefst zichzelf.

trucage, ongelooflijk. Binnen twintig minuten lag het hier helemaal dicht en toen kon ik inderdaad de volgende dag thuisblijven.'

Veenstra zit vol met anecdotes, die hij graag deelt met zijn klanten. Dag in dag uit vaart hij hetzelfde stukje van 108 meter heen en 108 meter weer terug over het Earnewâldster Wiid en het verveelt hem nooit. 'De natuur, het water, is iedere keer anders en wat te denken van de mensen? Het bruist hier. Natuurlijk, een heleboel mensen zijn vaste klant hier. Ik ken ze vaak al jaren, krijg ook een band met ze. En op stille dagen gooi ik een touw overboord met een magneet eraan. Gewoon om te kijken wat er aan blijft hangen en dat is heel wat, kan ik je zeggen. Vorig jaar trok in een haakse slijper naar boven. Zo 'n dure, van Bosch. Het ding was zo goed als nieuw. Achteraf bleek dat hij gebruikt was om de brandkast bij het restaurant op 'It Wiid' te kraken. Na die klus wilden de inbrekers wel van hun gereedschap af, haha!'

In 2012 ontstond er beroering rondom het pontje. Dorpsbelang Earnewâld kwam met een kant en klaar plan voor een voetgangerstunnel op de plaats van de 'Hin' en Wer'. De pont vaart niet vaak genoeg, was hun mening, en met een tunnel zouden toeristen ook na negen uur 's avonds nog gemakkelijk even heen en weer naar het dorp kunnen lopen. Dorp en omgeving moesten interessanter worden voor toeristen en zodoende een economische impuls krijgen. Uit onderzoek onder campinggasten en inwoners van het dorp bleek later dat verreweg het grootste gedeelte van de ondervraagde personen de vaartijden en het pontgeld (1 euro per overtocht) geen enkel bezwaar vindt. De emotionele beleving van de overtocht met de pont speelt hierin een grote rol. Voorlopig zal de 'Hin' en Wer' niet uit het dorpsbeeld verdwijnen.

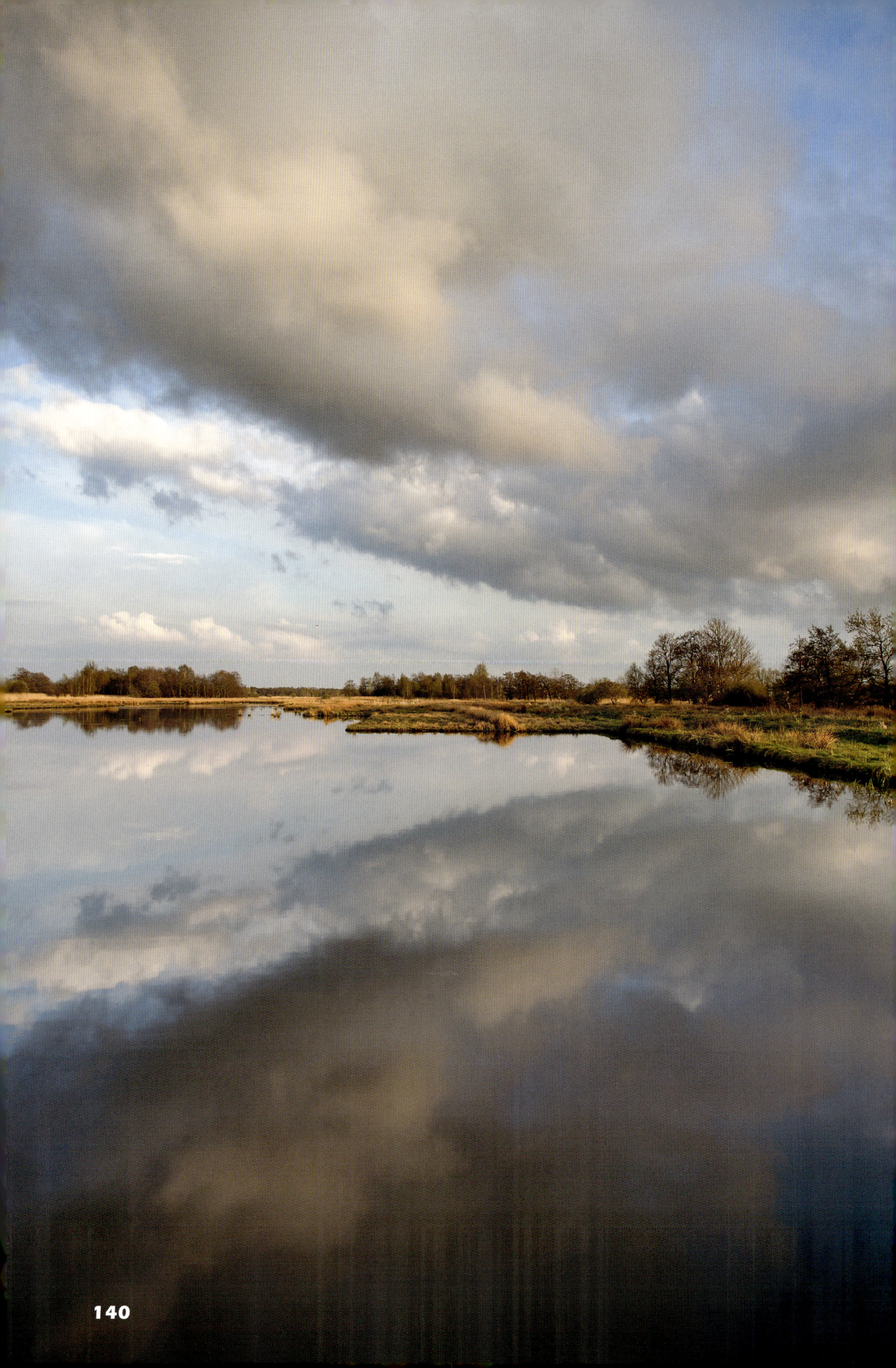

Varen, verdienen en bewaren

Polderhoofdkanaal open na jaren strijd

Bij het skûtsjesilen in 2014 lag er nog een weg en een dam tussen de Wide Ie en het Polderhoofdkanaal. Vanaf 2015 is het open. Dan kunnen boten als in oude tijden heen en weer varen tussen Nij Beets en de rest van de wereld.

▲ Het einde van het Polderhoofdkanaal, gemarkeerd door een kunstwerk van Henk Lampe dat de sluis verbeeldt.

Met de heropening van het 'PHK' bij De Veenhoop is een eind gekomen aan een krakeel tussen natuurbeschermers en initiatiefnemers, dat zich meer dan tien jaar heeft voortgesleept. Dit spitste zich toe op het voortbestaan van de zeldzame *gestreepte waterroofkever*. De uitkomst liet bij alle partijen een nare smaak achter, maar dat is hopelijk vergeten als over enkele jaren de recreatievaart de verwachte impuls heeft gekregen.

De tijd drong. Want door alle procedures waren de betrokken gemeenten al miljoenen méér kwijt dan in 2004 was voorzien. En als er niet snel gehandeld zou worden, konden de verliezen nog gigantisch oplopen en kwam er misschien wel nooit een kanaal. Op 27 januari 2014 heerste er dan ook grote blijdschap bij ondernemende lieden in Nij Beets en De Veenhoop. De Raad van State bepaalde op deze dag dat de heropening van het Polderhoofdkanaal definitief door kan gaan.

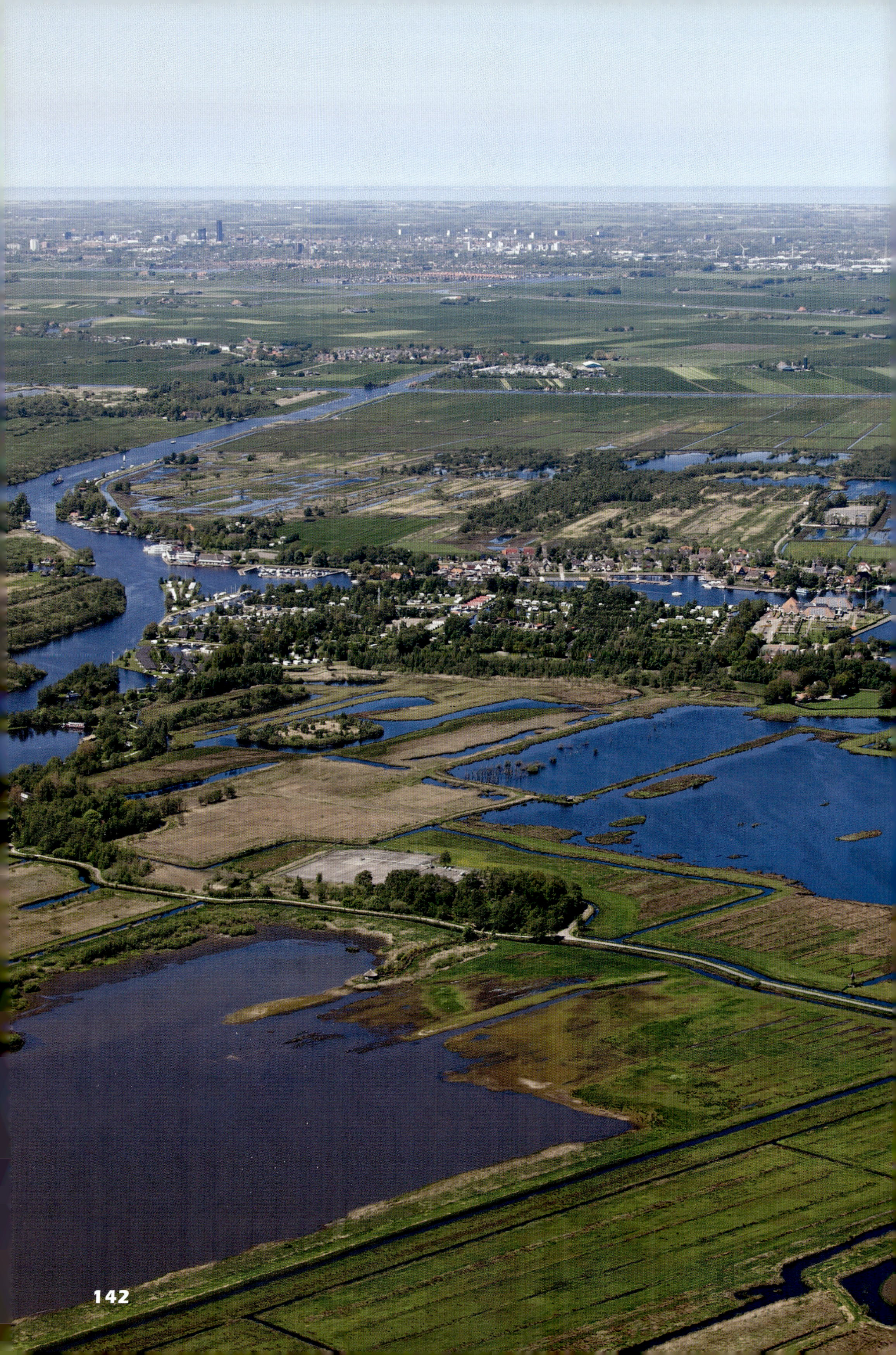

◀ Earnewâld vanuit het zuidoosten.
Links midden is bijna onzichtbaar de Ulekrite, een vast knelpunt bij het jaarlijkse skûtsjesilen. Daaronder de Fokkesleat, die verderop doorloopt in de Headamsleat.
Linksboven ligt Leeuwarden met de hoge Achmeatoren. Heel in de verte is een schijnsel van het Wad te zien. Dit is kennelijk een superheldere dag.

▼ Het Polderhoofdkanaal (voorheen Moordsloot genoemd) is gegraven in 1848 als verbinding tussen het Krûme Gat en het Ald Djip. In 1875 werd de vaart tussen het Ald Djip en de Nije Feart (1853) gegraven en groef men tevens de vaart vanaf de hoek bij de kerk naar De Veenhoop. Van de bagger werd turf gemaakt.
(Foto Plaatselijk Belang Nij Beets)

▼▼ Nijbeets anno 1928. In het dorpje heerst druk scheepvaartverkeer voor de afvoer van turf.
(Foto It Damshûs)

Grote toestroom

Het uit 1875 daterende kanaal verbindt de populaire Turfroute en het achterland van Drenthe met de vaarwegen in de rest van Fryslân. Nij Beets en De Veenhoop verwachten een grote toestroom van vaarrecreanten, én een zodanige verbetering van het leefklimaat dat meer mensen hier willen wonen. Dat moet de bedrijvigheid stimuleren. Natuurcompensaties zijn echter nodig om de onvermijdelijke ecologische schade te verhelpen.

Het 4,6 kilometer lange Polderhoofdkanaal, ook wel *Nieuw-Beetstervaart* genoemd, ligt in de gemeenten Smallingerland en Opsterland. De gemeentegrens ligt een eindje ten oorden van Nij Beets. De oude Lammert Brouwer had hier in de jaren 1926-'30 zijn schepen 'Hoop doet Leven' en 'Rust na Arbeid' kop op kop liggen om van twee gemeenten werk binnen te slepen. Het kanaal loopt van De Veenhoop naar Nij Beets. Met een scherpe hoek gaat het verder via de Skipsleat (Nij Beets) richting de Nije Feart (Ulesprong bij Tijnje) over Terwispel (*'Spaltenbrêge'*) naar Langezwaag. In 1845 werd het gegraven voor de afwatering. Later werd ten behoeve van de scheepvaart de brug in Nij Beets verruimd. Caféhouder Jan Everts Dam brak toen zijn oude café steen voor steen af om het dik honderd meter te verplaatsen. Ook dat, tegenover de ingang van de veenderijmuseum 'It Damshûs', is er al niet meer.

Het kanaal is een voornaam onderdeel van het hydrologisch systeem in de Grote Veenpolder, indertijd nodig om drooglegging en bemaling van een plassengebied mogelijk te maken. Bij droogte wordt boezemwater ingelaten, in natte tijden wordt water geloosd op de Friese boezem. In de Grote Veenpolder komt kwel van het Drents Plateau naar boven. Door deze kwelstroom (*kwelflux*) is het water in het Polderhoofdkanaal van een uitzonderlijke kwaliteit. Dat is te zien aan een rijke onderwatervegetatie. De zeer zeldzame *gestreepte waterroofkever* huist er. Daarnaast komen hier nog meer beschermde soorten voor, zoals de groene glazenmaker, de kleine en de grote modderkruiper en de bittervoorn.

Blanke sabel

In 1863 werden de laatste lage venen in westelijk Opsterland aangesneden voor de turfwinning. In het gebied rond de Alde Feanen werden de buurtschappen Nij Beets en De Veenhoop zelfstandige dorpen. De veenontginning bracht een ongekende dynamiek. Honderden mensen verhuisden in korte tijd uit de uitgeputte venen naar de nieuwe turfmakerijen.

Veel arbeiders vestigden zich langs het nieuwe kanaal. De welvaart die dit bracht, bleek echter zeer fragiel. De agrarische crisis van 1876-1897 trof deze streken dubbel, doordat de turfprijzen daalden. Veenbazen verarmden, arbeiders kwamen in de koude winter van 1890 en de ellendige tijden daarna in opstand. Daar waren socialisten van elders bij betrokken, zoals Ferdinand Domela Nieuwenhuis, en strijdbare lieden als de genoemde caféhouder Dam.

Marechaussees kwamen op verzoek van het Opsterlandse gemeentebestuur om de orde te handhaven, wat ze met de blanke sabel deden.
Op de barre winters, waarin zelfs mensen van ontbering stierven, volgden overstromingen. In heel Nederland werden inzamelingen gehouden om de ergste nood te lenigen. Maar de beheerders van het kapitaal gaven geen geld of eten aan de arme stakkers, maar investeerden in een betere infrastructuur, en inpoldering. Ook daarbij speelde het Polderhoofdkanaal een rol.

Daar hoorden polderdijken bij, twee schutsluizen aan de uiteinden van het kanaal en een enkele nieuwe (draai)brug.

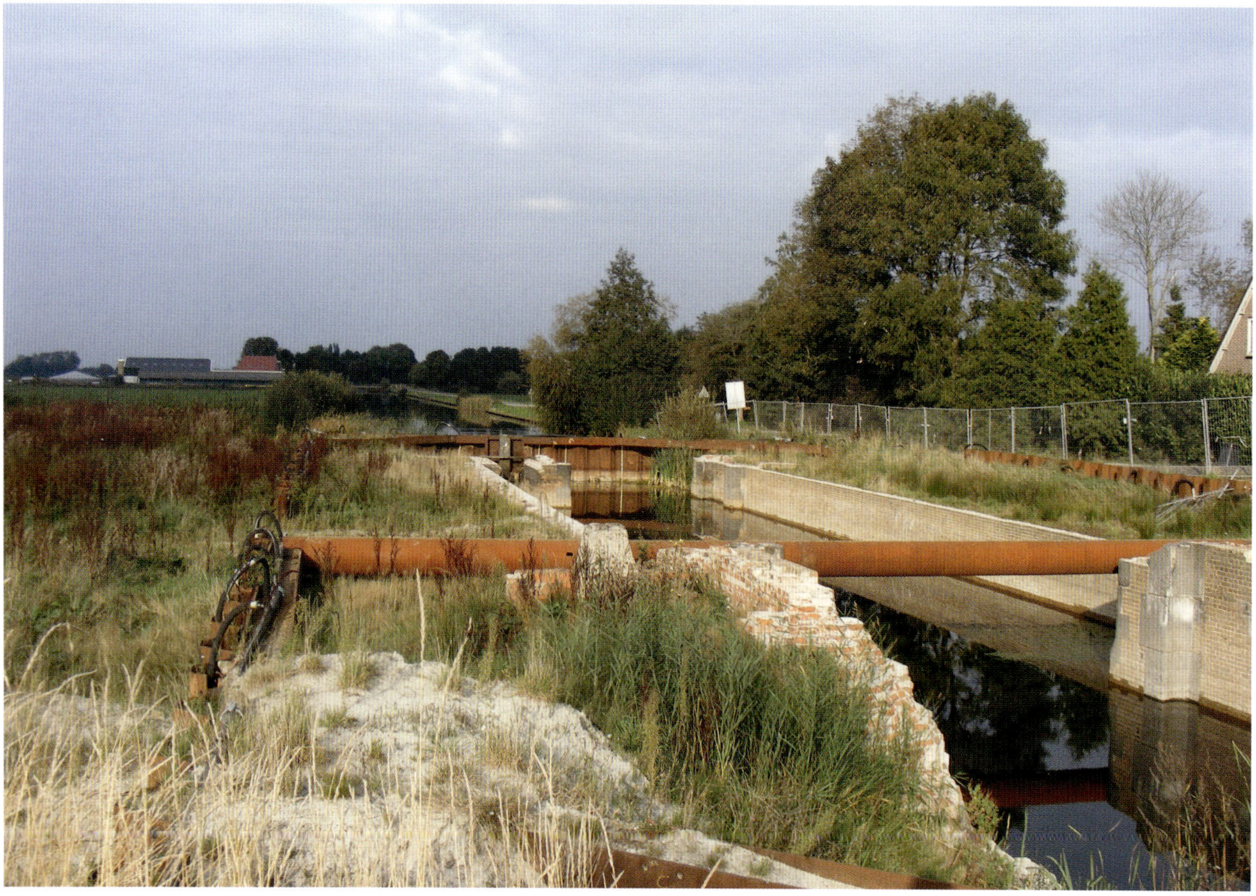

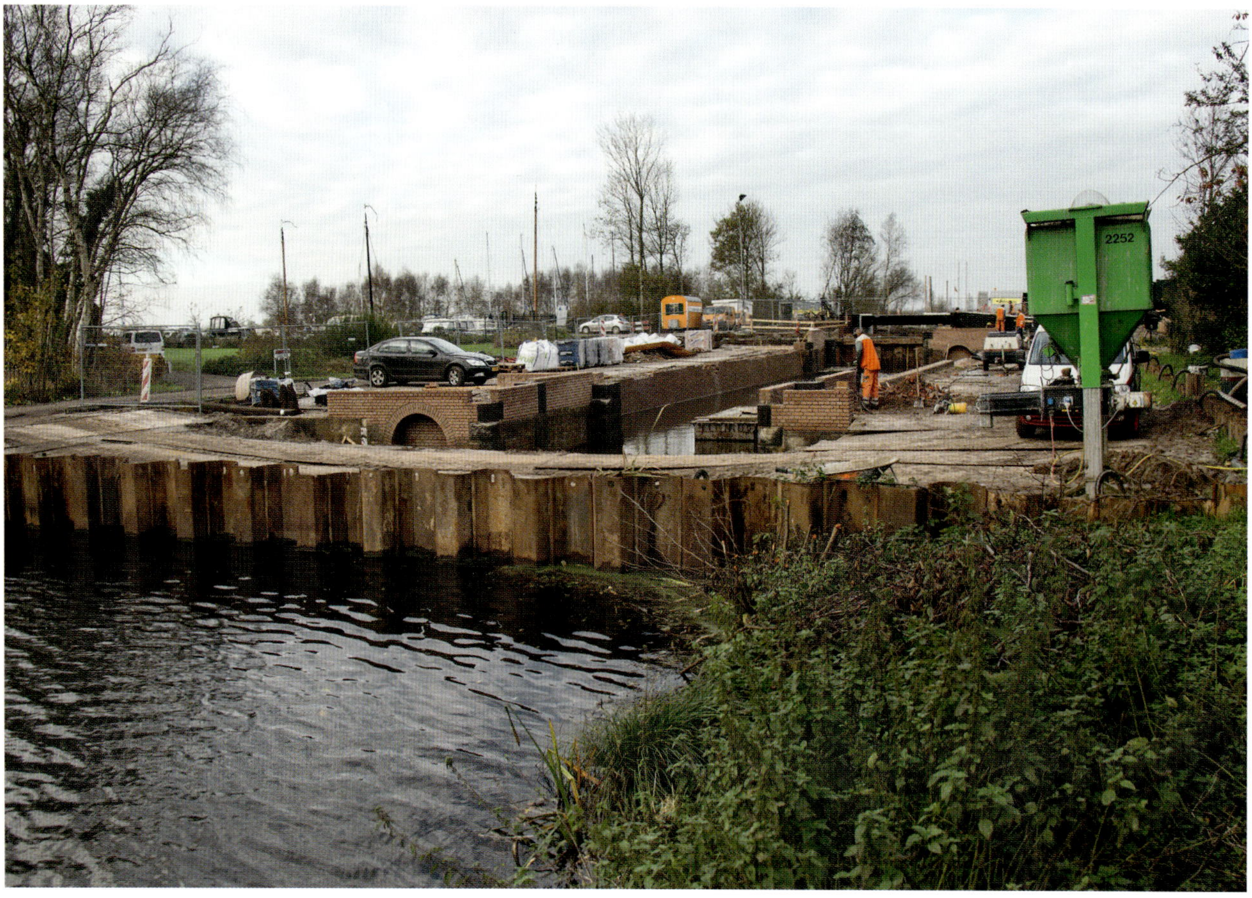
2252

◀ Onverwachte tegenslagen bij de uitvoering hebben een aanslag op het totaalbudget gedaan. Het gaat daarbij met name om problemen bij de noordersluis bij De Veenhoop, onvoorziene meerkosten bij het omleggen van kabels en leidingen, en het afvoeren van vervuilde grond. Het gemeentebestuur van Opsterland raamt deze extra kosten op 2 miljoen euro.

De gestreepte waterroofkever (Graphoderus bilineatus) is momenteel de enige in Nederland voorkomende waterkever met een wettelijk beschermde status.
Met een lengte van ongeveer 15 mm behoort de gestreepte waterroofkever tot de grotere soorten waterroofkevers.
De levenscyclus is typisch voor een insect met een volledige gedaantewisseling.
Het eistadium wordt gevolgd door een aantal larvale stadia, in dit geval drie, een popstadium en vervolgens het adulte stadium of imago: de volwassen kever. Voor de ontwikkeling van ei tot kever wordt bij de gestreepte waterroofkever een periode van 2 tot 2,5 maanden gerekend (Galewski 1990).

Voor de boezembemaling van de polder werd bij het Grytmansrek het stoomgemaal 'De Veenhoop' gebouwd.

Via dwarsvaarten en de aanleg van de Noordersluis bij De Veenhoop en de Schouwstraslûs (Zuidersluis) bij Ulesprong werd de hele veenpolder ontsloten.

Sluizen vol zand

In 1952 kwam er een einde aan de winning van de laatste turf. Schaalvergroting van de beroepsvaart en de opkomst van het wegtransport maakten het Polderhoofdkanaal als transportroute overbodig. De sluizen werden volgespoten met zand. Her en der werden vaste bruggen laag boven het water gebouwd naar *'de stille kant'*, waardoor de scheepvaart beperkt werd tot de vaart met roeibootjes, heen en weer van dam naar dam.

De Noordersluis werd in 1959 gedempt. In 1967 onderging de Schouwstrasluis hetzelfde lot. Sinds die tijd werd het kanaal enkel nog gebruikt om het boezemwater op peil te houden, om er te vissen en om een beetje te spelevaren. En natuurlijk om bijzondere beestjes en planten te spotten, maar dat was een liefhebberij van een kleine groep uitverkorenen.

Na de sluiting van het kanaal voor de scheepvaart werd een *'Kanaalkommisje'* opgericht, die bestond uit vertegenwoordigers uit verschillende dorpen. Eind jaren zeventig werden er al plannen gemaakt voor heropening. Die riepen weerstand op. Er waren inmiddels vaste bruggen aangelegd naar de huizen en boerderijen aan de 'stille' kant van het kanaal. Deze bruggen waren betaald door de bewoners. Dit gerief kon niet gecompenseerd worden door een financiële vergoeding, vond men. Daarnaast was een groep tegenstanders bang voor verstoring van de rust en de stilte.

En zou de natuur er niet ernstig van te lijden hebben? De schroeven van de boten zouden het relatief ondiepe water vertroebelen en de golfslag zou de oevers aantasten.

De Kanaalkommisje en de lokale politiek ijverden ruim dertig jaar voor een heropening van het kanaal. Nog los van de bezwaren van omwonenden was er nooit genoeg geld voor te vinden. Tot begin 2000, toen de Provinsje Fryslân en het Rijk nieuw beleid maakten om de waterrecreatie te bevorderen, en er ook geld in Europese potten lonkte.

De Kanaalkommisje en de politiek onderzochten nu opnieuw de mogelijkheden. Samen met de Provincie Fryslân zorgden Smallingerland en Opsterland ervoor dat het heropeningsplan onderdeel werd van het Friese Merenproject.

Het *Polderhoofdkanaal-nieuwe* stijl kon een belangrijke verbinding vormen tussen het Lauwersmeergebied, de Friese Meren en de Turfroute, met als achterland Overijssel, Drenthe en zelfs Duitsland. Met deze benadering in groter verband kwamen er nog meer subsidies in beeld.

Knelpunt roofkever

Er volgde een jarenlange strijd tussen voor- en tegenstanders. Overheden en ondernemers zagen een uitgelezen mogelijkheid om toeristen te trekken en daarmee de dorpen een financiële impuls te geven. Het gebied zou er twee miljoen euro aan omzet per jaar aan overhouden. De regionale arbeidsmarkt zou op een flink aantal extra banen kunnen rekenen.

Veel bewoners 'achter' het kanaal behoorden tot de tegenstanders, die als bezwaar zagen dat veel bruggen verwijderd moesten worden. Het in plaats daarvan aan te leggen betonpad vonden ze niet aanlokkelijk.

De overheid zette de in 2004 aangenomen plannen echter door. Op 1 juli 2008 zou de klus geklaard zijn.

Er was echter buiten de natuurpartij gerekend. In het heldere, stilstaande

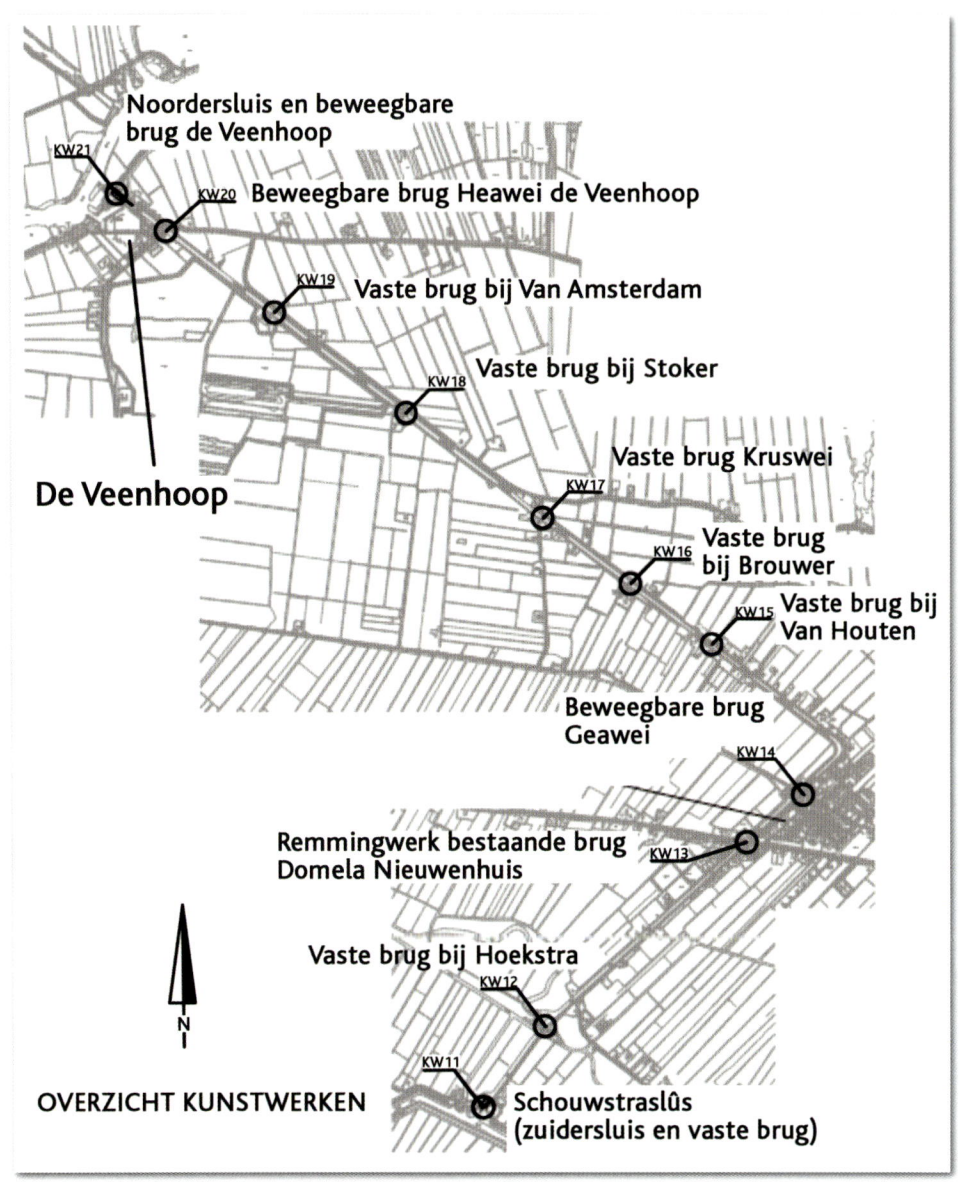

Noordersluis en beweegbare brug de Veenhoop — KW21
Beweegbare brug Heawei de Veenhoop — KW20
Vaste brug bij Van Amsterdam — KW19
Vaste brug bij Stoker — KW18
Vaste brug Kruswei — KW17
Vaste brug bij Brouwer — KW16
Vaste brug bij Van Houten — KW15
Beweegbare brug Geawei — KW14
Remmingwerk bestaande brug Domela Nieuwenhuis — KW13
Vaste brug bij Hoekstra — KW12
Schouwstraslûs (zuidersluis en vaste brug) — KW11

De Veenhoop

OVERZICHT KUNSTWERKEN

▲ Petgat Krabbenscheer en waterlelie.

◀ Overzicht Projectonderdelen avn het Polderhoofdkanaal.

◀ Werkzaamheden aan de brug bij Hoekstra, nodig om het Polderhoofdkanaal weer te openen.

water komt een geleedpotige voor die zeer zeldzaam is: de *gestreepte waterroofkever*. Natuurorganisaties sloegen alarm, waarna gespecialiseerde deskundigen opdracht kregen nader onderzoek te doen. Uit het rapport bleek dat er in het Polderhoofdkanaal een zeer belangrijk leefgebied is voor dit beestje. De natuur zou zo onherstelbaar worden aangetast door de recreatievaart dat het lastig zou worden om dit te compenseren. In sommige kringen werd hier wat lacherig over gedaan. Maar aangezien Europees en dus ook Nederlands beleid gericht is op handhaving van de biodiversiteit, was het bittere ernst – net als met de Noordse Woelmuis, die een tijdje de bouw van een restaurant bij Terherne dreigde te blokkeren.

Het werk aan het Polderhoofdkanaal werd andermaal stilgelegd. De initiatiefnemers moesten met een gedegen plan komen om te garanderen dat kevers, glazenmakers en modderkruipers in het kwetsbare gebied konden blijven.

Openstelling voor de pleziervaart stuitte ook op bezwaren. Na van hogerhand gehonoreerde andere bezwaren van de Fryske Feriening foar Fjildbiology (FFF) en omwonenden werden de werkzaamheden aan het kanaal op last van de rechtbank in Leeuwarden gestaakt.
In 2008 werd met de betrokken natuurbeschermingsorganisaties overeenstemming bereikt over compenserende maatregelen die de natuurwaarden beschermen.

Het zou nog ruim zes jaar, vele gerechtelijke procedures en handen vol geld kosten voordat er een definitief besluit viel. Nog steeds morren aanwonenden, maar in de zomer van 2015 zullen toeristen én Beetsters naar hartenlust vanaf de Turfroute naar de Friese Meren kunnen varen, of andersom. En uiteraard ontstaat zo ook een mooi binnenrondje voor de vele sloepenvaarders uit Drachten en omgeving.

Het paradijs behouden
Dat stelt de gemeente Leeuwarden zich als opgave

De Alde Feanen is een paradijs voor natuurliefhebbers. De zwoegende turfmakers hadden er geen idee van waar hun werk nog eens toe zou leiden. Het is nu een Nationaal Park en Natura 2000-gebied met honderden soorten planten, vissen, vogels en insecten. Aan ons de taak om die erfenis te behouden voor de toekomst.

Arbeiders baggerden modder uit het water en zetten gedolven veen op *'stripen'* (landtongen). Daar werd het in turfjes gestoken, gedroogd en over water afgevoerd. Zwaar werk was het, onder soms erbarmelijke omstandigheden. Maar men wist toen, in de achttiende en negentiende eeuw, niet beter.

Na het einde van de veenontginning heeft de natuur jarenlang haar gang kunnen gaan, soms gestoord door boeren en rietsnijders, vissers, eierzoekers en jagers. Zo ontstond een prachtig natuurgebied. In het begin van de twintigste eeuw werd het door de eerste recreanten, voornamelijk uit Leeuwarden, ontdekt. Daarna groeide het gaandeweg uit tot een druk bezocht recreatiegebied, waar jaarlijks honderdduizenden mensen komen.

▲ De plas met een speelstrandje ten oosten van bungalowpark It Wiid. Meestal is het er betrekkelijk rustig.

◀ Een stukje hoogveenbos met hoog opschietende varens op open plekken.

Volgende pagina's: Recreëren op de waterkant, in de sloep of met de kano.
Daaronder de Skeansleat met in de verte 'De Keet' aan het Izakswiid. Heel vroeger stond hier al een primitief bouwsel met dezelfde naam, die tot toponiem is verheven.

De bijzondere natuurwaarden van de Alde Feanen hebben de laatste jaren ook officieel erkenning en bescherming gekregen, zoals blijkt uit de aanwijzing tot Nationaal Park (2006) en tot Natura 2000-gebied (2013).

De Nationale Parken vormen samen een mooie afspiegeling van de verschillende landschapstypen in ons land. Nationaal Park De Alde Feanen vertegenwoordigt het laagveengebied, een zogeheten *'wetland'*, met een geweldige rijkdom aan flora en fauna.

Doordat het gebied direct in verbinding staat met andere wateren, vaarten en meren, kunnen vissen als snoek, baars, karper, zeelt, ruisvoorn en blankvoorn zich er makkelijk verspreiden. Ook voor vogels, vlinders en andere insecten is de verbinding met andere gebieden van groot belang. In De Alde Feanen komen zeldzame vogels voor als de blauwborst, het baardmannetje, de bruine kiekendief en de roerdomp. Dankzij speciaal beheer van It Fryske Gea biedt het Nationale Park ook kansen voor de grutto, de *'Kening fan de Greide'*, die het beeldmerk is voor Fryslân als Culturele Hoofdstad 2018.

Beheer in samenwerking

Sinds de herindeling bij de opheffing van de gemeente Boarnsterhim in 2014 valt een groot deel van het Alde Feanen-gebied onder de gemeente Leeuwarden. Tot haar groot genoegen. Deze uitbreiding van het grondgebied versterkt de positie en het profiel van Leeuwarden als waterstad. Het biedt ook nieuwe kansen voor bedrijvigheid, toerisme en recreatie in het hele watersportgebied rond Leeuwarden.

In januari 2013 hebben de gemeenten Tytsjerksteradiel, Smallingerland en Leeuwarden samen een bestuursovereenkomst getekend. Daarin beloven zij er binnen het Overlegorgaan Nationaal Park De Alde Feanen gezamenlijk voor te zorgen *'dat de inrichting, het beheer en de ontwikkeling van het Nationaal Park in goed overleg en in onderlinge samenwerking worden gefaciliteerd'*.

De gemeente Leeuwarden heeft er alle vertrouwen in dat dit goed komt. Want voor alle drie gemeenten is de Alde Feanen een kostbaar natuurhistorisch erfgoed dat moet worden beschermd en gekoesterd. Doel is om ervoor te zorgen dat het beheer, dat in goede handen is bij natuurorganisatie It Fryske Gea, volgens het beheerplan kan worden uitgevoerd. Dit betekent dat de natuur wordt beschermd en dat bezoekers waar mogelijk de gelegenheid krijgen om van het natuurschoon te genieten. Daarbij is het de kunst om steeds weer het juiste evenwicht tussen natuur en recreatie te vinden, want soms is dat fragiel.

Verrijking natuurareaal

De uitbreiding met het Nationaal Park Alde Feanen vormt voor de gemeente Leeuwarden een welkome aanvulling op de natuurgebieden die zij al in beheer heeft. Daartoe behoren de natuur- en recreatiegebieden De Groene Ster, het Leeuwarder Bos, de Froskepolle, het Bosk fan Pylkwier en de vele parken en heemtuinen in de stad zelf.

In het Leeuwarder Bos alleen al zijn meer dan duizend soorten flora en fauna geteld. In de heemtuinen komen meer dan 400 plantensoorten voor.

De Grote Wielen (*De Grutte Wielen*) is eveneens aangewezen als Natura 2000-gebied. Dit valt deels onder de gemeente Leeuwarden en voor een deel onder de gemeente Tytsjerksteradiel. Leeuwarden werkt hier voor natuur en recreatie nauw samen met het Rijk, de provincie, It Fryske Gea, Wetterskip Fryslân en de gemeente Tytsjerksteradiel. Dat zijn ook de partners waarmee wordt samengewerkt om de Alde Feanen verder te ontwikkelen.

Voor de gemeente Leeuwarden hebben biodiversiteit en ecologie de laatste jaren hoge prioriteit gekregen. Voor een stad die in alle opzichten duurzaam wil zijn, kan dat ook niet anders. Leeuwarden heeft een actief vogel- en dierenbeleid en houdt zich aan de gedragscodes van de Flora- en faunawet. Voor mussen, gierzwaluwen, slechtvalken en ijsvogels zijn speciale maatregelen getroffen.

Bij inrichtingsplannen houdt de gemeente rekening met de natuur. De kansen worden benut om recreatieprojecten op te zetten, zodat burgers van de natuur in de eigen omgeving kunnen genieten.

Nu aan de slag

Het moge duidelijk zijn: de Alde Feanen en omgeving vormen een prachtig landschappelijk gebied met vele mogelijkheden voor recreatie en toerisme, zowel voor de eigen inwoners als voor Fryslân en Nederland. Daarom gaan we met z'n allen flink aan de slag en volgen we het ingezette spoor.

Zowel de inrichting van het gebied als de beheerplannen zullen de komende jaren veel aandacht krijgen. Door opwaardering van oude routes voor wandel-, fiets- en vaarrecreatie en door aansluiting op de 'ommetjes'-aanpak bij Nieuw Stroomland, waaronder De Zuidlanden.

In samenwerking met It Fryske Gea en de provincie Fryslân worden poelen, petgaten en vaargeulen in de Alde Feanen gebaggerd. Hierdoor wordt het gebied bevaarbaar voor de recreatievaart en ook geschikt als zwemwater. Het schone water is, zoals elders uitgebreid beschreven, bovendien gunstig voor zeldzame diersoorten als de visotter en de bittervoorn en voor orchideeën en krabbenscheer. Biotopen voor vogels, vissen, kikkers, muizen en planten worden versterkt, waardoor insecten als de *groene glazenmaker* er goed kunnen gedijen.

Om het gebied goed te beschermen wordt er minimaal één keer per jaar een volledige controle uitgevoerd, waarbij meerdere disciplines zijn

151

betrokken. Toezichthouders, milieu-, bouw- en belastinginspecteurs hebben elk hun eigen bevoegdheid. Alle bouwvergunningen worden minimaal één keer per jaar gecontroleerd. Daarbij wordt ook gekeken of er illegaal gebouwd is of wordt. Er worden jaarlijks luchtfoto's gemaakt, zodat vergelijking met voorgaande jaren mogelijk is.

Politie Noord Nederland houdt het hele jaar door toezicht op het water. Recreanten die veel te snel varen of te veel drinken, hebben een grotere kans om tegen de lamp te lopen.

Er loopt nu een fietspad van Leeuwarden naar Warten. Fietsers uit Leeuwarden kunnen met de pont vanuit de Wartenser jachthaven worden overgezet naar Earnewâld. Ook de sloepenroute Leeuwarden-Wirdum-Grou is grotendeels gereed. Deze weg- en waterverbindingen en een goede gebiedsontsluiting zijn van essentieel belang om van de natuur te kunnen genieten.

De Alde Feanen is in alle opzichten een gebied om trots op te zijn, waar natuur en recreatie hand in hand gaan. Het is te hopen dat veel burgers uit Tytsjerksteradiel, Smallingerland en Leeuwarden de komende jaren nog meer genieten van de schoonheid van de eigen omgeving. Dat zal een stimulans zijn om die ook te helpen beschermen.

Gemeente Leeuwarden

▲ De vogelkijkhut. Zelfs de aanwijsbordjes zijn van natuurlijk hout.

▶ De pont Schalkediep uit Suwâld ligt aan de Gariper kant. De jeugd speelt en bekommert zich niet om neergeworpen fietsen. (Archieffoto Marten Sandburg)

Ontregeld door regels

Ik woon hemelsbreed vijf minuten fietsen van 'de Alde Feanen'. Als ik er ben, is het of ik in een andere wereld leef, terwijl ik toch de kerktoren van Warten nog duidelijk kan zien. Bijzondere omgeving, stilte, rust. Bramen, appels, eenvoud. En altijd het gevoel dat zomaar ergens een krokodil in het water kan glijden.

Voor ons huis ligt ons skûtsje 'De Jonge Jan', dat al meer dan honderd jaar oud is. Het heeft een rijke historie in het vaargebied rond Warten. Heel bijzonder dat na jaren van omzwervingen op vreemde wateren dit skûtsje zijn weg terug heeft gevonden. Wij zijn er trots op dat we een onderdeel zijn geworden van de geschiedenis van dit Sytema-schip. Dat verbindt ons nog meer met dit gebied.
Als in de zomer het Veenhoopfestival wordt gehouden, varen de gekste gevaartes bij ons voor de ramen langs. Pontons met caravans, auto's en schaftketen, en vooral veel bierkratten, afgeladen met jeugd en alles onder het genot van keiharde muziek. Ik vind het geweldig. Dat het nog jaren door mag gaan, want de jeugd kan op en rond het water de mooiste avonturen beleven.
Onze kinderen gaan er graag met een bootje op uit. Helaas worden ze de laatste tijd geregeld aangehouden door de politie, zelfs als ze zwemmen bij de brug, of vissen. En ze moeten je niet betrappen als je eieren zoekt, want de rekening is niet mals. Dat is jammer. De jeugd heeft het nodig om zijn grenzen te ontdekken en te verleggen. En waar kan dat beter dan in de 'vrije' natuur? Op deze manier wordt de verkenning ontmoedigd, zorgwekkend.
Het hoogtepunt was de afgelopen zomer. De jongens hadden een plankje van hout gemaakt met een paar schoenen erop, waar ze mee op het water speelden. Ze lieten zich achter een bootje aan slepen. De jongen op de surfplank kreeg een boete van dik 200 euro (want je mag in en rond Warten niet waterskieën), de piloot van het bootje ook (vanwege een te zware motor) en onze zoon, die met een ander bootje ernaar toe voer om te kijken, kreeg een bekeuring van meer dan 100 euro, want hij voer te hard. Het gaat dan om jongens van 14, 15 jaar, die een dag werken voor een tientje. Volgens voorbijvarende getuigen waren ze braaf aan het spelen .
Het is een genot om door de Alde Feanen te varen. Erg jammer is dat we geen bramen meer kunnen pukken op de oude vuilstortplaats. Dat mag niet van de gemeente Leeuwarden. Een bord met 'Verboden toegang' en een balk over het water belemmeren niet alleen een mooie vaarweg, maar ook een stukje vrijheid. Iedere keer als ik dat bord zie, herinnert me dat aan de regels die steeds verder oprukken, tot diep in het paradijs.
In de regel wordt het daar niet beter van.

Hilda Talsma

Een 'stad' bij een dorp

Buitenplaats It Wiid

'Het ziet er naar uit dat het allemaal wel goed komt in Earnewâld.' Hoe geruststellend deze zin in de Leeuwarder Courant van 16 oktober 1993 ook is verwoord, er klinkt een onheilspellend geluid in door. Kennelijk vielen de gevolgen van de stichting van Buitenplaats It Wiid mee, en kon dat worden vastgesteld nadat 180 van de in totaal 315 bungalows in gebruik waren genomen.

Wie nu de bungalowtjes in het park aan de Koaidyk ziet staan, kan zich de onrust van een kwart eeuw geleden amper meer voorstellen. Het is een soort *'resort'* zoals er honderden in Nederland te vinden zijn. De huisjes zien er netjes uit, strak metselwerk en pannendaken. Een ouderwets ogend handbediend bruggetje verbindt het park aan de oostkant voor wandelaars en fietsers met de buitenwereld. Bewoners luieren wat, varen in een bootje, maken een wandeling of fietsen. Tegen het weekend is het bij de slagboom voor de ingang wat drukker met auto's van de komende en gaande gast. Niemand stoort zich eraan, ook de gasten van De Twirre en Annage niet, die zich aan de overkant inschepen.

▲ Huisjes in het groen aan It Wiid. Uit de verte doen ze met hun uilenborden wel wat denken aan boerderijtjes. Sommigen vinden dat mooi, anderen minder.

◄ Ten noorden van een goed beheerd stukje veengebied ligt, aan It Wiid en een recreatieplas, Bungalowpark It Wiid. Aan de noordkant van links naar rechts de oostelijke bebouwing van Earnewâld, een jachthaven en aanlegplaatsen van Annage.

Het bungalowpark vormt een harmonieuze eenheid met voorzieningen voor een wijde omgeving, zoals het interessante landbouwmuseum 'By de Boer' en het bezoekerscentrum van 'It Fryske Gea'. Er is een Grand Café, er zijn aanlegplaatsen, je kunt er sporten. En aan de overkant ligt het kampeerterrein, waarvan de faciliteiten dubbel nut hebben.

Zo was het in 1993 nog niet voorzien. De stemming was toen ook anders dan nu. Dezelfde Leeuwarder Courant: *'Het dorp (Earnewâld, red.) is de eerste zomer met het omstreden bungalowpark Buitenplaats It Wiid goed doorgekomen. In het hoogseizoen van 1993 waren er al weken met meer dan duizend gasten. Tot wantoestanden heeft dit niet geleid. Wie in Earnewâld zijn oor te luisteren legt, krijgt te horen dat het juist wel gezellig was. Een stuk drukker dan anders, dat wel, maar ook weer niet te druk. En de drukte van al die extra bootjes op het water? Ach, viel eigenlijk ook wel mee.'*

Interessant is het perspectief van waaruit dit geschreven is, namelijk het *'oude'* Earnewâld, dat zo velen in en buiten de dorpsgemeenschap koesterden. Een aantal jonge, ondernemende bewoners van Earnewâld verheugde zich in 1993 echter juist op méér aanloop voor de middenstand, méér drukte op de terrassen, een hogere omzet.

In kleine kring is het voorbeeld bekend van slager Adema, die in die tijd een schatting liet maken van de gevolgen van de komst van het bungalowpark voor zijn bedrijf. Als hij het een beetje handig aanpakte, was de uitkomst, zou zijn omzet verdubbelen.

En wat is er, als we terugblikken, opgeofferd voor Bungalowpark It Wiid? Een stuk zompige woestenij ten zuiden van It Wiid, waar het inderdaad rustig was, en het oude karakter van Earnewâld. Sommigen ervoeren de bouw van It Wiid toen als een vorm van salami- en combinatiepolitiek waar een gewone burger niet blij van werd. Aan de noordkant van it Wiid werd een openbaar strandje opgenomen in een bedrijventerrein, 'De Stripe'. De wal langs de ooit rustieke dorpsweg zou met hoekig beton en verduurzaamd hout worden versterkt. Werd het wel wat met het voor Earnewâldsters gratis toegankelijke zwembad in het hoofdgebouw, was de pont wel bedrijfszeker? In ieder geval werd van het begin af aan de hand gelicht met de toegezegde maximum breedte van de vaartuigen, betoogden critici. De beloofde palen stonden te ver uit elkaar om die goed te handhaven.

En de huisjes zelf? Ze ogen nu onschuldig, vrij kleinschalig en wel een beetje landelijk eigenlijk. De *uilenborden*, bekend als dakmarkering op boerderijen in de omgeving, doen zelfs wel wat Fries-eigen aan. Maar volgens architectuurcriticus Peter Karstkarel, die in zijn publicaties geregeld het woord *kitscherig* bezigt, was er op het ontwerp wel wat aan te merken.

Nu hebben we als mensen van 2014 makkelijk praten. De walkanten langs de sloten in het parkje zijn begroeid, bomen onttrekken bungalows van de buitenkant goeddeels aan het zicht en het beton ginds doet niet onder voor dat aan deze zijde van Earnewâld. Maar tijdens de voorbereidingen van de bouw, in 1985-'90, was alles anders. Er stak een misbaar op alsof er bij het dorp een stad zou worden gebouwd. En in zeker opzicht was dat ook zo, al is *'stad'* een veel te groot woord voor een bungalowpark met amper twee keer zoveel huisjes als de bebouwde kom van Earnewâld telde, maar op een veel kleiner oppervlak.

Dertig miljoen gulden

De eerste verkenningen voor dit recreatieplan, dat 30 miljoen gulden zou kosten, vonden eind december 1986 plaats. De VVV en de vereniging Doarpsbelang Earnewâld legden zelf een maquette met uitvoerige beschrijving van het plan voor aan het gemeentebestuur van Tytsjerksteradiel.

Eind augustus 1990 stemde een ruime meerderheid van de Raad voor de plannen.

De voorstanders vonden dat Earnewâld een economische en toeristische impuls nodig had. Het effect op de natuurwaarden was, als het verantwoord werd aangepakt, vrijwel te verwaarlozen. Het zou werk en inkomen brengen, juist in die tijd méér dan welkom. In de beginfase waren er zestig arbeidsplaatsen voorzien. De middenstand zou baat hebben bij de verwachte extra klanten.

Tegenstanders vonden de toestroom van een horde nieuwe rustzoekers in het kwetsbare natuurgebied onverantwoord. De felste oppo-

◀ Een instructieve brochure-kaart, die een goede indruk geeft van de compacte inrichting van het bungalowpark.

◀ De plaatsing aan het water vraagt een goede oeverbescherming. Hout in combinatie met folie voorkomt uitspoeling en afbrokkeling, maar is kostbaar. Een probleem is de verduurzaming van het hout, dat op verantwoorde wijze geteeld en gekapt moet zijn.

▶ Veel bewoners hebben hun eigen bootje. In de afgelopen jaren is het aantal sloepen en kleine polyester kruisers sterk toegenomen.

nenten waren te vinden bij de Partij van de Arbeid en It Fryske Gea. Deze organisatie diende op 18 maart 1991 bezwaar in nadat projectontwikkelaar De Vechtse Slag NV uit Dalfsen de bouwvergunning had gekregen. Toenmalig Gea-directeur Henk Kroes hield vast aan de toezegging in beleidsnotities van overheden dat er geen substantiële uitbreiding van recreatieve voorzieningen mocht komen. Volgens hem zou Earnewâld er in een lang uitgerekt seizoen structureel duizend inwoners bij krijgen. Dit getal baseerde hij mee op het bedrijfsmodel van de ontwikkelaar. Die ging er vanuit dat kopers van bungalows de prijs konden terugverdienen door ze via 'De Vechtse Slag' aan derden te verhuren. Zo zouden de huisjes niet incidenteel, maar een groot deel van het jaar bezet worden.

Meer dan een korte stillegging van de bouw in april 1992 hebben de tegenstanders niet kunnen bereiken. In de zomer van 1993 werd de eerste bouwfase afgerond. Honderdtachtig bungalows werden kant en klaar en ingericht opgeleverd. Een jaar later konden alle 315 bungalows in gebruik worden genomen.

De projectontwikkelaar exploiteerde zelf honderd bungalows. Particulieren en beleggers kochten de andere woningen. De kopers moesten een beheersovereenkomst sluiten.

Vooral dit verhuurmodel kwam niet goed uit de verf, met als gevolg dat de eigenares van de centrale voorzieningen in de problemen kwam. In januari 2001 kwam dit aan het licht nadat bleek dat de pensioenpremies voor medewerkers twee jaar niet waren afgedragen. Later is het park failliet verklaard, maar dat raakte de particuliere huisjesbezitters slechts zijdelings.

Anno 2014 zijn alle bungalows eigendom van particuliere eigenaren. Sommige zijn beschikbaar voor verhuur aan derden, veel andere niet. Die houden de bezitters, van wie een aantal van buiten Nederland komt, voor zichzelf.

Aan het water

Bungalowpark It Wiid is gebouwd op zes schiereilanden, waardoor een groot aantal bungalows direct aan het water staan. Vanaf het park kun je tot aan Lemmer of Harlingen varen. Valkjes, sloepen, vletten en kano's zijn op het park zelf of aan de overkant te huur. Maar veel bewoners kiezen ervoor om een eigen boot mee te nemen, die in het park een aanlegplaats krijgt. Het bungalowpark en de naastgelegen camping beschikken over drie jachthavens, die samen plaats bieden aan 450 boten. Daar horen natuurlijk trailerhellings en botenkranen bij.

Op de camping It Wiid van Bleckman barst het van de activiteiten, vooral 's zomers. Dan is het verwarmde openluchtzwembad geopend.

Veel gemopper hoor je in Earnewâld niet meer op 'de overkant'. Alleen blijft Doarpsbelang waakzaam, zeker wanneer de gemeente bezuinigingen aankondigt die ook de pont zouden kunnen treffen. Want die hoort het hele jaar door in de vaart te blijven, zolang er geen ijs ligt tenminste.

Zonder toiletrol over het veld

Vijftig jaar camping It Wiid

Ton en Joke Bleckman kochten in 1989 gemeentecamping It Wiid. Een verwaarloosd bedrijf vonden ze, waar alles oud en versleten was. Het was in hun beleving een *'suterich spultsje'*.

De camping ontstond vijftig jaar terug, in 1964, op een vlakte opgespoten zand, dat vrij kwam na het vergroten van de vaarweg naar Drachten. In de beginjaren werd de camping geëxploiteerd door de gemeente Tytsjerksteradiel en beheerd door Piebe Wester.

Een enerverende episode was in 1979 de komst van tientallen bootvluchtelingen uit Vietnam, die onderdak vonden in de toen nog vrij nieuwe recreatiebungalowtjes aan het water. Voor hen was Earnewâld, toen nog Eernewoude, in het begin vooral koud, nat en glibberig. Maar asielzoekers konden anno 1980 op meer begrip rekenen dan ruim dertig jaar later.

◀ Het recreatiegebied ten zuiden van de kern Earnewâld in vogelvlucht. Het is een drukke dag. Links het Bezoekerscentrum, naar boven loopt de Fokkesleat en de Headamsleat. In de verte is de brug te zien, die de toegang tot de Wide Ie markeert.

▲ De kaart zoomt in op het rechterdeel van de luchtfoto, naar rechts gekanteld. Er staat nog Fokkesloot, een naam die in 2009 officieel is verfriest tot Fokkesleat. De camping is ruim en afwisselend van opzet.

▶ Het ideaal bij mooi weer. De camper aan het water, een goede fiets binnen handbereik en aan de kant een goede rubberboot. Gezien het formaat van de motor is een (klein) vaarbewijs vereist. De maximum snelheid is in de bebouwde kom 6 km per uur, daarbuiten 9 km per uur. Snelvaren is in deze omgeving niet toegestaan.

Eind jaren tachtig volgde een door de gemeente gewenste privatisering. Na gesprekken met verschillende partijen werd in 1989 de camping verkocht aan de familie Bleckman.

Indertijd was niet iedereen in Earnewâld daar blij mee, kan men zich voorstellen. Maar de familie Bleckman pakt het goed aan, met oog voor kwaliteit. In luttele jaren onderging It Wiid een metamorfose. De camping veranderde in een modern en eigentijds recreatiebedrijf.

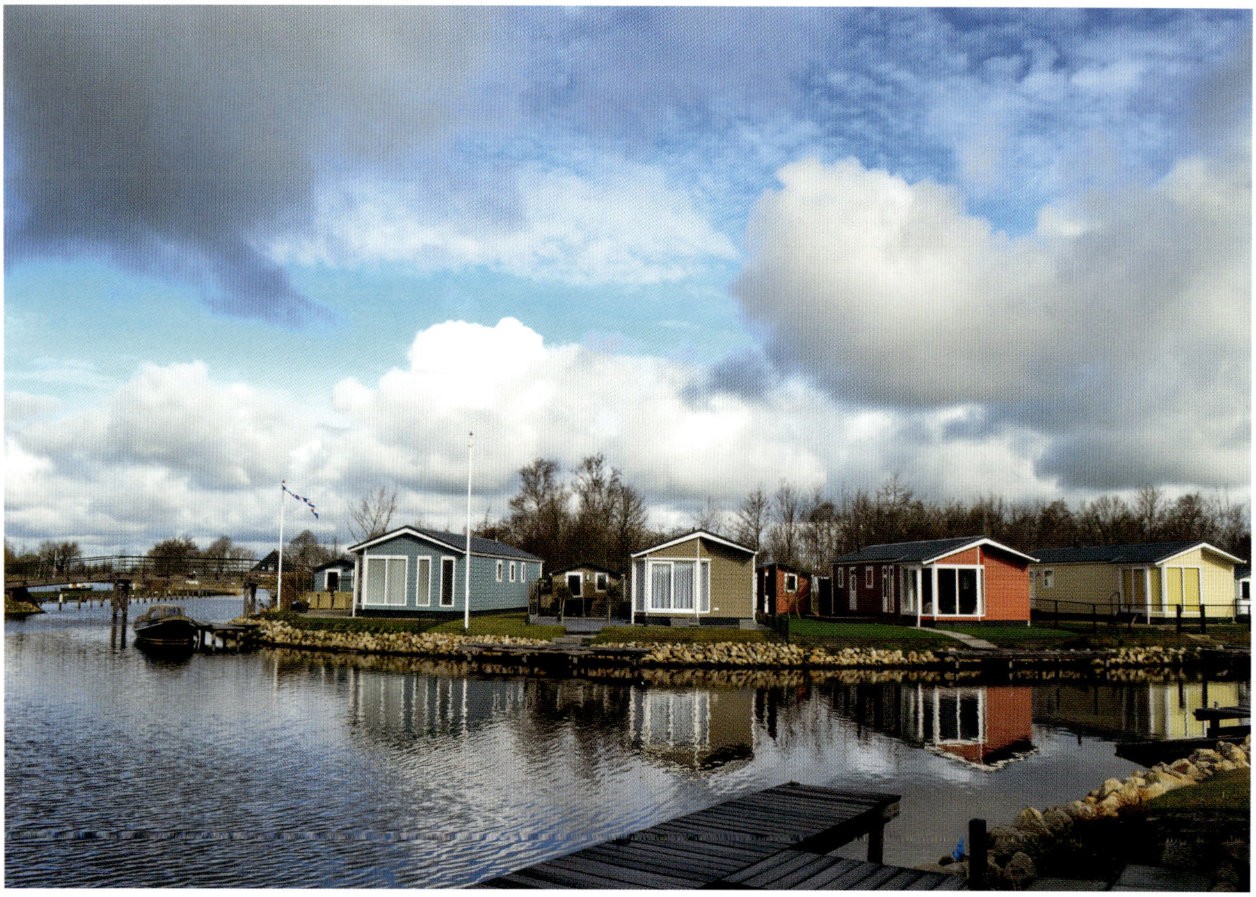

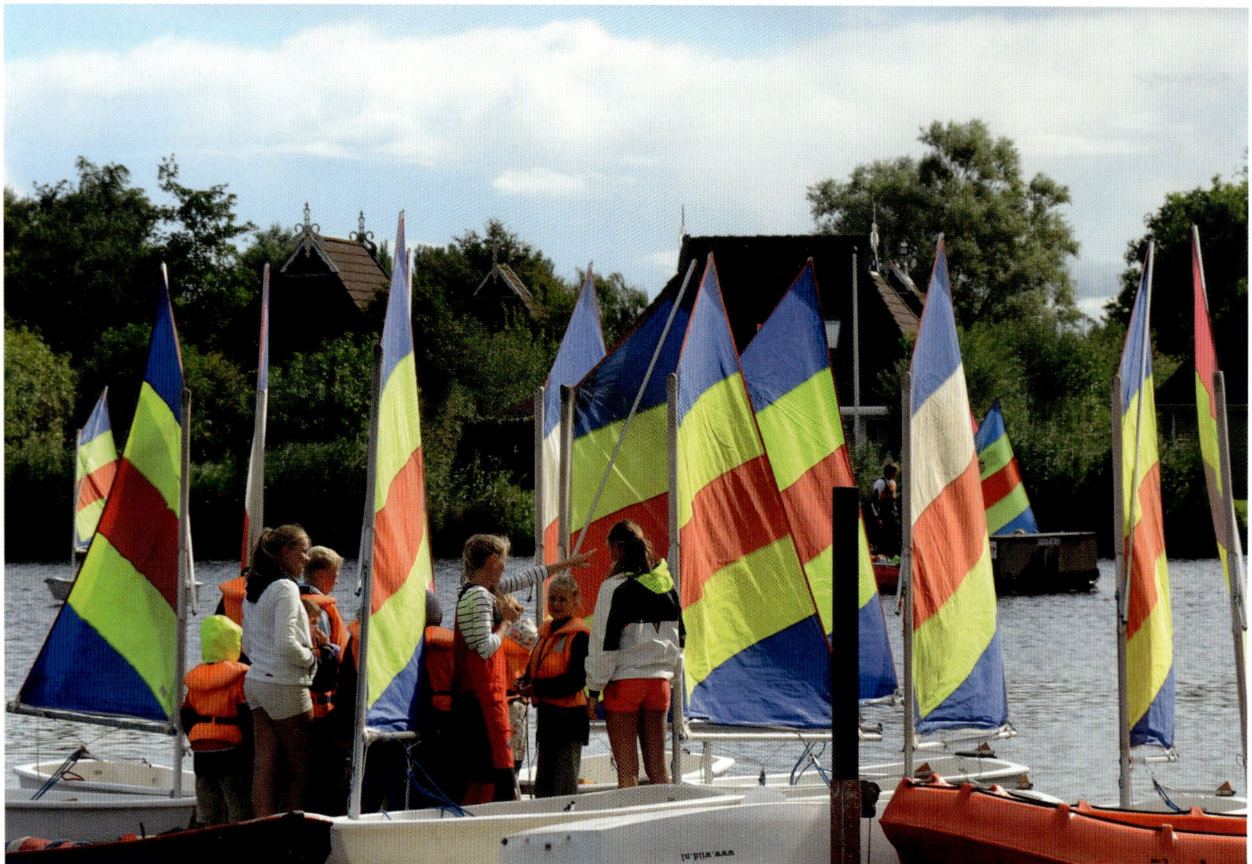

◀ Eenvoudige, maar wel ruime houten bungalowtjes staan zij aan zij te wachten op een nieuw seizoen.

◀▼ Instructeurs van de zeilschool geven les in optimistjes, dicht bij het bungalowpark.

▶ Dankzij inspanningen van vooral ondernemers wordt het seizoen steeds langer. Dik gekleed zeilen gasten al in valkjes terwijl de geknotte wilgen bij de nieuwe bungalows nog een kale kruin hebben.

Vijfentwintig jaar later, in 2014, werd het 25-jarig jubileum van Camping It Wiid gevierd. De camping is uitgegroeid tot een van de grotere toeristenbedrijven van Noord-Nederland met veertien man vast personeel, twintig bungalows, 220 stacaravans, 350 toeristische plaatsen en 500 (jacht)havenplaatsen.

Bij de inrichting van het terrein kozen Ton en Joke voor kwaliteit en duurzaamheid. De keurig onderhouden velden lopen iets schuin af, als een douchevloer met de afvoer in het midden. Via een put en een rioolpijp wordt het hemelwater op de plassen geloosd.

De vakantiehuizen en het gebouwde sanitairgebouw zijn opgetrokken uit duurzame materialen. De verwarming gebeurt door een warmtepomp, die gebruik maakt van het temperatuurverschil tussen diep in de aarde en aan de oppervlakte. Dit vergde een forse investering, maar vraagt uiterst weinig energie. Inmiddels zijn twee van de drie douche- en toiletruimtes nieuw en energiezuinig ingericht. De gebouwen beschikken over vloerverwarming, en afzuiging voor de ventilatie.

In het jubileumjaar ondergaat de camping een nieuwe metamorfose. Reden voor de nieuwe koers is de veranderende beleving. Vroeger waren het allemaal velden met sta- of toercaravans. Tegenwoordig willen de gasten meer privacy. Dit zien we bij de nieuwe chalets op de camping. Ze hebben een eigen stukje grond, afgeschermd door groen en een eigen aanlegsteiger.

De familie Bleckman zet na 25 jaar nog een volgende stap met de overname van vakantiepark De Kuilart bij de Galamadammen aan de Fluezen onder Koudum. De jongste generatie Bleckman,(de kinderen Annelie, Wouter en Huub) ging per 1 mei 2014 de samenwerking met Romke de Jong aan. De overdracht van het management vindt plaats in 2015. De kinderen van Ton en Joke zijn opgegroeid op camping It Wiid en geloven stellig in een prachtige toekomst voor het Friese toerisme. Mits, en dat is heel belangrijk, voldaan kan worden aan de kwaliteitseisen van een steeds kritischer wordend publiek. Daarom willen ze het bestaande waarborgen, en de faciliteiten continu verbeteren en vernieuwen.

Drijvend wonen, een kinetische sensatie

Spruyt Arkenbouw

Genieten van het uitzicht, kabbelende golfjes, een rustig dobberend zwanenpaar. Wonen in de natuur is een zeldzaam voorrecht in dit volle land.

Op het water woont het nog veel mooier. Als de woning comfortabel is tenminste, en de drijver betrouwbaar. Zulke woningen liggen er verrassend veel in de Alde Feanen.
De meest unieke kinetische sensatie van het wonen op water is bijna niet te beschrijven. Die is verweven met de lichtheid die men voelt bij een verblijf op een vlottende ondergrond.

Het gros van de woonarken die rond Grou, Warten, Earnewâld en de Veenhoop liggen, komen van Spruyt Arkenbouw uit Heerenveen. Met dertig medewerkers vervult dit bedrijf woonwensen van natuurliefhebbers die de stilte kunnen waarderen. Aansluitend bij de voorkeur van een koopkrachtig publiek hebben de ontwerpen van de arkenbouwer zich de afgelopen jaren op verrassende wijze ontwikkeld.

Spruyt Arkenbouw bouwt, zegt de reclamefolder, mooi ontworpen drijvende bouwwerken van hoogwaardige kwaliteit. Zeker is dat ze in vele uitvoeringen in deze omgeving te vinden zijn. Het aanbod varieert

▲ De moderne waterwoning is ruim en gerieflijk. Het ideaal is onderhoudsarm en bijna energieneutraal, maar dat vraagt uitstekende isolatie.

▶ Door uitgekiende architectuur wordt de binnenruimte optimaal benut. De wetterhoun heeft zijn of haar plekje op het terras gevonden.

van een sterk betonnen casco dat tot woning getransformeerd kan worden, tot een volledig afgebouwde en eventueel zelfs gemeubileerde woning. Alle vormen daar tussenin behoren tot het palet van Spruyt.

Het familiebedrijf werd opgericht in 1962 door Hein en Stien Spruyt. De afgelopen jaren staat het bedrijf onder leiding van hun zoon Herman. Bij het bedrijf zijn naast bouwers en adviseurs eigen ontwerpers in dienst. Zij kennen de specifieke eisen die aan een drijvende woning gesteld moeten worden. Die zijn niet gering. Zo kunnen ze de woning van casco tot voordeurslot onder eigen dak verzorgen.

Gratis energie

Bij wonen in een beschermd natuurgebied is duurzaamheid tegenwoordig meer een eis dan een cliché. Dat geldt voor de energetische effectiviteit, het voorkomen van elke vorm van bodem- en watervervuiling én harmonieuze inpassing in het landschap. Arken worden tegenwoordig met warmtepomp geleverd. Bij deze technologie onttrekt de bewoner warmte aan natuurlijke bronnen, zoals de buitenlucht, water of de aarde. Een gasaansluiting is hierdoor overbodig, en de opgewekte energie is kosteloos. In combinatie met zonnecollectoren vermindert dit de CO_2-uitstoot tot weinig meer dan 0. De warmtepomp en de zonnepanelen zorgen in combinatie met sterk geïsoleerde wanden, vloeren en plafond voor een aangename temperatuur. Het regenwater kan worden opgevangen in het casco voor hergebruik voor in de douche, de buitenkraan en als spoelwater.

Energie-neutraal is in een duurzaam concept een ideaal dat niet meer onbereikbaar is. Het betekent niet dat de bewoner veroordeeld is tot Spartaanse soberheid. Luxe opties kunnen zeker worden toegepast, als dat wordt gewenst. De woning kan in meerdere verdiepingen worden uitgevoerd, van enkel tot dubbel- of zelfs 3-dubbellaags, met of zonder lichtkoepel en gemaakt van staal, hout of glas. Of vindt u aluminium mooier? Kan ook. Platdak, ronde kap of een open kapconstructie, met of zonder dakterras, walk-in closet.

Elke ark wordt volgens de wensen van de opdrachtgever en op maat gemaakt en is van alle gemakken voorzien. Bij de bouw wordt bij voorkeur rekening gehouden met de gekozen, beschikbare ligplaats. Zo'n ark moet immers wel in zijn omgeving passen.

Wie de markt van de drijvende woningen een beetje kent, staat versteld van de ontwikkelingen die zich ook in dit segment de laatste jaren voordoen. Het is mooi en gevarieerd.

Eén tank voor de elf steden

Alde Feanen Verhuur

'Eigendom is oliedom', is een moderne uitdrukking. Earnewâldster Ulbe Postma zal dat niet zo gauw zeggen. Maar de sterke groei van verhuuractiviteiten in deze tijd legt hem geen windeieren. Samen met zijn vrouw Mirjam runt hij 25 jaar het bedrijf Alde Feanen Verhuur in Earnewâld. Het is een florissante, kleinschalige onderneming, waar heel wat in om gaat.

Het begon rond 1990 met bemiddeling bij de verhuur van vakantiehuisjes. Daar was toen, vlak voor de bouw van het bungalowpark 'It Wiid', in deze omgeving veel vraag naar. Tegenwoordig is het palet veelkleuriger. Het is inmiddels uitgebreid met de verhuur van sloepen, zeilboten, toer- en visboten. Tegenwoordig horen er sloepen met een elektromotor bij voor een fluistervaart door stille vaarwegen.

Klanten komen op zonnige dagen wel langs om even een vaartuig voor een paar genoeglijke uurtjes te huren. Een dag kan ook, dan gaat het allemaal wat rustiger. En er zijn nog steeds veel mensen die voor een hele vakantieweek een boot huren.

Bemiddelen bij de verhuur van vakantiewoningen doen ze voor eigenaren die elders in het land wonen, vertelt de geboren Earnewâldster. Het is echt een kwestie van vertrouwen. 'We ontvangen de gasten en verrichten

◀ In een stevige, stabiele sloep vaart het veilig en prettig, zelfs wel met acht personen.

▶ Op weg naar de thuisbasis met een electrosloep. De stootwillen zijn al uitgehangen, wat niet iedereen kan waarderen.

hand- en spandiensten om het spul goed te onderhouden.' Dat moet ook wel, want je rijdt als eigenaar niet zomaar even vanuit het westen om een spijker in een losse plank te slaan of de sleutel aan nieuwe gasten te overhandigen. Wat Postma doet, is dus voor een belangrijk deel 'ontzorgen'.

Overal naar toe

De moderne recreant wil combineren en huurt daarom liever dan het schaarse geld in één kostbaar object te investeren. Dat is een trend, waar de sterk verbeterde infrastructuur rond Earnewâld perfect bij past. 'Vanuit dit dorp ligt de hele Friese waterwereld aan je voeten, en dat is géén overdrijving. Natuurlijk kun je al je vrije tijd doorbrengen in de Alde Feanen, er is genoeg te zien.' Maar, zegt Postma, ook Leeuwarden, Grou en Sneek zijn gewilde bestemmingen. In al die plaatsen kun je bij een passantenplaats of een restaurant even afmeren om op de wal te 'passagieren'.

De modale brandstoftank is groot genoeg voor een dagtocht. 'Als je wilt', zegt Postma, 'kun je er de hele Elfstedenroute mee afleggen.'

De sloepen zijn gemakkelijk te bedienen. Je vaart er zó mee weg. Enige nautische kennis is natuurlijk wel gewenst, en een waterkaart is geen overbodige luxe. Want zelfs op een zonnige zomerdag kun je in Fryslân wel verdwalen.

Er zijn zoveel korte en lange routes, de mogelijkheden zijn vrijwel onbeperkt. En steeds is er de kans op een verrassing. Dat kan een tegenvaller opleveren, zoals de spoorbrug bij Akkrum die een uur dicht blijft, of een schadegeval doordat een schip tegen een talud is gevaren.

Of, andersdom, de argeloze pleziervaarder kan ook ineens stuiten op een bijzonder plekje dat je van de weg af nooit zou zien.

Toeristen en vissers

In het hoogseizoen zijn het hoofdzakelijk toeristen die een sloep of een polyvalk huren. Sommigen zijn dagjesmensen, anderen kamperen hier, hebben een camper of een huisje.

In de herfst zijn het vooral vissers, die hier een baars of brasem willen verschalken en een schouw meenemen om naar een rustig plekje te varen. 'Die redden zichzelf. Daar hoef ik weinig aan te doen.' Ergens is dit jammer, want Postma vindt het prachtig om mensen op weg te helpen. Dan kan hij ze van alles vertellen over de Alde Feanen, over alle moois wat hier te zien en te beleven is. 'Omdat ons bedrijf kleinschalig is, kan dat ook. Wij hebben alle tijd voor persoonlijk contact en ik merk dat de klanten dat ook erg op prijs stellen.'

Als echte watermensen gaan de Postma's er ook zelf graag op uit, bij voorkeur 's avonds. 'Klanten varen hoofdzakelijk overdag, ook al kunnen ze de boot tot negen uur 's avonds huren. Dus als het even kan, pakken wij 's avonds zelf een bootje. Hier varen verveelt nooit'.

165

Grote supermarkt in klein dorp

Vier generaties Wester én een Koopmans

Is zo'n supermarkt in een dorp van vierhonderd inwoners levensvatbaar? Het is een logische vraag, want bij Hindrik en Anje in Earnewâld is geen nee te koop. En deze fraaie supermarkt met gastvrije gevel is behalve in het toeristenseizoen óók in het najaar en de winter open. Hoe ze dat fixen, is een apart verhaal. Dat begint met een rijke geschiedenis.

In 1922 opende Aaltsje Wester-Moed een kleine schipperswinkel aan de rand van It Wiid. Deze bevond zich naast de Ringvaart rond de polder, die toen nog met open vaarwater in verbinding stond. Het omliggende gebied werd bevolkt door vissers, rietsnijders en kleine boeren. In het dorp zelf stonden twee kerken, de school en winkels van middenstanders.

De nieuwe winkel van Aaltsje was bestemd voor de lokale bevolking, een klein aantal handelaren en een enkele toerist. Het was in de tijd dat de eerste woninkjes 'aan de overkant' werden gebouwd en er af en toe

◀ De koffiehoek in de winkel, waar verhalen tot leven komen.

▲ Verse groente voor schappelijke prijzen, zo'n assortiment kan alleen in de vakantiemaanden worden gevoerd.

al een paar zeilboten langskwamen. Earnewâld was destijds, net als veel Friese dorpen van deze grootte, één en al bedrijvigheid met verschillende kleine ondernemers. Die drukte zou wat afnemen. Maar het voorzichtig begonnen toerisme werd na de Tweede Wereldoorlog een werkelijk interessante economische tak.

Kruidenier op A-locatie

Palingvisser Gjalt Wester en zijn vrouw Aaltsje deden de zaak in 1960 over aan hun tweede zoon Hilbert en diens vrouw Akke Kuipers. In die tijd kregen ook arbeiders een volwaardige vakantie, waardoor de recreatie een geweldige vlucht nam. Nederland werd welvarend, het toenmalige Eernewoude behoorde tot de watersportdorpen waar muziek in zat. Grote zakenmensen uit de rest van Nederland kwamen hier met hun jacht, motor en auto langs.

Tegelijkertijd was de grote uittocht uit de landbouw begonnen. Vissers kwamen er veel minder, voor veel oude ambachten werden de lonen te hoog. Het inwonertal daalde, hier en overal op het Friese platteland. Het liep terug van meer dan 380 (1954) tot 280.

Mensen die geen brood konden verdienen in het toerisme, vertrokken naar elders. Zij die hier wel van meenden te bestaan, hadden het niet makkelijk. Het seizoen was te kort om een compleet winkelbestand in de lucht te houden. Zo was het overal.

Maar de kruidenierswinkel van Hilbert en Akke Wester zat op een toplocatie, naast de benzinepomp aan het water. Dit gaf de zaak extra bestaansrecht, want daar kwamen veel pleziervaarders langs die de omzet geregeld een impuls gaven.

Er kwam een grote gemeentelijke camping in Earnewâld, toen it Wiid werd uitgebaggerd. En er kwam een passantenhaven bij.

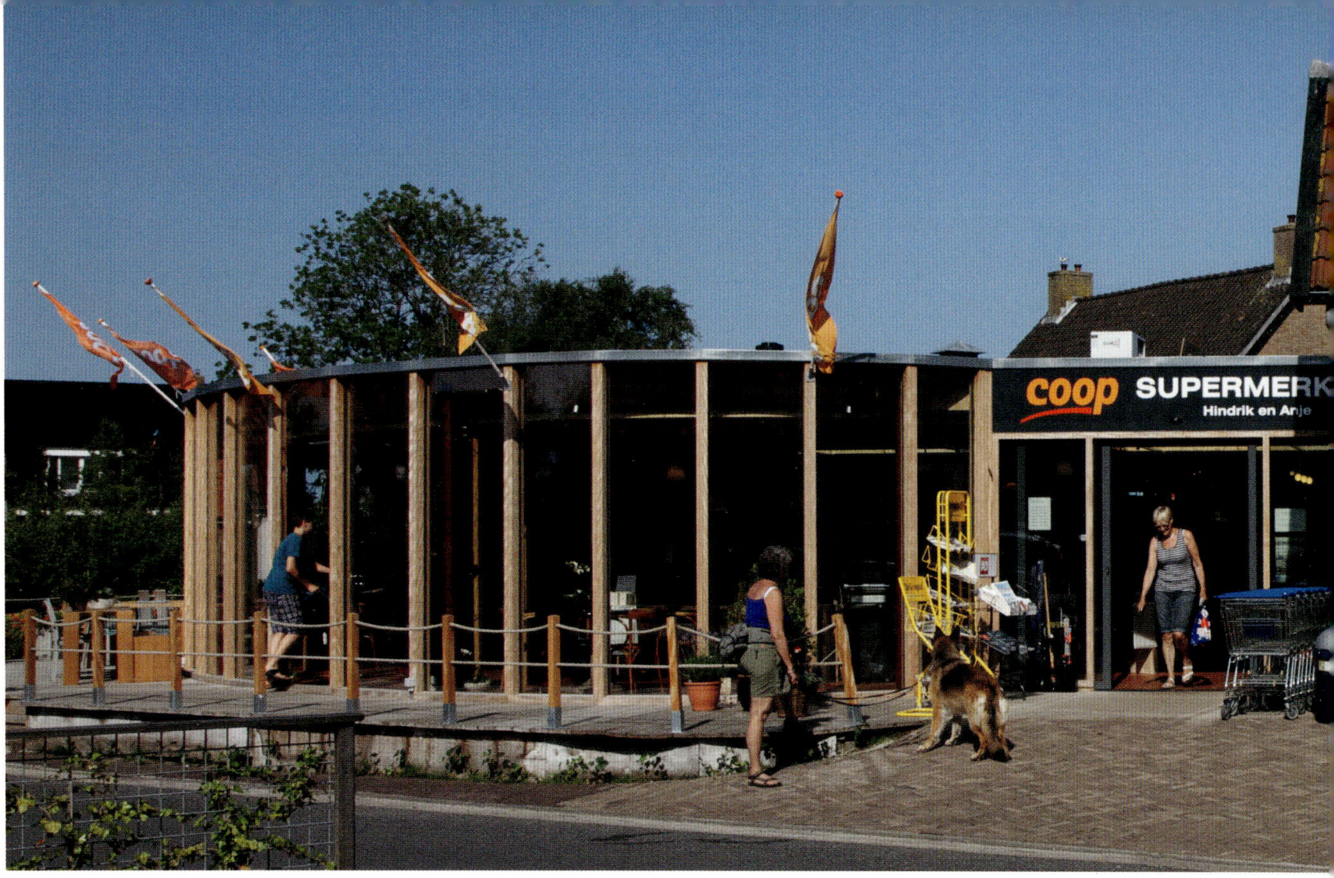
coop
SUPERMERK
Hindrik en Anje

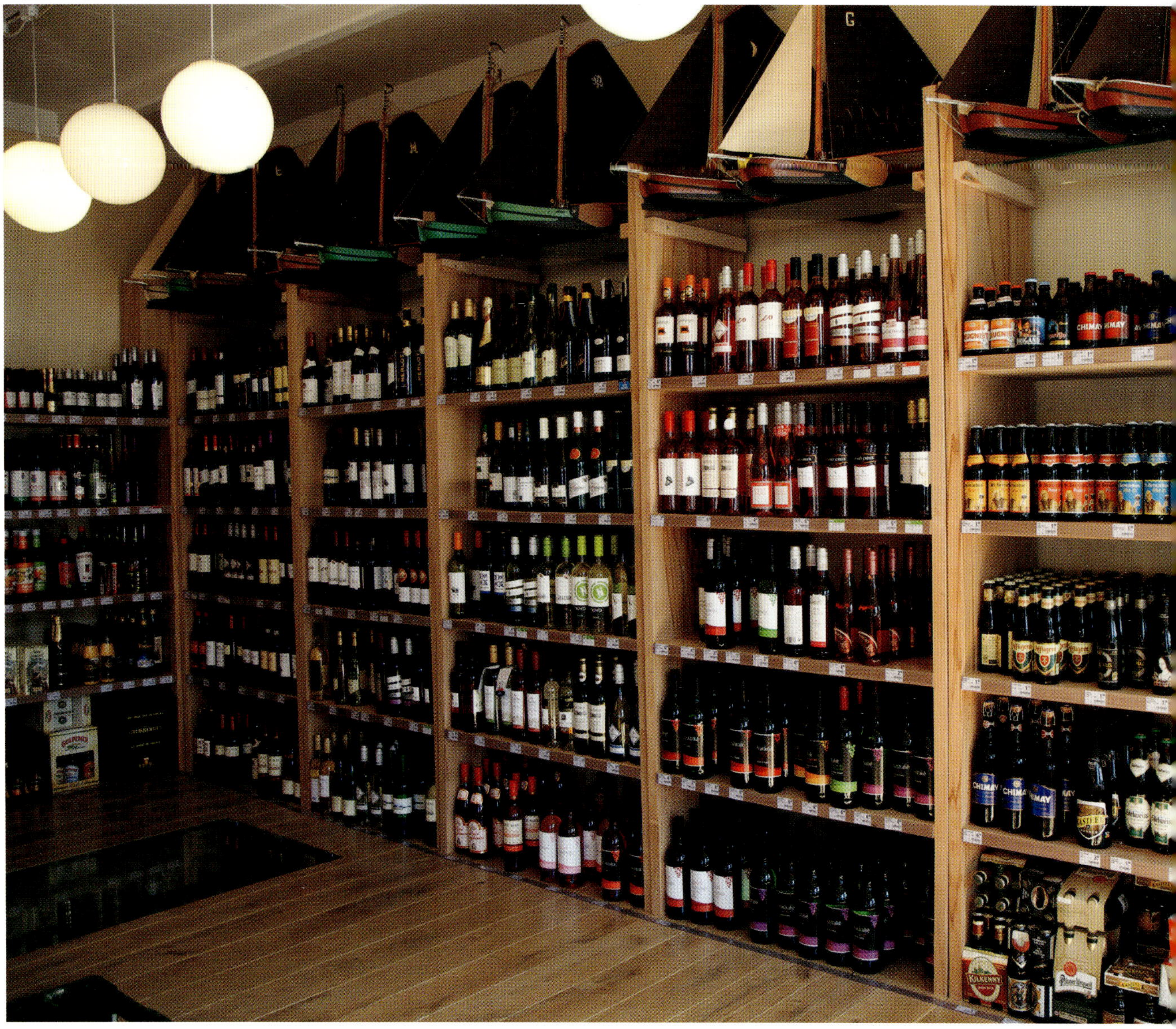

▲ Panoramisch beeld van een 'Supermerk' in vol bedrijf.

◄ In de wijnhoek, bekroond met modellen van de SKS-skûtsjes, is *Koopmanskloof* een populair merk.

Meer troeven

In 1981 kwam de derde generatie Wester aan het roer met Hindrik, de jongste zoon van Hilbert en Akke. Samen met zijn vrouw Anje Koopmans pakte hij de zaken ambitieus aan. Het duurde niet lang of ze verbouwden de winkel: eerst intern en later, in 1984, met een grote uitbouw. Eind jaren tachtig was de beschikbare ruimte op. Uitbreiden was niet meer mogelijk, maar op de gevel prijkte trots de tekst: Selsbetsjinning Wester. Zo, het Frysk werd in ere gehouden terwijl buitenlandse talen op straat te horen waren.

Hindrik had meer troeven: hij kon met hout omgaan. Zo werd hij maker van stoer meubilair van duurzaam hout. Het magazijn van de winkel werd multifunctioneel; buiten het seizoen vroeg de winkelvoorraad weinig ruimte, en konden er meubelen worden gemaakt.

De tuin aan de voorzijde van de winkel werd een houten terras, waar het meubilair stond uitgestald. De verkoop liep eerst ook via de Selsbestjinning. Later verlegde de meubelhandel zich naar beurzen.

Toen slager Adema in 2010 zijn deuren definitief sloot, stonden het tankstation en de Selsbetsjinning eenzaam aan de Wiidswei. De opkomst van webwinkels maakte het voor het bestaande winkelbestand in de kleine dorpen nog moeilijker. Maar omdat Hindrik en Anje nu op wel drie fronten actief waren, zetten ze door.

In 2011 kochten ze het naastliggende huis, en ze maakten plannen voor een grote verbouwing. Dan alleen was er een perspectief voor de Selsbetsjinning. En dus werd in november 2012 de oude aanbouw uit 1984 gesloopt en werd in juni 2013 een vernieuwde *CoopSupermarkt Wester* geopend.

De uitstraling van zo'n grote supermarkt harmonieert goed met het gemoedelijke, dorpse karakter van de oude zaak. De bakkerij met koffiehoek zorgt behalve voor lekker geurend gebak voor gezelligheid en beleving.

En nu dient de vierde generatie Wester zich aan. Gjalt, de jongste zoon, werkt in de zaak en maakt zich sterk voor handhaving van een bovenmodale voorziening in Earnewâld.

Anje Wester

169

Camping Simmerwille

Helemaal aan het uiteinde van het dorp Earnewâld, aan de rand van het Sydsdjip en omgeven door de natuur van de *Fjirtichmêd* ligt camping en pension Simmerwille. Eigenaar is Paul Bleckman, Groninger van oorsprong, maar al sinds zijn vroegste jeugd vertrouwd met de watersport in Fryslân. De drie broers Bleckman, geen van allen met een achtergrond in het toerisme kwamen alle drie in Earnewâld terecht. De oudste twee zijn eigenaar van camping en bungalowpark It Wiid.

'Eigenlijk ben ik leraar, maar ik heb nooit voor de klas gestaan. Ik had een horecabedrijf, maar uiteindelijk vond ik dat te zwaar worden. Mijn twee broers zijn eerder eigenaar geweest van Simmerwille, dus de camping is al bijna dertig jaar in de familie. Toen eerst mijn oudste broer en later ook de middelste camping en bungalowpark It Wiid gingen bestieren, heb ik Simmerwille overgenomen.'

'In eerste instantie was Simmerwille een kampeerboerderij, maar in 1967 werd die door brand verwoest. Het gebouw zoals het er nu staat is er voor in de plaats gekomen. Mijn broers hebben de camping erbij gemaakt en daar staan nu veertig stacaravans en zijn ook nog eens veertig losse plekken. De jeugdherberg heb ik 2002 omgebouwd tot bed and breakfast met acht kamers. Verdere uitbreiding zal moeilijk gaan, vanwege het bestemmingsplan dat op het gebied rust. Groot en duur is het allemaal niet op Simmerwille, maar dat hoeft ook niet. Dat we vaak dezelfde gasten hebben zegt genoeg: ze ervaren het hier alsof ze een heel andere wereld binnenstappen. Ver weg van het lawaai van het dagelijks leven.'

'We verhuren ook kano's. Met geld van het Nationaal Park zijn er verschillende routes aangelegd in de Alde Feanen, en zodanig dat de recreant niet te pas en te onpas de kano uit hoeft om het vaartuig over land van het ene stukje water naar het andere te slepen. De camping heeft bovendien een eigen haventje, dus ze kunnen direct voor de deur instappen en wegvaren.'

'Ik ben nu 54 en wil, als het lukt, nog tien jaar door. Dan wil onze zoon Florian de camping overnemen. Hij moet nu eerst zijn studie afronden en nog een paar jaar werkervaring opdoen, maar tegen die tijd draag ik het stokje vol vertrouwen aan hem over.'

Liefde voor bomen

'Makke yn Earnewâld'

Vóór Earnewâld ligt aan de linkerkant bedrijventerrein De Stripe. Je rijdt recht op de *'nijmakke âld'* gevel af van Hindrik en Anje Wester, die er een prachtige bedrijfscombinatie exploiteren. Onderin zetelt een stoere *meubelmakkerij*, boven een galerie met geregeld bijzondere exposities.

▲ Achteraanzicht van de Meubelmakkerij annex Galerie van Hindrik en Anje Wester-Koopmans. Voor de wal ligt een mooie Wieringer Aak van Age Veldboom.

Eind jaren tachtig zette de eigenzinnige winkelman Hindrik Wester, echtgenoot van Anje Wester-Koopmans, de eerste stappen in de wereld van het ambachtelijk meubelmaken. Hij begon ermee in het magazijn van de Selsbetsjinning Wester, de supermarkt die wel wat ruimte over had als de toeristen in de frissere maanden vertrokken.

Hindrik begon met een houten bekleding van een boot. Daarna stortte hij zich op stoere houten tuinmeubels. Het eerste exemplaar werd gemaakt naar de mal van een stoel van zijn pake Hendrik Kuipers, wagenmaker annex schaatsenmaker in Garyp. Kuipers maakte naast wagens en schaatsen ook wel meubels en zeilboten.

Na de stoel maakte Hindrik een bankstel van massief bankirai met een ronde zit. De ouderwetse pen-en-gatverbinding plus verlijming stond garant voor een oersterke constructie. Tegenwoordig wordt alle meubilair vervaardigd van Iroko hout.

171

172

◀ Links Hindrik Wester in actie.

▼◀ Een stoere hoekbank op het terras van Hindrik Wester. Op de achtergrond het in vergelijkbare stijl gebouwde Skûtsjemuseum.

▼▼ Deze tafel werd in 2012 ontworpen voor het bezinningscentrum Nijkleaster in Jorwert.

Gejammer van de zaag

In de jaren negentig werden *outdoor fairs* een trend. *Meubelmakkerij* Wester draaide er in mee, met als gevolg dat de verkoop toenam en het winkelmagazijn te krap werd.

In de lente, als de eerste toeristen bij de plaatselijke horeca op het terras zaten, hoorde je tot op grote afstand het gejammer van electrische zagen en het gebrom van schuurmachines. Dat kon op die kleine schaal natuurlijk niet doorgaan.

Uit de hobby ontstond een bloeiende zaak. En omdat ook vrouw Anje op veel fronten actief was, moest er een waardige accommodatie komen, zonder overlast voor de buren. Toen in de jaren negentig een bedrijventerrein bij Earnewâld werd aangelegd op het voormalige sport- en recreatieterrein de Stripe, kocht Wester een flink perceel en bouwde er in 1998 een ouderwets ogend nieuw pand. In diezelfde tijd verrees ernaast het *skûthûs* met kantine van de *'historische blok- en pompmakerij'*, oftewel het Skûtsjemuseum, dat aanvankelijk echter vanwege het bestemmingsplan geen museum mocht heten. Het kreeg een vergelijkbaar uiterlijk als het pand van de meubelmaker. Dat paste bij de ideeën van een werkgroep, die zich inspande om op De Stripe een mooie nieuwe werkomgeving te creëren, met respect voor het bestaande.

Eigen karakter

In *'Simmer 2000'*, beroemd geworden door de onvergetelijke Friezenreunie, werd Meubelmakkerij Wester samen met Galerie Koopmans feestelijk geopend door de cultuur-historicus Peter Karstkarel, de schilder Klaas Koopmans en de voormalig winkelvrouw Akke Wester-Kuipers, waarvan laatste twee reeds op hoge leeftijd waren.

Nu kon Hindrik zich toeleggen op het maken van meubilair, veelal van Nederlands hout, voor klanten die een paar centen over hadden voor ambachtelijke kwaliteit. Veel mensen combineerden een verkennend bezoek aan de meubelmakerij met een bezichtiging van het Skûtsjemuseum en/of de kunst in de galerie.

Veel binnenmeubilair werd de afgelopen jaren ook geleverd aan klanten met veelal eigen wensen: tafels of banken, kasten, bureau's. Hindrik maakt het allemaal in een robuuste stijl, waar zijn eigen inzicht in te herkennen is. De meeste meubels worden in opdracht gemaakt. Dus wordt vooraf goed met de klant overlegd om aan de verwachtingen te voldoen. Geleverd wordt pas als de klant tevreden is. Dan krijgt hij een meubelstuk met daarin een koperen pompeblêd gedreven met als trotse tekst: *'Makke yn Earnewâld.'*

Westers doel is om altijd het karakter van de boom die hij gebruikt te respecteren. Noesten zijn niet lelijk, een scheur in het hout kan prachtig zijn, een afwijkende vorm van de stam is een geschenk, geen last. Dat respect voor hout, voor bomen in het algemeen, maakt ook dat Hindrik Wester alleen met duurzaam hout werkt en vertrouwde leveranciers. Er komt geen rotzooi op zijn erf. Maar er ligt wel heel veel *'wild'* hout te rijpen, waar straks de zaag in wordt gezet.

Sinds twee jaar doet Hindriks jongste zoon Gjalt Wester voorzichtig zijn intrede in het meubelmakersvak. Als hij straks volwaardig vakman is, wordt er weer een nieuwe artistieke toets aan het al bestaande toegevoegd.

Anje Wester

173

Al anderhalve eeuw markant

Hotel Oostergoo, vol jeugdig elan

Is Hotel Oostergoo genoemd naar de huidige markante éénarmige uitbater Marcel Oost? Dan was het een meesterlijk idee. Maar nee. Hotel Oostergoo is één van de oudste familiehotels van Nederland.

▲ Een boeier (rechts) en een Fries jacht (links) aan de steiger bij Hotel Oostergoo. Rechts is het water van de Rjochte Grou.

In meer dan anderhalve eeuw had dit hotel slechts vijf eigenaren. Ze hadden allemaal hun eigen stijl. Maar de authentieke sfeer van het pand bleef, dwars door alle verbouwingen heen, in tact. Bij Marcel Oost is het geregeld een gezellige boel, vooral op het terras. Want hij houdt van organiseren en is bijvoorbeeld nauw betrokken bij het *WK Klunen*, dat hier vroeg in het nieuwe jaar wordt georganiseerd.

Daar was geen sprake van toen ruim 150 jaar geleden op *'Boanstra's Hoeke'* in Grou, nu De Nieuwe Kade, het logement *'Water- en Veldzigt'* werd gebouwd. De uitbater was tevens schoenmaker: Jan Sjoerd van Stralen. In 1858 opende hij de deuren van het logement. Tien bemiddelde Grousters zorgden voor de grondaankoop en de bouw.

Oude Oost

In de ruim 150-jarige historie van Hotel Oostergoo is het pand meerdere malen verbouwd en uitgebreid. Ook onder de nieuwe eigenaar vonden veranderingen plaats. De gedateerde hotelkamers kregen een welkome metamorfose.
In de verbouwingsperiode meerde een grote driemaster af bij de eigen aanlegsteiger aan de voorkant van het hotel. Het schip had veertien hotelkamers, waardoor de zaak kon blijven draaien.

▼ De krantenadvertentie bevat een intrigerend scrabblewoord, namelijk *'verhardschuiven'*. Het oude woord 'schuiven' was de Nederlandstalige pendant van het Friese *skowe*, synoniem van *'trilkje'*. Het betrof dus een wedstrijd in het voortduwen van vaartuigen, pramen of misschien schouwen

Trouw aan het zeilen

'Oostergoo' is de naam van één van de delen in het oude Vrieslandt, naast Westergo en de Zevenwolden. De vroegere grietenij Idaarderadeel met eerst Idaard en later Grou als bestuurlijk centrum, hoorde ertoe. Waarschijnlijk dankt het hotel zijn naam aan de *'Koninklijke Zeilvereniging Oostergoo'*, die in 1848 vanuit Leeuwarden werd opgericht. Vanaf 1850 organiseerde deze vrijwel elk jaar wedstrijden op De Grouw.

Op zaterdag 31 juli 1869 was dit weer het geval. Deelnemers konden zich aanmelden *'ten huize van J. van Stralen'*. Waar gezeild wordt, komt publiek. En waar publiek komt, wordt verteerd. Van Stralen ontving de zeilers met open armen. In september van dat jaar gebruikte hij voor het eerst de naam *'Logement Oostergoo'* in een advertentie in de Leeuwarder Courant. Commercieel gezien was dit een gouden zet. De naam van de voorname zeilvereniging was bekend in het hele land. Van Stralen wist zich van het begin af aan verzekerd van de loyaliteit van de club. Die houdt sindsdien en tot op de dag van vandaag de Algemene Jaarvergadering in het hotel.

Ruim 27 jaar zwaaide de familie van Stralen de scepter, totdat zij in 1885 met een openbare verkoop van het Logement definitief afscheid nam. De nieuwe eigenaar werd de Grouster Feike Dokter, kelner en schoenmaker. Hij bouwde het bedrijf verder uit. De unieke plek aan het water gaf een schitterend zicht op de zeilwedstrijden. In strenge winters was het een komen en gaan van schaatsliefhebbers, die zich in de gelagkamer tegoed deden aan warme chocolademelk of iets sterkers.

In de veertig jaren die het hotel eigendom was van de familie Dokter, werd eerst de Waachshaven (1898) en later een flink stuk van de Rechte Grouw (1920) gedempt. Met de aanleg van de Nieuwe Kade werd het hotel een stuk beter bereikbaar. Dankzij de aanleg van het spoor in 1868 en verbetering van land- en waterwegen in de jaren 1880 lag Grouw veel minder geïsoleerd.

Drie jaar later werd het overgenomen door de familie Braam uit Drachten. Ook zij breidde het etablissement flink uit. Eerst werd een serre aangebouwd. Niet veel later werd het naastgelegen woonhuis van de familie Bootsma als lounge bij het pand betrokken.

Na de familie Braam volgden de families Van der Zee en Scherjon, totdat in 1999 Hotel Restaurant Oostergoo in zijn huidige vorm in handen kwam van Marcel en Annemarie Oost.

Oude Oost

In de ruim 150-jarige historie van Hotel Oostergoo is het pand meerdere malen verbouwd en uitgebreid. Ook onder de nieuwe eigenaar vonden veranderingen plaats. De gedateerde hotelkamers kregen een welkome metamorfose.
In de verbouwingsperiode meerde een grote driemaster af bij de eigen aanlegsteiger aan de voorkant van het hotel. Het schip had veertien hotelkamers, waardoor de zaak kon blijven draaien.

De bodega aan de noordkant van het pand met vroeger de naam *'De Halve Maen'* is door Marcel Oost omgedoopt tot *Café d' Oude Oost*. Die naam verwijst naar zijn overgrootvader, die zelf uitbater was een bruine kroeg. Samen met een groepje vrienden zou hij aan de wieg hebben gestaan van een speciale Grouster citroenjenever.

WARTEN

Duizend mensen in nieuwe gemeente

Hans Terpstra woont er en Simon van der Meulen, acteur Rinse Westra en scheepsbouwer Jelle Talsma. Warten is alleen al dankzij deze markante inwoners een dorp om rekening mee te houden. Dat doen ze ook in Leeuwarden, de hoofdplaats van de gemeente waar het vroegere vissersdorp met krap 1000 inwoners bij is ingedeeld.

Op de weg naar Wergea staat een markant gebouw dat herinnert aan een glorieus verleden van uitstekende scheepsbouw. De Bijlsma's hadden hier hun bedrijf, tot het ten onder ging. Maar er leeft nieuwe dynamiek op, zoals hier en elders te zien is. Dat is mede te danken aan de recreatievaart. De grote jachthaven ten zuiden van de weg biedt plaats aan zeshonderd boten. Klassieke jachten liggen aan de noordkant van de brug afgemeerd.

In de kom is een oud café helemaal herbouwd, en een restaurant flink opgewaardeerd. Dit dorp kan, mits met beleid gestimuleerd, een flink graantje meepikken van de opbloei van het toerisme in de Alde Feanen. Voorbij de Krúswetters begint immers het paradijs. En niet iedereen wil of kan naar Grou of Earnewâld. En de Duitse gasten zullen wel wennen aan de dorpsnaam, die kort na de verfriesing voor sommigen wat verwarrend was.

Genieten

Aan het Hellingpaed 11, op de plek waar nu 't *Skûthûs* staat, was eeuwenlang een scheepswerf gevestigd. In de 18e eeuw werden er kofschepen gebouwd voor de handelsvaart op de Oostzee. In de 20ste eeuw, toen de pleziervaart opkwam, is het een jachthaven geworden met een werf voor houten zeilenboten. Volgens de overlevering is de werf ooit eigendom geweest van Lolcke Gerrits, 'de Koning van Wartena'.

De sfeer van bijna 300 jaar geschiedenis hangt nog steeds in en om 't Skûthûs. De naast gelegen oude Friese Greidboerderij uit 1725 en de bijbehorende historische boomgaard ademen het gevoel van weleer. Tegenwoordig is 't Skûthûs een gezellig en sfeervol restaurant op een bijzondere locatie.

Naast de brug, aan de Hoofdstraat 31, bevindt zich *De Kok en de Walvis*. Sinds mei 2014 heeft dit (eet)café met sfeervolle 'huiskamer' aan het water de deuren geopend. Visrestaurant De Brigantijn was hier eerder gevestigd.

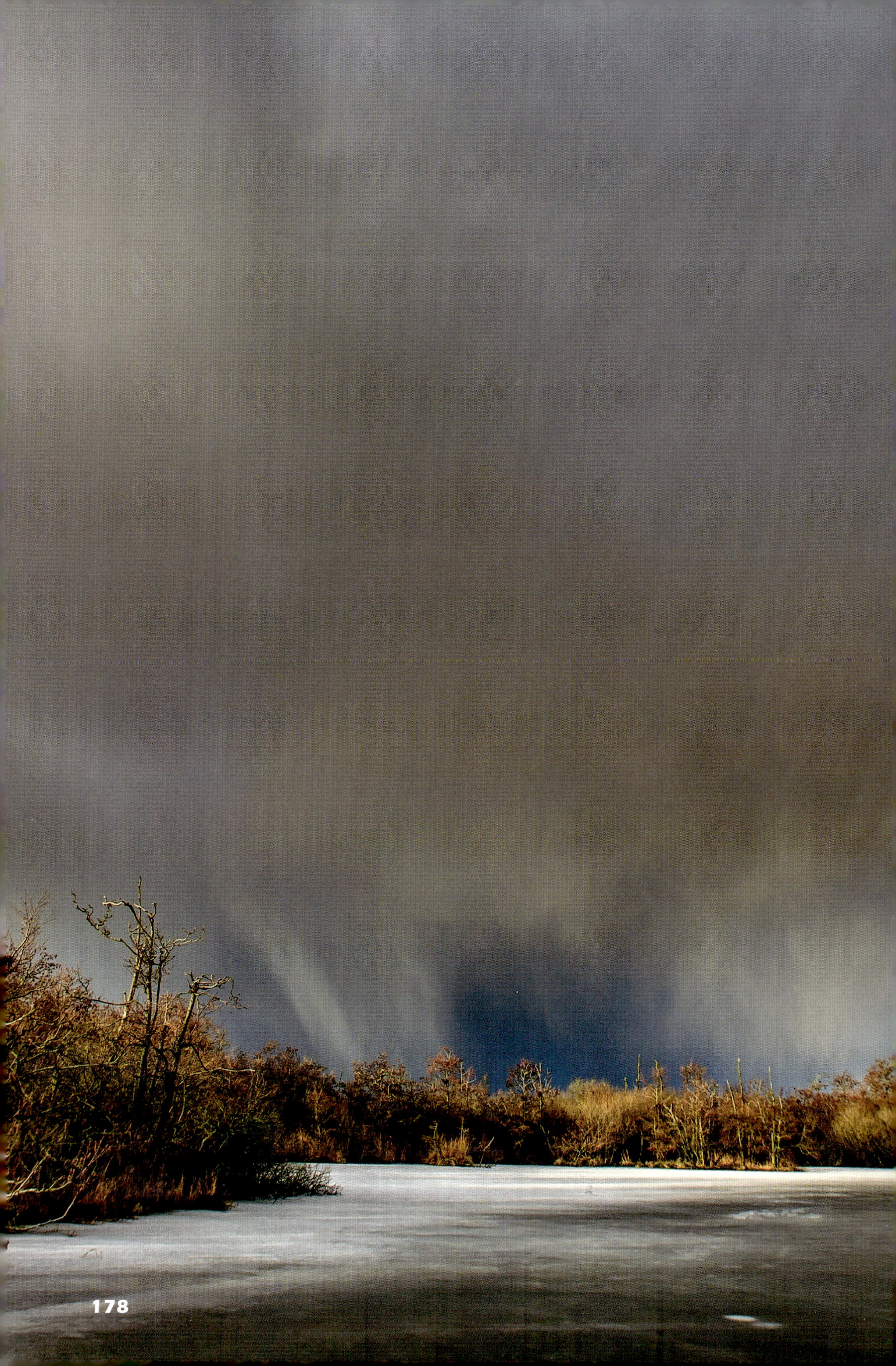

Winter in de Alde Feanen

Als de kou niet te hevig is…

Een stevige ijsvloer is nodig om het riet met de frontmaaier vlot neer te leggen. Dan kleumen de reigers bij wakken, kwaken eenden onrustig en kruipen vissen en reptielen diep in de modder. Met een lage hartslag moeten koudbloedigen de kou kunnen overleven. Voor anderen is het moeilijker.

▲ Schaatsend door het paradijs over een baantje van 'Lyts Bigjin'.

◄ Een hagelbui geselt de aalscholverkolonie op de Achterste Five

De winterkou brengt steeds minder ongerief. Toen de laatste robuuste vorstperiode vanaf 10 januari 2013 begon met strenge vorst, brandde in de meeste huizen de centrale verwarming en stonden bijna nergens bloemen op de thermopane beglazing. Ruim twee weken later, toen er al volop geschaatst werd op ondergelopen landerijen tussen Earnewâld en Grou, viel de dooi in. Die duurde van 26 januari tot 6 februari. Na drie weken winter kwamen de temperaturen weer structureel boven nul.

In de tussentijd was er wel geschaatst en hadden de poli's van ziekenhuizen het druk met blessures, maar de samenleving in en rond de Alde Feanen raakte niet van de wijs.

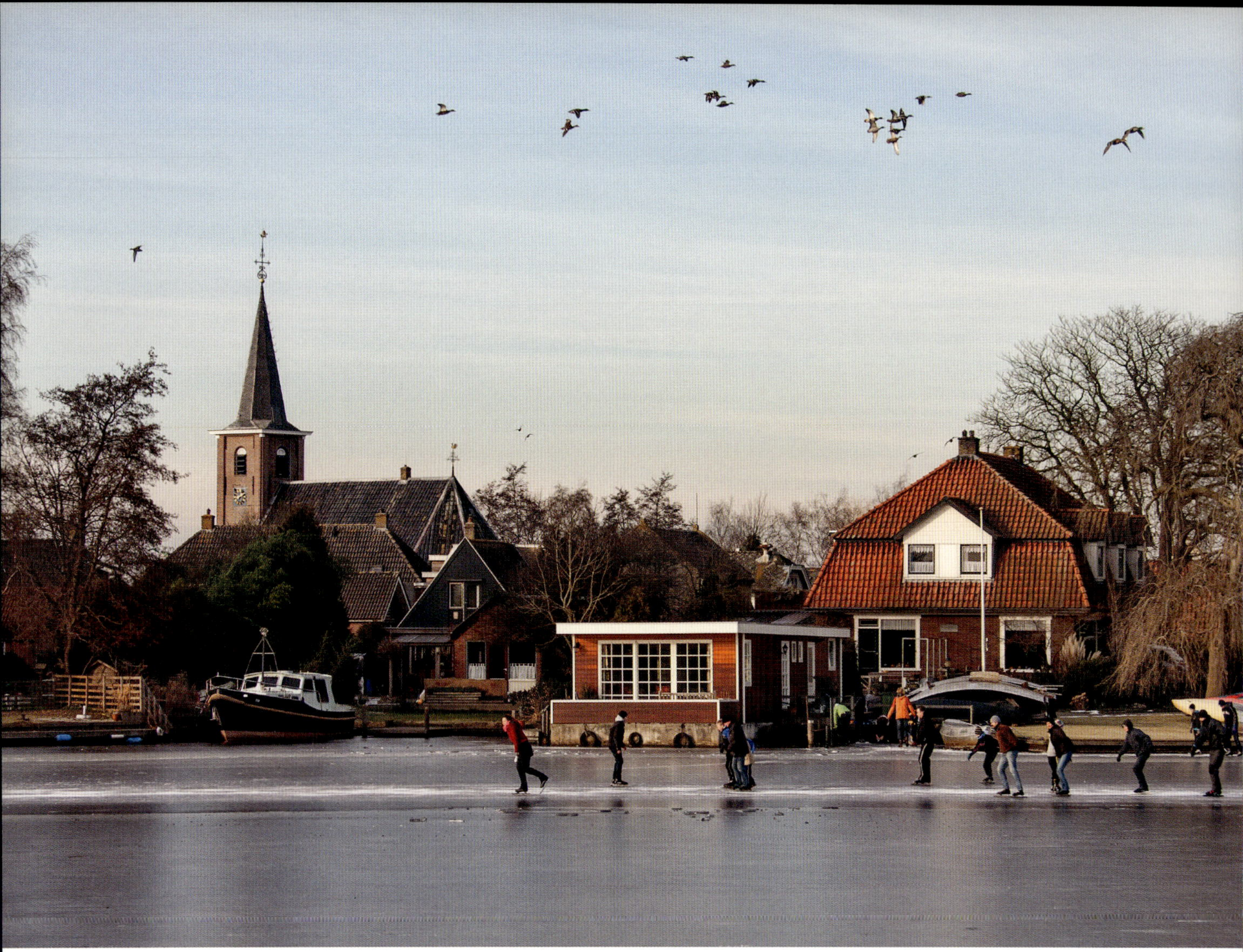

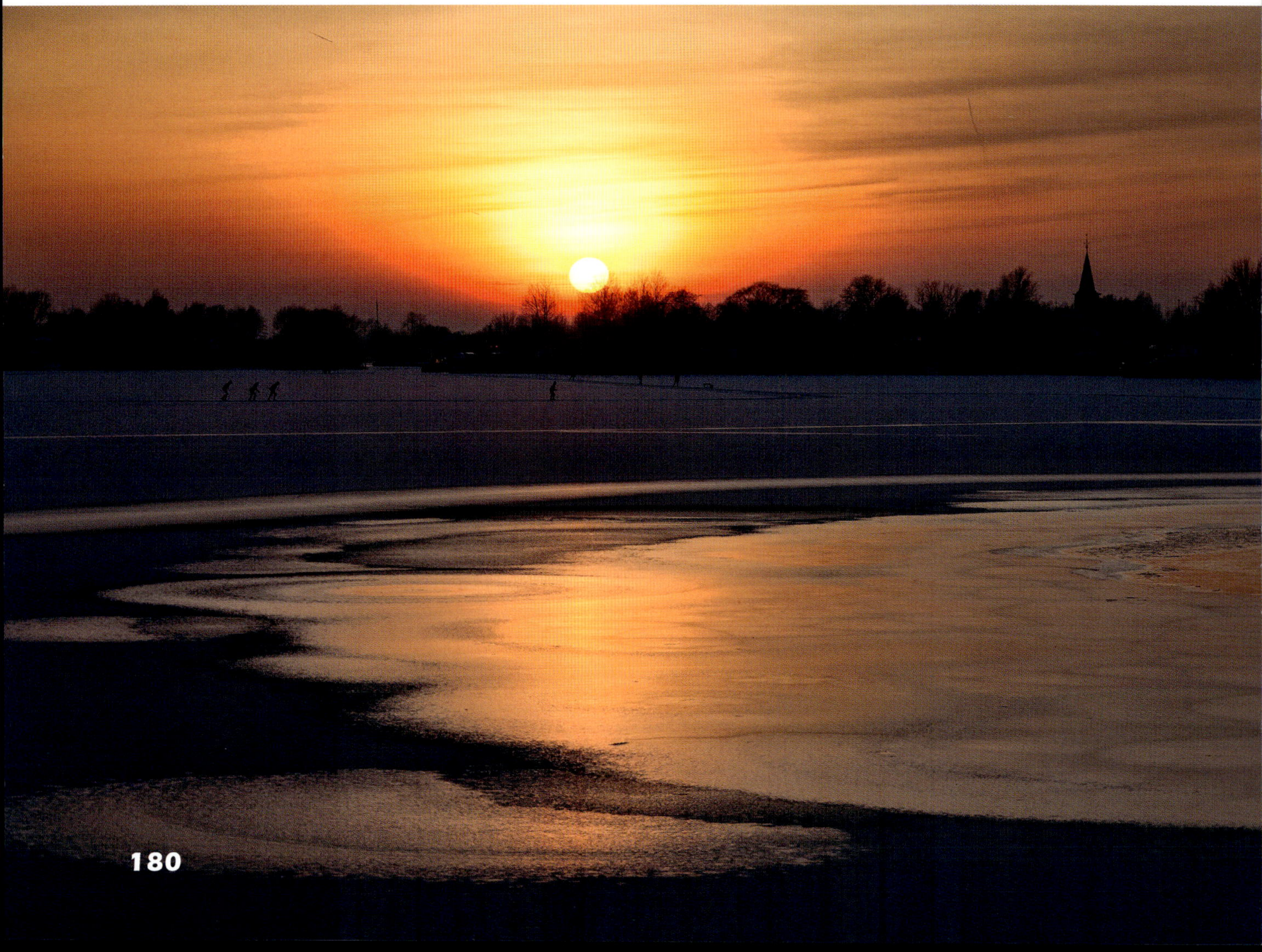

◀ Schaatsers op weg naar de Alde Feanen. Op de achtergrond de kerk uit de laatste jaren van de achttiende eeuw, toen het geld hier rijkelijk rolde. In de lucht ganzen, op zoek naar voedsel en open water.

◀▼ Door de werkzaamheden in de natuur verandert de betrouwbaarheid van het ijs met het jaar. Earnewâldsters weten dat en volgen de baan, gasten worden er nog wel eens door verrast.

▼ Piksjitte bij Earnewâld, een kleumerig spel, dat hier tegen de stroom van centraal verwarmde games in door een ploegje in ere wordt gehouden.

De opwarming
Elfstedenwinters worden een zeldzaamheid, waarschuwen Piet Paulusma en zijn collega's. De laatste monstertocht was in 1997, toen op 4 januari de 200 kilometer van Leeuwarden naar Leeuwarden onder zeer redelijke omstandigheden geschaatst kon worden. In 2009 was het ook langdurig koud, en in 2010 heerste *'Jûkelburd'* nog onbarmhartiger.
Tussen de schaatstochtwinters 1994, 1997 en 2009 waren februari- en maartmaanden waarin het zo warm werd dat vruchtbomen te vroeg in de bloesem schoten en weide- en watervogels op een onnatuurlijk tijdstip aan de leg raakten. Dat had voor sommige soorten bij een verlate vorstgolf desastreuze gevolgen

Pikschieten en schaatsplezier
Een tot in de jaren negentig normale winter in de Alde Feanen bood een aantal weken schaatsplezier op ondergelopen land en ondiep vaarwater tot in de petgaten tussen het riet. Vroeger kwam daar onvermijdelijk ongerief bij als moeilijk startende automotoren, bevroren waterleidingen in onvoldoende geïsoleerde huizen of boerenstallen, en bij enige sneeuwval een piek in ongevallen door slippende auto's en vallende mensen. Het laatste jaar waarin zich dit op grote schaal met historische intensiteit voordeed, was 1979. In die sneeuwwinter was Earnewâld even een vrijwel compleet geïsoleerd dorp. De wegen in bijna heel Friesland waren toen trouwens dagenlang onbegaanbaar. Maar dat was in 1979.

Het winters ongerief is in een rap tempo verminderd door betere auto's, verwarmde garages, goede isolatie met centrale verwarming én winterbanden. Alleen het aantal vallende mensen met botbreuken en ander letsel stijgt de laatste jaren, doordat er meer loslopende senioren komen, die zich vaak tot op hoge leeftijd nog op het ijs wagen ook. Jeen Wester bijvoorbeeld zag je in de laatste winter nog schuifelen en de 95-jarige Jan Bruinsma liet zich evenmin afschrikken.

Dit wordt bevorderd doordat ze in Earnewâld het 'Piksjitten' nog in ere houden, een oude volkssport die voorheen overal in Fryslân werd beoefend. Op 'de pik' liggen centen of dubbeltjes, die je met over het ijs geschoven verzwaarde stukken hout moet zien te veroveren. Het spel, dat een vereenvoudigde vorm van Jeu de Boules lijkt, laat zich het best beoefenen op spiegelglad dus licht dooiend ijs.

Er worden wel eens Friese of Nederlandse kampioenschappen gehouden tussen ouden uit de paar dorpen die het bestaan van *'piksjitten'* nog kennen. Een van de laatste keren liep dat wat uit de hand, omdat na afloop in een snackbar de Earnewâldsters van zich af sloegen toen ze werden lastiggevallen of bespot.

Sportieve schaatsers stappen in een echte winter na enkele nachten kouder dan -7 graden Celsius nog steeds bij afgemeerde pramen aan de Koaidyk bij Earnewâld of bij de brug over de Headamsleat onder Oudega op het ijs. Duizenden anderen komen via een verplaatsbare brug over een tijdelijk onbruikbaar Prinses Margrietkanaal bij Grou op de bevroren vlakten. Velen maken vanuit Aldeboarn of Akkrum een reisje van tien, vijftien kilometer op schaatsen om in de paradijselijke Alde Feanen op

181

ontdekkingstocht te gaan. IJs genoeg, met net zoveel consumptietentjes als *klúnplekken*. Vrijwilligers van IJswegencentrales her en der vegen banen schoon als het een beetje gesneeuwd heeft, en bijna elk weekend is er dan wel een tocht. Mensen doen er massaal aan mee, vele duizenden per keer.

Bij die tochten is er één indrukwekkend verschil met vroeger: bijna iedereen komt tegenwoordig met de auto. Op een prachtige schaatsdag staat het blik duizendvoudig opgesteld tot ver buiten de naambordjes. Je ziet maar heel weinig Garipers of Burgumers meer over de Ringfeart naar Earnewâld schaatsen. En voorbij Akkrum raak je op weg naar Heerenveen helemaal verloren in de eenzaamheid, met alleen wat drukte ten oosten van Vegelinsoord, in De Deelen. De ijsvloer is, voor het eerst sinds de vroege middeleeuwen, in Fryslân vrijwel geen transportweg meer. Hij is er voor pleziertochtjes, *for fun*, op ultramoderne klapschaatsen of supergoedkope noren, in doorzweetsportkleding met een helmpje voor de val en een skibril voor hinderlijke lichtschittering.

In deze paradijselijke omgeving zou een mens bijna vergeten dat hongerende of sluimerende dieren verschrikt en opgejaagd kunnen worden, wat energie kost. Dat geldt zeker voor sportschaatsers, die wel wat anders aan hun hoofd hebben dan dierenleed. Zij zullen ook amper opmerken dat rond de beschaatste ijsvloer door rietsnijders met hun Agria's hard wordt gewerkt om *'oer de hurde'* kostelijk riet te snijden op plekken waar dat door eigenaar It Fryske Gea of een andere instantie of particulier wordt toegestaan. Wie de korte tijd van ijsgang onbenut laat voorbijgaan, is veroordeeld tot tijdrovender maaiwerk, de inzet van grotere amfibievoertuigen of het verlies van een deel van de rietjaargang. Volgend jaar is dit voor de rietdekker niets meer waard, en hindert het de 'sluiker' bij het zuiveren van rietbossen.

◄ Spookachtig beeld in winterse sfeer. Er kan maar zo een *'wyt wiif'* uit de damp oprijzen.

Spelende otters, stervende reeën

In verscholen hoekjes kon het tot in 1972 nog voorkomen dat je de prenten van een otterpoot (*Lutra lutra*) in de sneeuw zag. Natuurman Tjibbe de Jong uit Oudega registreerde toen voor het laatst in de 'oude tijd' een paar met jongen. Aan hun uitwerpselen kon hij het marterachtige dier nog herkennen. In zijn leefgebied is het opvallend speels, vandaar de wetenschappelijke benaming. Een van zijn favoriete bezigheden is *'sleetjerijden'*: met de voorpoten onder de borst gevouwen van een hellinkje glijden.

Toen de laatste otterman na de strenge winter van 1987-'88 stierf aan waarschijnlijk chemische verontreiniging van het oppervlaktewater, begon It Fryske Gea de actie *'de Otter bliuwt in wrotter'*. Vooral de door de Elfstedentocht van 1986 erg populair geworden ijsmeester ir. Henk Kroes zette zich daar bij It Fryske Gea voor in. Aanvankelijk was het de bedoeling om een geschikte habitat voor de otter als 'indicator' (van voedselrijk schoon water) te creëren. Dat lukte.

Op 20 juni 1991 werd dankzij een actie van de slagerszonen Jan en Wybe Adema op de Sluiskade van Earnewâld een door Janneke Ros vervaardigd beeld voor de otter opgericht. Al gauw was toen de tijd rijp voor een herintroductie. Het op de plek van een vroeger zwembad in Leeuwarden opgerichte Otterstation (SON) van Addy de Jongh droeg hiertoe bij met jonge otters die uit Letland werden geïmporteerd.

De eerste zeven werden in 2002 in de Weerribben uitgezet, nadat in 1998 Earnewâld als experimenteerplek was afgevallen. Maar al in 2003 ontdekte Tjibbe de Jong weer sporen van een uit de Weerribben migrerende otter. En al werden veel reislustige dieren van deze soort doodgereden, het aantal ottermeldingen in de noordelijke provincies groeide gestaag. Ze móeten ook nu in de Alde Feanen zitten, al ziet bijna niemand ze. De grootste kans voor natuurvrienden om hun sporen te ontdekken, is tijdens sneeuwwinters.

Beklagenswaardig zijn veel wilde dieren als het gesneeuwd heeft. Arm groen met weinig calorische waarde is voor grazers alleen te bereiken waar het boven een sneeuwlaag uitkomt, zoals een overtijdse zegge. De bast van sommige jonge boompjes wordt afgeknaagd, maar dat biedt met een lege maag weinig soelaas.

In de Elfstedenwinter van 1997 laaide de discussie op of de organisatie van natuurliefhebbers It Fryske Gea de van ellende stervende reeën (*Capreolus capreolus*) niet moest bijvoeren. Hooi genoeg immers, er werd zelfs geld voor ingezameld. Het klimaat voor dit diervriendelijke pleidooi was begunstigd door de inmiddels als normaal geaccepteerde kunstmatige voedering met dode kuikens van nieuw geïntroduceerde ooievaars rond het aardgasstation ten noorden van Earnewâld. Dat daarmee onnatuurlijk gedrag als het achterwege blijven van de jaarlijkse trek werd versterkt, speelde in de acceptatie van deze vorm van natuurbescherming amper een rol.

Jagers daarentegen wezen erop dat echt wilde reeën geen hooi eten en zeker geen zurige kuil. Ze believen slechts zelf gevonden voedsel, zo lang ze gezond zijn tenminste. En zieke dieren moet je niet in stand willen houden, als je een populatie niet aan parasitaire verzwakking ten onder wilt laten gaan. Als het lijden naar de mens gesproken ondraaglijk wordt, kan afschot volgens jagers een 'humane' oplossing bieden.

Een natuurpartij bracht daar weer tegenin dat aan de hongerdood in combinatie met vrieskou geen ernstig langdurig lijden vooraf hoeft te gaan. Onderkoelde dieren voelen weinig meer. En vormt een gestorven ree geen calorierijke maaltijd voor hongerige aas-, vlees- of alleseters? Daartoe behoren veel roofvogels, wier aantal hier in enkele jaren danig is vermeerderd. In een lange winter hebben ze vrijwel niets meer te eten.

It Fryske Gea, aangevoerd door de *'fjildman'* Ultsje Hosper, stond in deze discussie voor een dilemma. Reeds zegden leden hun lidmaatschap op uit protest tegen het onbarmhartig, of liever open en bloot, laten sterven van verzwakte dieren. Anderen keerden zich in ingezonden stukken tegen al te schietlustige plezierjagers. Het ware beter om de herintroductie van grote roofdieren als wolven maar te stimuleren; de vos was er immers al, maar die viel niet zo gauw een ree aan. Daartussen bewogen zich de natuurmensen die altijd met It Fryske Gea hadden samengewerkt in *'hybride'* vormen van meer of minder intensief beheer. De echte *'plezierjagers'* onder hen beseften dat vlees van reeën door veel mensen lekker wordt gevonden.

Doorbraak

Het jaar 1998 stond in het teken van vele maatschappelijke discussies. In Earnewâld werd in no time een skûtsjemuseum opgericht, gebouwd, ingericht en geopend. Initiatiefnemer Age Veldboom kreeg hulp van tientallen vrijwilligers toen hij plotseling moest improviseren om 'zijn' museum op een bedrijventerrein gerealiseerd te krijgen. Het mocht vanwege het bestemmingsplan geen museum zijn, zodat het zogenaamd een historische scheepswerf of eigenlijk een *'blok en pompmakerij'* werd. Pompen zijn er nooit gemaakt, blokken volop, door de oude Jan Bruinsma. Piebe Wester verzorgde als vrijwilliger het schilderwerk.

Omdat Age in rare perikelen verzeild raakte door een aanvaring van twee van zijn skûtsjes, werd de vorming van een zelfstandige stichting Skûtsjemuseum versneld. Piet Herrema fungeerde meer dan tien jaar als voorzitter. Zijn vrouw, de schippersdochter Anneke Joustra, verzorgde als een echte museummoeder met vele vrijwilligers honderden ontvangsten en rondleidingen. Samen hielpen zij dit museum de magere tijd door.

Steenmarter (Fries Stienmurd)

In de winter van 1999 ging de vrije uitwisseling van argumenten over de grenzen van het natuurbeheer ten onder in een steeds heftiger debat tussen *afschieters*, *afstervers* en *bijvoederaars* in de wintertijd. Bestuur en directie van It Fryske Gea, door de veelkleurigheid van haar ledenbestand gedwongen tot een praktische opstelling, kozen in principe voor *afschot*.

In hetzelfde jaar zette It Fryske Gea in Earnewâld drie boommarters (*Martes martes*) uit, die in een koude winter een vakantiehuis soms als een dikke boom beschouwen. Zij werden niet de plaag die men ervan gevreesd had. Veel meer onrust ontstond er over de uit oostelijker streken naar hier gekomen, tammere steenmarter (*Martes foina*). Ook deze ondersoort werd in 1999 door De Jong in Earnewâld gespot.

In amper tien jaar tijd zou de '*stienmurd*' zich ontwikkelen tot een gevreesd huisgenoot, die in één nacht wel zes tot acht kilometer aflegt vanaf het kerngebied waar hij woont. De paniek over zijn gerommel en stank op zolder en het doorknagen van rubber autoslangen met daarin weekmakers van visolie werd via de Leeuwarder Courant verbreid naar alle dorpen waar het beest zich vestigde of voedsel ophaalde. In Eastermar waren er volgens de geruchten in 2012 bijna net zoveel exemplaren actief als daken met zonnenpanelen, en dat waren er heel wat. Het droeg bij tot een flinke opleving van de omzet in sterk gaas voor volières en kippenhokken én ultrasone piepapparaten op stroom, die kleine en grotere zoogdieren op afstand houden. Dat hielp ook tegen de vossen, die vanaf 2000 in grote aantallen werden waargenomen rond vooral natuurgebieden.

Winterrust en zomerdrukte
Echte toeristendorpen hebben twee gestalten, van de zomer en van de winter. Terherne en Langweer hebben in de zomermaanden vijf keer zoveel inwoners en gasten op straat als in de winter. In Earnewâld ligt het iets anders door de drukte die het natuurbeheer een heel jaar door met zich mee brengt, de massaliteit van het schaatsplezier en de verlenging van het toeristenseizoen door de aanwezigheid van honderden recreatiebungalows. Die staan echt niet zes maanden per jaar leeg.

De winter eindigt voor zo'n toeristendorp formeel als het watersportseizoen begint. Dat is in Earnewâld op of rond Koningsdag, 27 april. Dan wordt de nieuwe *Feankeninginne* gekroond door een hoogwaardigheidsbekleder, een gedeputeerde, de burgemeester, een wethouder of de directeur van It Fryske Gea. Zij treedt vervolgens bij diverse gelegenheden een heel seizoen op als ambassadrice van de Earnewâldster watersportsector.

Als ze het te druk krijgt, assisteert een '*blommefamke*' haar. De 'Feanprinses' is een fraaie rondvaartboot, die deel uitmaakt van het smaldeel van Rondvaartbedrijf Princenhof.

Doorgaans houdt het zomerseizoen na de herfstvakantie op. In die week valt meestal de Strontrace van Workum, waar geregeld Earnewâldsters aan meedoen. Nog even en de herfst maakt deel uit van het zomerseizoen. Zo was het in de Keltische tijd ook, reden waarom de oogsttijd toen herfst ('*harvest*') werd genoemd.

Age Veldboom

Schipper, organisator en schaatser

Earnewâld ligt 'aan het voeteneind'. Er loopt wel een weg naar toe, maar je kunt met de auto niet verder dan De Princenhof. Wie dat wel wil moet wandelen of fietsen. Of varen. Earnewâldsters leven van, met en op het water, zij zijn zowel in de zomer als in de winter op het water te vinden en het is dan ook niet verwonderlijk dat de zeilvereniging EMM (Eendracht Maakt Macht) en de ijsclub 'Lyts Bigjin' al ruim honderd jaar een belangrijke plaats in het verenigingsleven hebben. Age Veldboom is voorzitter van de ijsclub.

De vriendenclub van het Earnewâldster skûtsje en de ijsclub werken samen bij de organisatie van een schaatstoertocht. In 1872 was EMM een zeil- en ijsclub in één. In 1908 ging de ijsclub zelfstandig verder, toch hebben ze een gezamenlijk belang: de jeugd 's zomers leren zeilen en 's winters het schaatsen bij brengen. Schippers en schaatsers blijven nauw aan elkaar verbonden. Aan vrijwilligers in het kleine dorp is als er ijs ligt geen gebrek.

'Na de drukte van de zomer komt in het najaar het verenigingsgebeuren weer tot leven. Het is onvoorstelbaar in hoe weinig tijd er voldoende vrijwilligers bij elkaar zijn, als er ijs ligt, om een schaatsevenement te organiseren. Het is de kracht van een klein dorp, maar ook de gedrevenheid van de mensen om met elkaar wat neer te zetten. Bovendien eten we na afloop met elkaar stamppot en drinken een biertje, dit is ook een sociaal gebeuren in het dorp. Dat maakt dat mensen ook altijd weer willen helpen.'

Age Veldboom woont aan de rand van de Jan Durkspolder en de Lytse Mar.

'Ik weet altijd al snel of het kan of niet: even over het hek en ik sta op het ijs. De toertocht door de Jan Durkspolder kan al snel gereden worden, het water is hier erg ondiep. Daar komt bij dat wij direct in actie komen als we ook maar enigszins het idee hebben dat we de toertocht uit kunnen schrijven. Van 2009 tot en met 2013 hebben we de tocht jaarlijks kunnen

Als Age vertelt, wil je luisteren…

houden. Het is een stuk Earnewâldpromotie waar geen folder aan kan tippen. Op zo 'n dag rijden een 5000 mensen de toertocht en allemaal komen ze enthousiast terug. Mensen die hier op het ijs genoten hebben, komen in de zomer graag terug. Het mes snijdt aan twee kanten, want met de opbrengst van deze tochten gaan o.a. de schoolkinderen in de winter naar de IJshal in Leeuwarden om daar het schaatsen te leren en kan het Earnewâldster skûtsje bijvoorbeeld een nieuwe fok aanschaffen.'

Het is niet alleen de toertocht door de Alde Feanen die veel mensen naar het dorp trekt. IJsclub 'Lyts Begjin' heeft ook nog de schaatsklassieker 'De 100 van Earnewâld', waar de grote cracks uit de marathon hun krachten meten. De wedstrijd werd voor het eerst gereden in het beruchte Elfstedenjaar 1963 en gewonnen door Earnewâldster Jeen Wester, die destijds tot de absolute top van het marathonpeleton behoorde. Hij werd later, samen met twee andere winnaars van de tocht, Jos Niesten en Hilbert van der Duim, door kunstenaar Hans Jouta vereeuwigd in een levensgroot beeld dat een prominente plek kreeg op een drijvend plateau op water 'it Wiid'.

Age Veldboom is een watersporter in hart en nieren. Als vakleerkracht lichamelijke oefening kwam hij in het watersportdorp wonen en begon er de zeilschool en skûtsjeverhuur Annage. Later was hij de oprichter van het Skûtsjemuseum. Naast het museum liggen nu zijn skûtsje 'de Swanneblom' en de Lemsteraak waar dagtochten mee gevaren worden. Voor een personeelsvereniging of familiedag wordt hier een complete zeildag verzorgd.

Age is ook lid van de bestuurscommissie die zich bemoeit met de herinrichting van de Alde Feanen. Hij zet zich in voor de aanleg van meer wandel-, kano- en vaarroutes in het gebied. 'De natuur hier is erg mooi, maar wat heb je er aan als de mensen er geen gebruik van kunnen maken? Als mensen optimaal kunnen genieten, krijgen ze meer waardering voor alles wat groeit en bloeit. Ik ben bezig met enkele initiatiefnemers een route te ontwikkelen die alleen toegankelijk is voor mensen met een kano, of voor elektrisch varen. Dat is een combinatie van ideologie en ondernemingsgeest. Als natuurgebied kunnen wij ons onderscheiden met dit soort initiatieven. Dit is ook een ontwikkeling die naar mijn mening bij de natuurbeleving van nu hoort. Het is misschien niet de massa, die hiermee aangeboord wordt, maar 'groot' is ook niet belangrijk. 'Goed' is wat telt.'

Dit is een instructief demonstratiemodel, mét kloten, maar geen skûtsje.

187

Rietsnijden

Onmisbaar ambacht

Riet wordt van ongeveer half december tot eind maart gesneden. Het is een langdurig proces en wordt vooral met de hand gedaan. Het riet wordt eerst gesneden, vervolgens wordt het gesorteerd en schoongemaakt. Daarna wordt het in bossen bijeen gebonden om voor gebruik te kunnen worden vervoerd. Riet wordt gebruikt als bedekking van de kappen van molens en de daken van boerderijen en villa's.

In Nederland wordt op enkele duizenden hectares riet gesneden voor dakbedekking. Meestal gebeurt dat in natuurgebieden. Rietsnijders pachten het rietland van It Fryske Gea of van particuliere eigenaars. Het is een arbeidsintensieve klus, maar nodig om het open karakter van het gebied te bewaren.

Het valt voor een rietsnijder niet mee om nog een boterham te verdienen. Uiteraard wordt dat veroorzaakt door het feit dat het om seizoenswerk draait: riet wordt pas gesneden als in de herfst de plant afgestorven is. Het groene wuivende riet verkleurt naar geel, de bladeren vallen af, de plant verhout. Pas dan kan er gesneden worden. Zodra in het voorjaar de nieuwe planten tevoorschijn komen is het seizoen weer voorbij.

Ook de bereikbaarheid van het riet speelt een rol. In de Alde Feanen zijn de percelen klein en vaak alleen over water bereikbaar. In sommige gebieden wordt gebruik gemaakt van een rupsvoertuig, dat probleemloos door het zompige gebied banjert en grote bossen riet tegelijk snijdt. Die bossen riet worden onder dak opgeslagen en later verder verwerkt.

Voor de eenzame rietsnijder die niet over zo 'n monster beschikt is het ploeteren op de vierkante meter en hopen op een relatief droge winterperiode.

◀ Een nieuw dak voor een bijgebouw van Geasicht.
Boven: maaien bij een temperatuur boven nul.
Daaronder: 'Slûkje', het verwijderen van ruigte uit riet.

Vijftien bosjes per m2

De bossen riet worden gestapeld in het veld en pas als ze goed gedroogd zijn verwerkt naar de gangbare bosjes van zo 'n 45 centimeter omtrek, waarmee de rietdekker zijn werk doet. Vijftien van die bosjes zijn voldoende voor een vierkante meter dakbedekking.

Productieriet moet jaarlijks gesneden worden om voldoende kwaliteit te garanderen voor de rietdaken van boerderijen en woningen. Oud riet gaat veel minder lang mee. De bodem en het klimaat zijn bepalend voor de kwaliteit van de plant, maar ook de hoogte van afsnijden is belangrijk: het onderste gedeelte is het hardst en dus het meest geschikt. Verder is het zaak dat het riet goed droog is wanneer het gebost wordt. Vochtig riet werkt niet als dakbedekking.

De rietsnijders in Nederland hebben tegenwoordig grote concurrentie van het buitenland. Uit het oosten van Europa wordt tegen een veel lager tarief riet geleverd en inmiddels wordt ruim 60% van de Nederlandse rietdaken bedekt met 'vreemd' riet.

Rietdekker Evert Hoekstra uit Garyp, die veel daken in Fryslân onder handen neemt, werkt uitsluitend met riet uit eigen land en het liefst uit de Alde Feanen. Uit liefde voor zijn omgeving, maar ook uit overtuiging dat de kwaliteit uitstekend is. Het riet in het buitenland wordt veel hoger afgemaaid en is daardoor minder stevig, vindt hij.

Moerasbos

Rietsnijders in de Alde Feanen stuiten niet alleen op het probleem van de bereikbaarheid van hun werkgebied. Ook de veranderende omstandigheden in het natuurgebied maken het werken steeds lastiger. Het waterpeil onder het laagveenmoeras zakt, waardoor er verlanding optreedt. Het proces gaat sneller dan de rietsnijders lief is, want het is niet zozeer voor de broodwinning dat ze het oude ambacht uitoefenen, het is noodzaak voor het beheer dat het riet jaarlijks gesneden wordt.

Als rietland niet gemaaid wordt, duiken al na enkele jaren de eerste struiken en boompjes (zwarte els, berk en wilg) op. Na vier tot vijf jaar verdwijnt het open karakter van het landschap en nog eens zo 'n periode later is het voormalige rietland veranderd in moerasbos, dat alleen nog met rigoureuze maatregelen te herstellen is. Met subsidie wordt geprobeerd de probleempercelen te 'plaggen', waarbij de bovenlaag met bosjes en al wordt afgeschoven om zo het riet opnieuw de kans te geven te groeien en het karakteristieke landschap in stand te houden.

Rijk worden ze er niet van, de rietsnijders. Het is de liefde voor het werk in de vrije natuur en de betrokkenheid bij het gebied, dat maakt dat het beroep nog steeds van generatie op generatie wordt doorgegeven.

13

HUISJES IN HET GROEN

Prachtige perceeltjes waar een zomerwoninkje kan staan

Het moet rond 1912 geweest zijn dat de Leeuwarder poelier Jan Pieter de Jong uit de Sint Jacobsstraat een jachthutje bouwde op de hoek van Folkertssloot en Zonsmeer, iets ten noordoosten van het Hansemeer of Moddermar.

Een merkwaardig verschijnsel in de Alde Feanen zijn de meer dan vijftig zomerwoningen tussen Earnewâld en de randen van het gebied. Aanvankelijk werd er van alles neergekwakt dat als onderkomen kon dienen, van een houten keet ('de Keet') tot de plank voor plank afgebroken serre bij de oude pastorie en van een overgeplaatste uitbouw uit Leeuwarden tot een binnenschip met een opbouw. De Eernewoudster aannemer Wibe Bijlsma zorgde ervoor dat het waterdicht was en niet te erg tochtte en er een beetje fatsoenlijk uitzag.

Maar al gauw eisten de tijdelijke bewoners meer gerief en konden ze een beter ontwerp betalen. Zij gaven opdracht aan goede architecten om echt mooie zomerwoningen te ontwerpen. Dat gebeurde vooral in de jaren dertig, toen de gemeente Tietjerksteradeel kritischer werd op wat in het groen werd gebouwd. Er ontstond toen, zo werd gewaarschuwd, een 'buurtje' aan de Folkertssloot en aan de Zonsmeer dreigde hetzelfde te gebeuren. Dat was extra gevoelig omdat de Nederlandse overheid meer en meer op 'welstand' ging letten en It Fryske Gea vanaf 1934 belangen én macht verwierf in dit deel van Friesland, dat al lang niet meer ongerept was.

De Leeuwarder architect Piet de Vries liet in 1936 voor eigen rekening en gebruik aan de Aldewei het huisje 'De Meerkoet' bouwen. Dat was in

De internationaal bekende bouwkundige Hans de Vries, echtgenoot van de te jong overleden kunstkenner en –handelaar Cora, heeft over deze en andere episodes in 2014 een vijfdelig werk geschreven, 'Tijd van het Baken'. Dat op zich is door zijn vormgeving een juweeltje van toegepaste ontwerpkunst. Het Baken in de titel, dat moge duidelijk zijn, verwijst naar het huisje van Hans en Cora, dat met LeCorbusier als inspirerend voorbeeld in al zijn simpelheid tot een fraaie zomerwoning is verbouwd.

190

◀ Links Het Baken, dat gebouwd is met respect voor de vormen van het eerste huisje met deze naam (beneden). Daaronder: Zon Rondom.

1936 en het legde hem geen windeieren. Want twee jaar later mocht hij voor Piet Miedema een fraai hotel-restaurant ontwerpen, dat vanuit het zuiden, het westen en het noorden de ingang tot It Wiid zou markeren. De Vries bouwde meerdere zomerwoningen, waaronder Ruimzicht. Zijn collega's A.J. Feddema (Akkewente), Douwe Witteveen (Reidplûm) en ir. J.J.M. Vegter (Titania) gaven elk hun eigen accent aan een zonder uitzondering mooie stoffering van het prachtige landschap. Dat werd pas doorbroken toen vroeg in de jaren vijftig Frits Philips de ruimte kreeg om hoger te bouwen dan was toegestaan op De Groene Deken.

Ineens moest alles groter en geriefelijker, ook toen het eigenlijk niet meer mocht. Een fantastische oplossing vond Dirk Nienhuis door zijn 'Marijke' aan de Folkertssloot zo snel tot de grond toe af te branden, dat de brandweer niet eens de tijd kreeg om te blussen. Dat gaf ruimte voor een nieuwbouw die eenvoudiger was dan groot onderhoud.

Omdat een baken de kruiswaters markeerde, lag voor De Jong de naam 'Het Baken' voor de hand. De Jong pachtte hier aanvankelijk een groot terrein als jachtgebied. Zo kon hij zelf zijn voorraad waterwild op peil houden en zijn dagen in het paradijs meer dan rendabel maken. Hij greep zijn kans toen in 1918 een hele strook 'Skromelân' langs de westkant van de Sânemar werd geveild. Voor ongeveer 700 gulden werden De Jong en zijn jachtkameraad Douwe Swart eigenaar van dit kostelijke natuurgebied. Swart, zelf aannemer, bouwde later een eindje verderop het huisje 'Zon rondom' aan de Sânemar.

Ze kregen al gauw gezelschap. W.A. Slager had op de hoek van Aldewei en Skeane Sleat een huisje met de sprekende naam 'De Keet' met de woonark 'Simmerwille' (in de Oksepoel lag later de woonboot 'Stille Wille' half op de wal, ook met een 'keet'). Dat werd een bekende pleisterplaats, die weldra opgenomen zou worden op topografische kaarten. Volgens de schrijver ds. R.J. de Stoppelaar was elke gast er welkom. Slagers relaties uit verre landen kwamen hier op bezoek en schreven jubelende loftuitingen in het gastenboek.

De Leeuwarder jurist en later wethouder Mr. Cornelis Beekhuis kocht in 1916 een complex petlanden in en rond het Rommerts- of Holstmeer van notaris Allert Ottema, vader van de bekende Nanne. Het was er, vlak bij het boerenbedoeninkje van de later beroemd geworden Sytse en Maaike, ideale jachtgrond. Hij en jachtvriend Sprenger plaatsten in het seizoen een demontabele jachthut van drie bij drie meter op het eilandje voor de ingang van de Aldewei. 's Winters werd het houten hokje bij de scheepsbouwersfamilie Westerdijk opgeborgen. Later, na de dood van Beekhuis in 1937, werd dit met een bouwvergunning bij het huisje Sayterhonk van de familie M. Kingma geplaatst, waar het dienst zou doen als dienstbodenkamer. Naar Beekhuis werd toen de polle voor de ingang van de Oudeweg in de Sânemar genoemd.

Watersporters

Douwe Swart behoorde tot de eerste bestuursleden van de Vereeniging Leeuwarder Watersport (LWS), die in januari 1916 was opgericht. Vanuit zijn huisje 'Zon Rondom' kon hij met De Jong zijn Leeuwarder vrienden de weg wijzen naar andere prachtige perceeltjes waar ook wel een zomerwoninkje of desnoods een opslaghok kon staan.

Daar ontstond vrij plotseling grote belangstelling voor, want de watersport zat, met vele andere vormen van sportieve vrijetijdsbesteding, in de lift en noodwinkels, oude serres en planken waren er genoeg. Tot na de eeuwwisseling van 1901 telde Leeuwarden maar weinig watersporters. De zeer voornamen onder de bevoorrechten die zich een vakantie en overnachtingen in een hotel konden veroorloven, waren veelal lid van de 'dure' Zeil-vereeniging Oostergoo, statutair in Leeuwarden gevestigd maar vooral actief op de Grouster wateren. Ligplaatsen waren er in de Friese hoofdstad nauwelijks. Het Nieuwe Kanaal was voor de grote schepen, de Potmarge was over een grote lengte ernstig vervuild door de strokartonfabriek. Toen die vervuiling was ingeperkt, groeide de belangstelling voor de watersport spontaan.

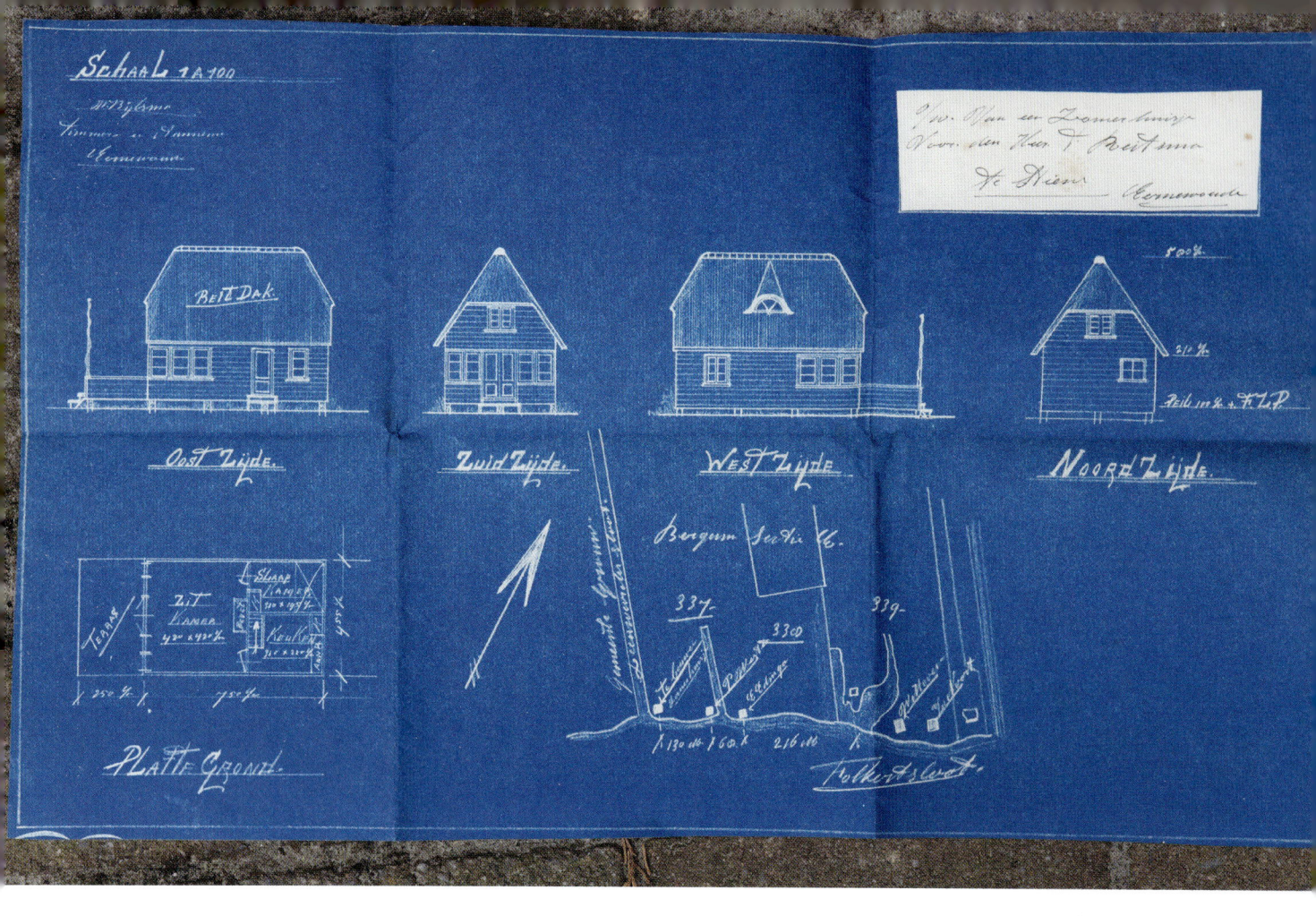

De afstand tot de meren was aanvankelijk nog wel een bezwaar. Er waren toen immers nog amper buitenboordmotoren. Met de zeilboot was het met westenwind een klein uur varen, en terug duurde het gauw twee keer zo lang, als de wind niet helemaal wegviel in de avonduren. De enige reële oplossing was een sleepdienst. Dan kon je op zondag, voor velen de enige vrije dag, tenminste een mooi zeiltochtje maken in de zekerheid dat je 's avonds ook bij windstilte op een redelijke tijd weer thuis was.

De nieuwe vereniging zou dat kunnen organiseren, en een jachthaven aanleggen, en zorgen voor *landingsplaatsen* in een gebied waar toen nog niets voor watersporters was geregeld. Zo geschiedde het dat op 31 januari 1916 de LWS werd opgericht, met een subsidie van 100 gulden van de VVV voor een in te stellen sleepdienst naar en van Grouw. Daarvoor werd de 'Fortuna' ingezet.

Leden van LWS keken hun ogen uit als ze voor het eerst in deze contreien kwamen. Omdat de stad voller en drukker werd, was een optrekje in het groen in hun kringen een begeerlijk bezit, zeker voor degenen die de Eerste Wereldoorlog financieel goed door waren gekomen. Het was ook nauwelijks te geloven: voor een paar honderd gulden koop of een paar tientjes per jaar huur had je een perceel land waar je een eenvoudig bouwsel op kon plaatsen. En voor een geringe extra investering stond er een zomerwoninkje naar de sobere eisen van die tijd, met licht van de olielamp en water uit het vat of de puts.

De Jong zag wel wat in de nieuwe ontwikkeling. Hij verpachtte delen van zijn terrein aan families, die hier aanvankelijk nog konden neerzetten wat ze wilden. Als het voor tijdelijk was, hoefden ze geen vergunning voor de in 1911 van kracht geworden Woningwet. Tijdelijk was

▲ Een blauwdruk van een huisje waarvoor aannemer W. Bijlsma vergunning vroeg. Het zou in een nieuw 'buurtje' aan de Folkertssloot worden gebouwd voor T. Reitsma, en kreeg de naam Geasicht (foto rechts). De vormentaal was duidelijk geïnspireerd op het werk van onder meer de Leeuwarder architect Piet de Vries, die 'De Meerkoet' voor zichzelf ontwierp en liet bouwen.

Verschillende huisjes werden in opdracht van Gerrit Wester gebouwd. In Vroomshoop werden speciale 'zomerhuisjesbouwpakketten' ontwikkeld om ze snel en goedkoop te kunnen plaatsen.

Als ambtenaren later wat lastig waren, namen eigenaren soms hun toevlucht tot radicale oplossingen, zoals zelfs het gecontroleerd verbranden van een huisje (in dit geval 'Marijke').

▶ Akkewente 1964.

▼ Geasicht

▼▼ Marijke

W. Geveke liet het huisje bouwen in 1941 naar een vrij royaal ontwerp van A.J. Feddema op de plek waar eerder een huisje 'Zonnelust' stond. In 1945 ruilde Geveke het huisje om voor een auto met aannemer Brink. In 1964 kwam het in bezit van mr. G. J. van der Meij, die het volledig renoveerde en de naam Akkewente aan het huisje gaf.

in principe alles wat van hout was gebouwd en op de zompen in de venen stond. De meeste natuurliefhebbers waren al tevreden met een paar wanden met een dak erop. Eten deed je in de boot en wie buiten wilde slapen, nam een tent mee. Zo verspreidden zijn zeilvrienden zich over het gebied. H. Winters zette een optrekje neer op de plek waar later de 'Sannemar' zou komen. Jan Rabius bouwde het zomerwoninkje 'De Wijde Blik'. Meerdere Vermeulens streken neer aan de Sânemar en de Groene Deken, waar 'Titania', 'Groene Deken' en 'Riethorst' gebouwd zouden worden.

E. de Vries zette een hokje neer waar Piet Veelders uit Leeuwarden naar ontwerp van de bekende architect Piet de Vries in 1935 'De Meerkoet' bouwde.

B. van der Zee was kwartiermaker voor het in 1932 door de Leeuwarder aannemer J. Boersma fraai gebouwde 'Marsicht'. Hun stad- en verenigingsgenoot de meelfabrikant Jan Koopmans had al eerder een perceel land, riet en water gekocht: de Wyldlannen aan de Princenhof. Zijn naam is gekoppeld aan (een onderdeel van) de Hanse (Holst)meer of Moddermar: Koopmanspoel. Mogelijk beschouwde hij dit terrein als pied à terre voor uitstapjes met zijn motorboot Alida.

Zo nestelde een kleine Leeuwarder kolonie zich in de onlanden, ruim zeventig jaar nadat leden van de Friese adel de georganiseerde watersport bij Grouw een impuls hadden gegeven met wedstrijden onder auspiciën van Oostergoo. Ze deden dat voor Prins Hendrik de Zeevaarder, die op deze manier geld inzamelde voor studiebeurzen voor kadetten aan de Marine Kweekschool in Harlingen.

LWS zag, uit respect voor deze traditie, af van de organisatie van grote wedstrijden. Deze vereniging schreef pure ontspanning hoog in het vaandel. Voor wie het bij Grou te druk, te duur en te gecultiveerd werd, was het waterland rond Earnewâld de omgeving waar men redelijk voordelig rust en avontuur kon beleven. Dat daar ooit een einde aan zou komen, was voorspelbaar.

193

De Kooi Een stuk gerieflijker

Na eerst in Lemmer op de camping te hebben gestaan, wilde de familie Christa graag een huisje aan het water. Vrienden van hen hebben geïnformeerd in de omgeving van Earnewâld. Zo kregen ze via Henk Bos de tip die leidde tot de aanschaf van recreatiewoning De Kooi. De kooi is al meer dan 30 jaar in het bezit van deze familie.

Met het oog op de risico's wordt het stenen huis niet verhuurd. 'Niet iedereen is ervaren met het leven in een afgelegen en 'primitief' gebied. Er zal ongetwijfeld veel vraag naar zijn, maar de Kooi wordt niet verhuurd.' De eigenaren maken er dan ook zelf geregeld gebruik van, in de zomervakantie altijd drie weken achter elkaar.

Bij de Kooi hoort maar liefst 15 hectare water en nog eens 3 hectare grond. Bij de voorzieningen horen een waterput, telefoon, en vele zonnenpanelen plus windturbine. Het aggregaat wordt sporadisch nog gebruikt. Toch, als je op vakantie bent, hou je altijd rekening met stroomgebruik als je bijvoorbeeld koffie zet. Ook douchen doe je niet te lang, aldus mevrouw Christa. Meestal is een duik in het water voldoende. Het toilet wordt tegenwoordig met oppervlaktewater gespoeld. 'In vergelijking met vroeger is het allemaal een stuk makkelijker geworden'.

Bij overname van de woning is een stuk bij de kamer gekomen en heeft de keuken een 'upgrade' ondergaan. Verder is een terras gebouwd. Recentelijk was het nodig om nieuw riet op het dak te leggen, omdat een boommarter er lelijk had huisgehouden. Maar ook dat hoort bij de Alde Feanen, net als de nijlganzen: lastige, strijdlustige gasten. Naast medebewoners afkomstig uit het dierenrijk zijn het voornamelijk de mensen die voor overlast zorgen. Een aantal recente inbraken hebben ertoe geleid dat de Kooi tegenwoordig goed beveiligd is.

194

De Wetterwille op de Headammen

In 1963 gaven het waterschap Eernewoude en de gemeente Smallingerland aan de familie De Jong uit Dusseldorf toestemming om aan de Headammen een ligplaats voor een woonschip in te nemen. Smallingerland verleende de ontheffing op basis van de *Verordening landschapsschoon Merengebied*. Het nummer van deze ontheffing, B98, moest duidelijk waarneembaar op het woonschip zijn aangebracht, en fungeerde tevens als 'huisnummer'.

In 1989 verkocht de familie De Jong de ark aan de familie Vink, de huidige eigenaar. In 1996 werd de oude woonark vervangen door de huidige. De walzijde grenst aan de doorgaande weg Headammen, waardoor alle nutsvoorzieningen aanwezig zijn. De weg fungeert als dijklichaam, het strookje land aan de ene kant van de weg en de ark is dus oeverland (Bûtlân) en was voorheen eigendom van het waterschap. Aan de andere kant van de weg loopt de grens van het nationale park De Alde Feanen, daar begint het deelgebied Jan Durkspolder. Op de plek van De Wetterwille is de Wijde Ee op zijn breedst, circa 400 meter. Schuin aan de andere zijde van de Wijde Ee staat de grote Amerikaanse windmotor uit 1926 die in het verleden dienst deed op de Hege Warren en nu in de Bonnebuskepetten zijn functie heeft teruggekregen.

De Koepel
Bijzonder van architectuur

▶ Foto Kees Klip

Diep in het Princenhof bij Earnewâld, verscholen tussen riet en bomen, stond op een eilandje een klein theekoepeltje. Het was verplaatst vanuit een tuin in Leeuwarden. In de loop der jaren is het vele malen verbouwd en uitgebreid. In 2000 is besloten het geheel te vervangen. In 2002 is de nieuwe Koepel opgeleverd.

Het maximum vloeroppervlak was volgens de voorschriften 77 m2 per laag. De eigenaren vonden het in dit waterlandschap ongepast om in meer dan één laag te bouwen, waardoor de woning zeer efficiënt moest worden ontworpen. Het meeste oppervlak is gegeven aan de woonkamer, de slaapkamers zijn klein, maar door het hoge, gebogen dak toch zeer ruimtelijk.

Het water aan de zuid- en westzijde van het eiland zijn privé-bezit. De woning is aan deze kant geheel van glas voorzien. Aan de noordzijde ligt openbaar water; aan deze zijde is het glasoppervlak kleiner. De insnoering van het dak ter plaatse van de woonkamer geeft een hogere dakrand en dus meer licht van uit het zuiden. Aan drie zijden zijn brede terrassen aangelegd, omdat hoge waterstanden het eiland regelmatig onbegaanbaar maken.

Er zijn op het eiland geen nutsvoorzieningen. Electriciteit wordt opgewekt met zonnenpanelen tussen het riet. Het zinken dak vangt regenwater op dat door de stalen kolommen wordt afgevoerd naar een opslagtank. Gas voor koken en warm water wordt aangevoerd. De woonkamer wordt verwarmd met een houtkachel.

De woning is waar mogelijk gebouwd met natuurlijke en onderhoudsarme materialen. Het dak heeft rondom een groot overstek als zonwering en ter bescherming van de gevels. De gevelbekleding en alle kozijnen zijn van onbehandeld lariks. De binnenwanden zijn van onbehandeld berken triplex. In het in- en exterieur is nergens verf gebruikt.

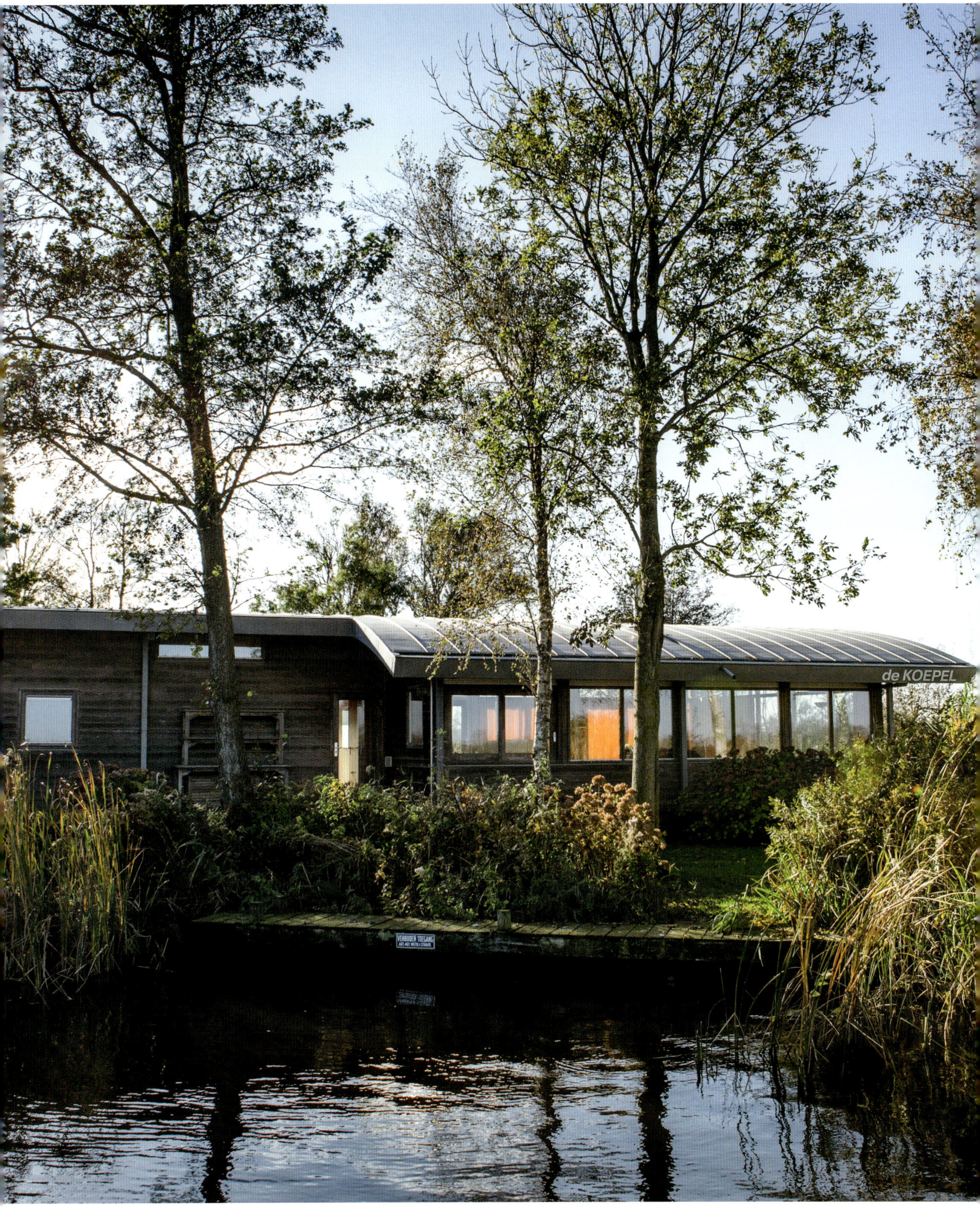
de KOEPEL
VERBODEN TOEGANG

Geasicht

Een mooi geschenk

Voordat het echtpaar Wieten in 1986 het landgoed 'De Luwte' (later 'Trijntjes Hûs') aanschafte, heeft het enkele jaren eerder de vier kinderen een mooi geschenk gegeven: Het zomerhuisje Geasicht aan de Folkertssloot, naast het bekende molentje.

Deze recreatiewoning was één van de vier die hier in de jaren 1933-'35 op een rijtje gebouwd werden, op minstens vijftig meter afstand van elkaar. Dat moest toen, om komvorming te voorkomen. T. Reitsma uit Stiens was de eerste eigenaar. Veel later volgde de familie Wester.

Sinds 1982 hebben de Wietens de eigendomspapieren, en de hele familie was op slag verliefd op de plek en de omgeving.

Een jaar na aanschaf is aan de toen nog kleine woning van 36 vierkante meter een zijstuk aangebouwd, waardoor het allemaal wat ruimer en leefbaarder werd. Enkele jaren later is er ook nog een bijgebouw naast gezet.

Leefbaar is het zeker, want de voorzieningen zijn helemaal van deze tijd. 'Veel is gelijk aan Trijntje's Hûs', vertelt de heer Jan Wieten. Er is een koelkast op gas, zonnenpanelen, en nog een extra generator. In de nabije toekomst zal deze lawaaimaker bij een volgende investering overbodig worden. Dan komt er mogelijk ook centrale verwarming. Ter isolatie bestaan de ramen van Geasicht nu al uit dubbel glas.

Op dit ogenblik is één van de vier kinderen enig eigenaar van de woning geworden, ook al staat dit niet officieel te boek. Samen met zijn broer en twee zussen verblijven ze gemiddeld vijf tot acht weken in Earnewâld.

Foto: Kees Klip

Kiekeboe

Als een oud 'langhús'

In juli 1921 kocht Antonius Engelbertus Rohling - woonachtig te Leeuwarden - een oud Fries 'langhús', daterend uit eind 19e eeuw. Tot dan toe was het in gebruik als schapenboerderijtje. Hij bouwde dit om tot zomerhuisje. De schapenstal werd woonkamer en het woonkamertje met bedstee en vlierinkje ingericht als slaapgelegenheid. Zijn jongste dochtertje bedacht de naam 'Kiekeboe' omdat de zon door de omringende hoge bomen 'kiekeboe' speelde. Het werd een geliefd plekje voor zijn vrouw, kinderen, familie en vrienden. Nu nog zijn enkele klein- en achterkleinkinderen eigenaar en de vijfde generatie geniet hier nu ook volop.

In de loop der jaren heeft het huis steeds aanpassingen ondergaan om aan de wensen van de gebruikers te blijven voldoen. De ouderdom eiste zijn tol en nieuwbouw werd noodzakelijk. Nieuwe ontwerpen werden door de gemeente afgewezen en er werd zelfs een commissie van dorpsgenoten bij betrokken voor advies. Dit resulteerde er in dat begin 1996 de Kiekeboe opnieuw is opgetrokken met behoud van het 'oorspronkelijke' aanzicht. Diverse onderdelen werden hergebruikt en met name de oude dakpannen zorgden ervoor dat het vertrouwde aanzien van de Kiekeboe behouden bleef.

Er zijn vele verhalen over wat de familie Rohling in 94 jaar in dit bijzondere vakantieoord heeft beleefd. Eén verdient zeker vermelding.

In het voorjaar van 1945 was Pieter Marie Rohling, zoon van Antonius, met zijn vrouw en twee kleine kinderen in de Kiekeboe ondergedoken. Nadat hij eind maart tijdens een razzia door de Duitse bezetter gevangen was genomen en gelukkig na enige dagen weer

Foto: Kees Klip

vrijgekomen, werd in de vroege ochtend van 15 april (zijn 30e verjaardag) onverwacht een paar weken te vroeg zijn 3e kind geboren. Op zoek naar een arts kwam hij de Canadezen tegen! Eindelijk bevrijd. Zijn dochter kreeg daarom de naam Liberita.

Bijzonder is ook dat we al vijf generaties goede contacten hebben met de dorpsgenoten en vooral met de buren de familie Westerdijk . De jongste generatie speelt ook nu weer over en weer met elkaar .

Siidspôle

Waar vroeger visserman Harrit G. Wester woonde, moest een mooie, karakteristieke woning worden verplaatst omdat passerende schepen grond onder de bodem wegzogen.

Vol energie!

De geschiedenis van het huisje Siidspôle is zeker de laatste 10 jaar kleurrijk. Nadat Jorrit de Jong het huis had overgenomen van visser Wester begon een lang traject van voorbereiding van de huidige nieuwbouw. De wensenlijst was eindeloos en het huis moest vele doelen dienen. De inzet moet tomeloos geweest zijn als de achtergebleven archieven de maat zijn. Veel schetsontwerpen zijn afgekeurd. Velen zijn betrokken geraakt bij dit project, soms tegen wil en dank. Een compromis was de uitkomst.

Uiteindelijk is Siidspôle gebouwd met een scala aan mogelijkheden en voorzieningen. vier volwaardige ingangen met degelijke deuren naast drie grote schuifpuien, een kantoor, airco, een professioneel sleutelplan dat voorziet in een gemengd gebruik en een concept brochure die een klein landgoed aan de Middellandse Zee niet zou misstaan. De indeling en de gebruiksmogelijkheden verraden een rijke fantasie en geven een beeld van de wensen die er leefden. Gelegen aan de Kalverstraat van Earnewâld wordt vanaf het water vaak bewonderend gekeken. Slechts een enkeling doorziet het compromis dat opgesloten ligt in retro met zijn klassieke aanbouw. De liefde die de bouwer erin heeft gestoken overheerst en maakt dit huis tot een unieke stek.

De huidige bewoners genieten volop van de in dit huis geaccumuleerde energie. Met af en toe een kleine aanpassing denken zij in lijn van de initiatiefnemer. Om van de enige nood een deugt te maken, wordt het huis ook in de koude maanden benut: de CV is nog steeds niet te regelen, hetgeen na 5 jaar ook niet meer wordt geprobeerd.

Het prachtige huis ligt in een gebiedje waar nog het nodige te ontwikkelen is. Veel is daarvoor al bedacht en als men langs rijdt, vaart of loopt, wordt dat snel zichtbaar. Het wachten is op een volgende energiegolf die deze prachtige woning verder helpt.

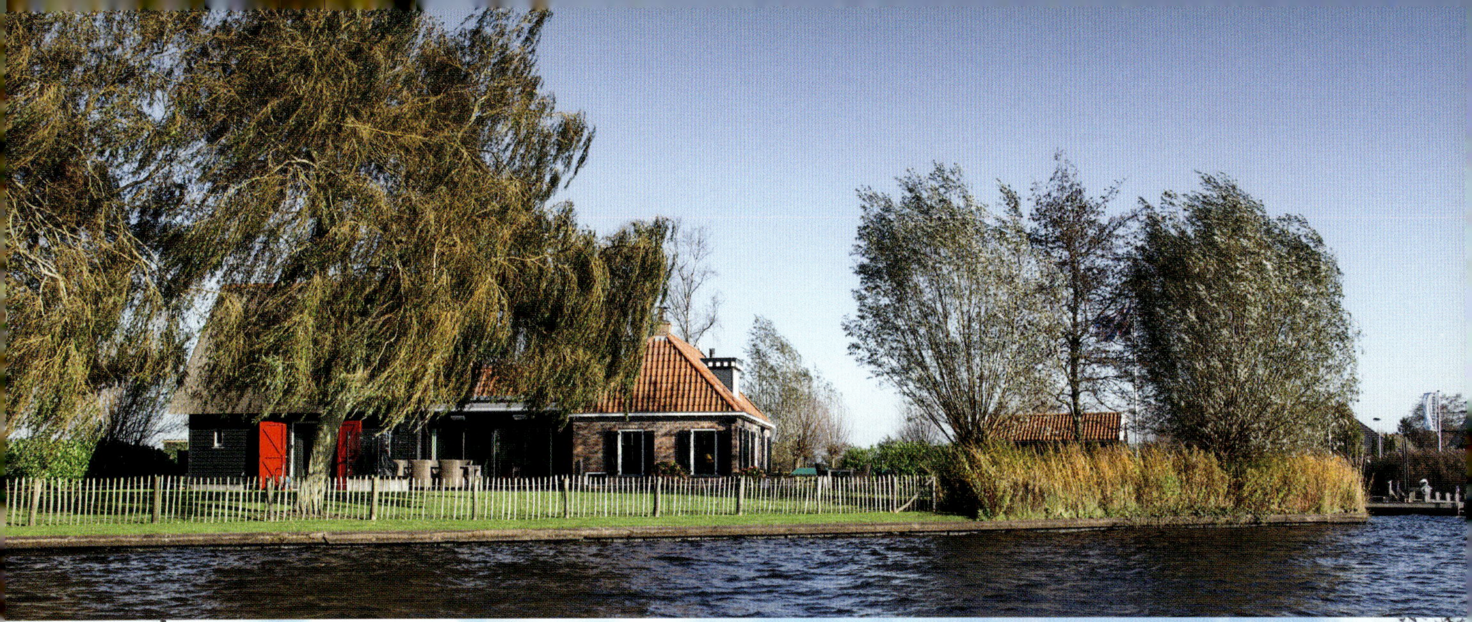

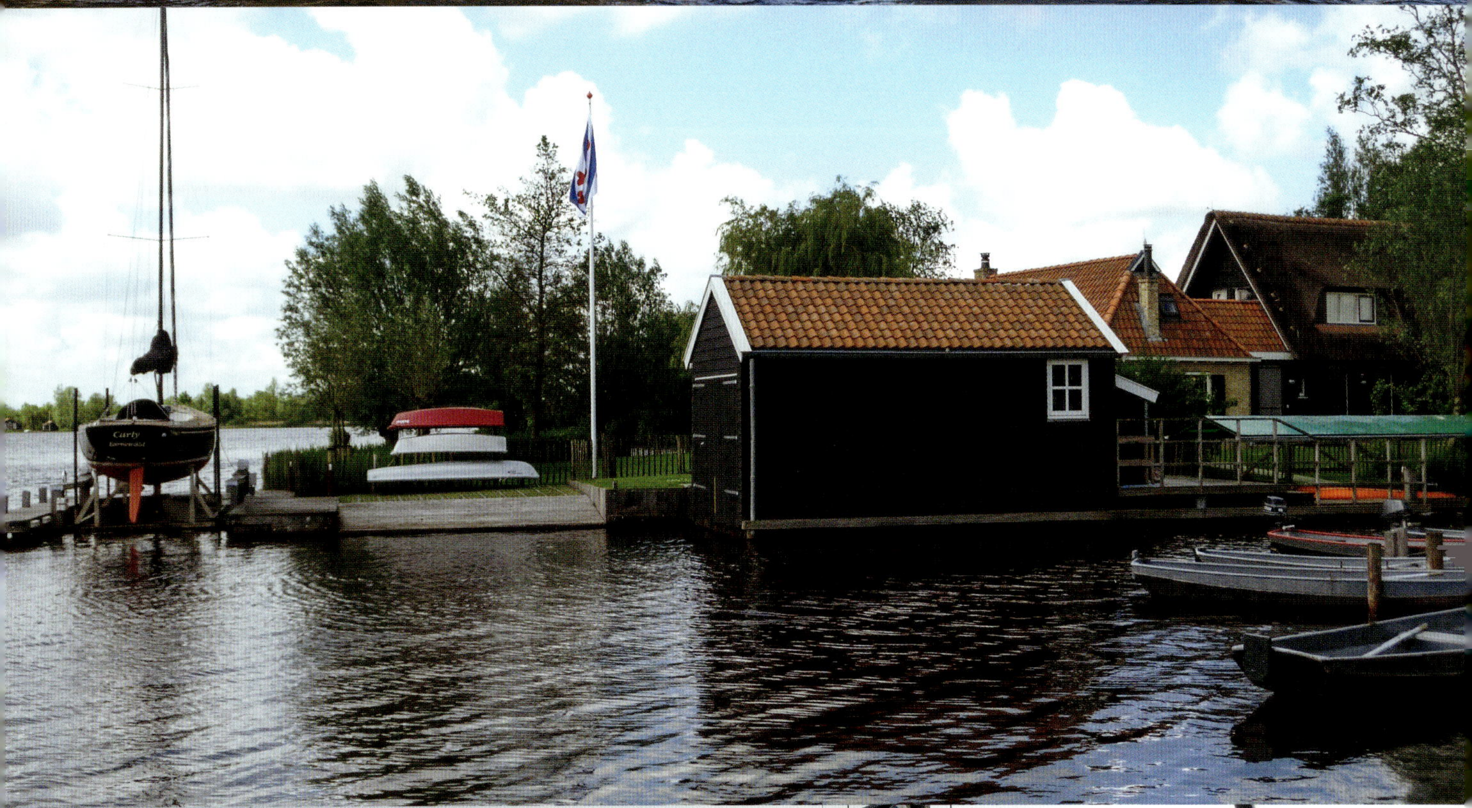

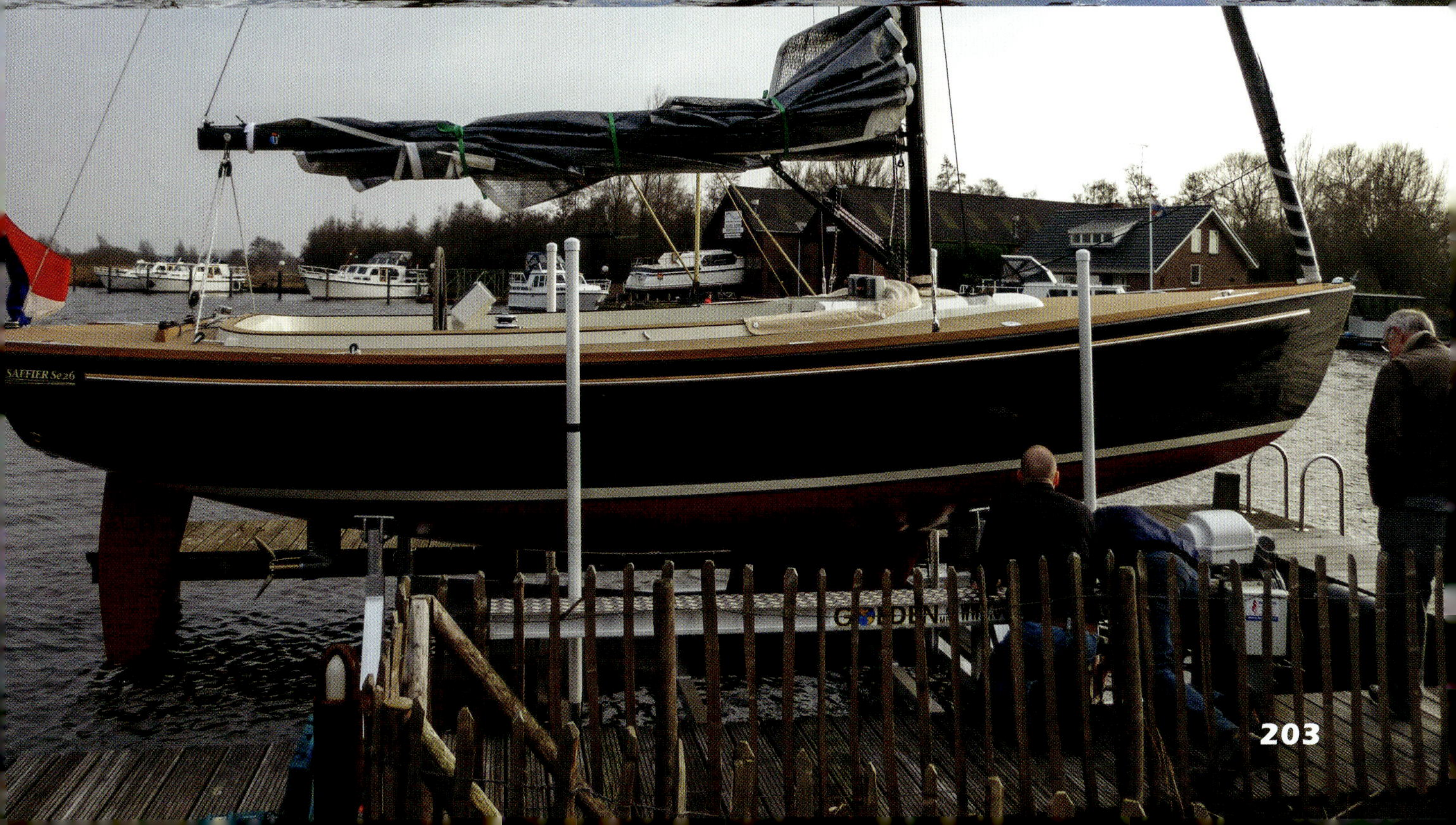
SAFFIER Se26

Titania

Voor veel fijne vakanties

De heer Joh. Vermeulen uit Leeuwarden kocht in 1925 het terrein gelegen op het eiland 'De Kompenije' aan het Sânemar te Earnewâld, en liet daarop een vakantiehuis neerzetten. Hier werden de vakanties en weekenden doorgebracht. In 1941 is het schiphuis gebouwd daar de familie Vermeulen langer gebruik maakte van Titania.

In de laatste oorlogsjaren is er ook overwinterd. Dit was toen een hele onderneming, aangezien het 's winters regelmatig hoog water was en het hele land onder liep. Daarom staan de huizen nog steeds op palen, vaak gecamoufleerd door planten en/of betimmering. Ook zouden er enige tijd onderduikers hebben gelogeerd; die konden zich dan in het achterliggende moeras en pettengebied schuilhouden. De huisjes die bewoond waren waarschuwden elkaar door middel van de Nederlandse vlag als er een Duitse patrouilleboot aan kwam varen. Als het weer veilig was, dan ging de Friesche vlag uit.

De heer en mevrouw Vermeulen waren zeer bevriend met Ir. A. Ooiman die al in de jaren 1929 de weekenden op Titania doorbracht.

Eind 1959 belde de heer Vermeulen vader Ooiman dat hij Titania wilde verkopen. Sindsdien is het in familiebezit.

In 1987 - '88 is Titania geheel herbouwd met behoud van de karakteristieke lijnen en kleuren. Binnen het huis is de indeling economischer en van alle eigentijdse faciliteiten voorzien. In de jaren hiervoor is ook telefoon, elektra, gas en leidingwater gekomen. Het land vraagt ook steeds aandacht en onderhoud. Met name de walbescherming is door de ligging, vaak aan lagerwal, een aandachtspunt.

Bij het zomerhuis Titania hoort ca. 2 ha rietland aan de Sânemar en het natuurgebied van It Fryske Gea.

Inmiddels is Titania sedert eind 2010 in bezit van de familie Cieraad, die het huis kochten van de Fam Ooiman. Er volgde een grondige renovatie van het huis in de jaren 2011 en 2012, zonder overigens het karakteristieke uiterlijk te veranderen. Het interieur van het huis werd volledig vernieuwd en gezellig gemaakt en zowel keuken als badkamer werden meer up-to-date gemaakt. Ook aan de buitenkant werd er veel opgeknapt: van de aanleg van meer steigers tot betere verlichting rondom, zodat alle gebruikers en gasten met droge voeten aan land kunnen komen. Met alle nieuwe voorzieningen is het huis van alle gemakken voorzien en bestand om weer een volgende generatie vele fijne vakanties te bezorgen.

Foto: Kees Klip

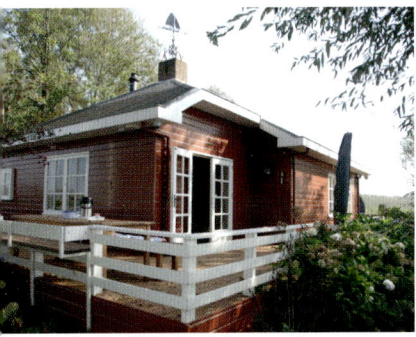

d'Aldwei

De Meerkoet (1980), met het schip DINJA van de Groninger Dirk van der Veen. De woonark d'Aldwei kwam later op deze plek.

Skriuwersarke

In een petgat aan de Drachtster Heawei, tussen De Wilgen en Veenhoop, ligt De Skriuwersarke. Wie er niet bekend is, die vindt het niet, de bewoonde wereld lijkt in geen velden of wegen te bekennen. Deze ark behoorde vroeger toe aan Rink van der Velde (1932-2001), een van de meest gelezen Friese schrijvers, jager en natuurmens in al zijn vezels.

Van der Velde kende de streek als geen ander en situeerde er de meeste van zijn romans. Hij kocht een petgat en legde er een aftandse woonboot neer, later verving hij die door het arkje dat er nu nog ligt. De schrijver gebruikte zijn arkje als uitvalsbasis voor jacht en visserij. In het petgat zette hij zijn fuiken uit, op jacht naar paling.

Van der Velde liet zijn arkje na aan It Fryske Gea, die het opknapte en klaarstoomde voor de toekomst. Sinds 2006 wordt het arkje een aantal maanden per jaar verhuurd aan schrijvers en dichters die zich bezighouden met letterkundig werk in het Fries of één van de Friese streektalen. De huur wordt betaald door het FLMD (Frysk Letterkundich Museum en Dokumintaasjesintrum), dat samen met It Fryske Gea ook de kosten voor het onderhoud en de vaste lasten voor zijn rekening neemt.

De belangstelling vanuit de Friese literaire wereld is zo groot, dat tegenwoordig het arkje niet alleen meer in de zomermaanden, maar ook daarbuiten beschikbaar is. De schrijvers leven er in afzondering, stil en eenzaam. Maar wie oog heeft voor de bijzondere omgeving, de flora en de fauna, die kijkt en luistert zich moe maar voldaan.

[cursief]

Op 7 july 2011 belibje ik myn lêste jûn yn de skriuwersarke. It is in prachtige simmerjûn, de sinne stiet as in grutte reade bol leech oan de noardeastlike himel, de moanne heech yn it westen. Ik sykje foar dizze gelegenheid in dikke Italiaanske sigaar út dy't ik jierren ferlyn yn Milaan kocht ha. It is sa'n wynstille simmerjûn mei fiere lûden. Ta ôfskied doarmje ik noch ien kear troch de landerijen tusken de petgatten yn. Yn it hege gers jou ik my del, ien mei de natuer.

Op 7 juli 2011 beleef ik mijn laatste avond in de schrijversark. Het is een prachtige zomeravond, de zon staat als een grote rode bal laag aan de noordoostelijke hemel, de maan hoog in het westen. Ik kies voor deze gelegenheid een dikke Italiaanse sigaar uit die ik jaren geleden in Milaan kocht. Het is zo 'n windstille zomeravond met verre geluiden. Als afscheid zwerf ik nog een keer door de landerijen tussen de pegaten. In het hoge gras ga ik zitten, een met de natuur.

Uit: *De swel as toatem* (Hinne Wagenaar)

Cuba

Als een tweede leven

De laatste grote investering betrof de elektrificatie. Met steun van Alliander, provincie en gemeenten deden zeventien eigenaren van recreatiewoningen hieraan mee. Dankzij It Fryske Gea mochten bij de oude boerderij Cuba aan de Cubasleat twaalf zonnenpanelen in de rietruigte verdekt worden opgesteld. Zo bleven het natuurschoon en het aanzicht van de markante stjelp onaangetast.

Drs. Jan Egbert Kuipers (75) komt al 45 jaar bij zijn boerderij, vroeger 'in spultsje' genoemd, in het zuidwesten van de Alde Feanen. Het ziet er nu van de buitenkant nog ongeveer net zo uit zoals na de bouw in 1925, maar het is inmiddels wel veel gerieflijker geworden.

Kuipers en zijn eerste, overleden, echtgenote Anna IngenHousz kwamen als verloofde jongelieden in september 1969 ter kennismaking bij de familie Okkinga op de recreatieboerderij Achttjin Mêd. Daar kwamen ze erachter dat notaris Claassen in Bladel vlakbij een boerderijtje bezat bij het grasland waar hij in belegde. In z'n beste Brabants vroeg Kuipers hem in oktober 1969: 'Notaris, wat hedde ge met dat boerderietje veur?' Ze werden het dezelfde week op 4 oktober eens over de prijs van 15.000 gulden, mits de koper een hok voor Claassens schapen wilde financieren voor vierduizend gulden. Die schaapskooi is er nooit gekomen. De schapen kregen leverbot. Voor de deur van Cuba zakten ze van ellende in elkaar. Claassen verkocht daarop al het omliggende grasland, dat uiteindelijk in handen kwam van It Fryske Gea.

De voorlopige koop was wel gesloten, maar de akte nog niet gepasseerd toen de voortvarende aannemer Jongema uit Nijega (Sm) al een hele muur omver had gehaald. 'Ik schrok me te pletter', zegt Kuipers. Stel je voor… Maar het hoorde bij de genoeglijke omgangsvormen in het Fryslân van die dagen, toen 'vertrouwen' nog de basis in veel zaken was.

Nadat zijn verloofde de boerderij had gekocht, staken ze samen de handen uit de mouwen. Na het overlijden van Anna hertrouwde Kuipers met Beatrijs Broekmeijer. Hij vertelt: 'De eerste dag dat ik haar meenam naar Cuba, nog ruim voor ons huwelijk, zei ze: "hier kun je een paleisje van maken." Mij is het grote geluk overkomen dat ze evenveel van Cuba ging houden als mijn eerste vrouw.'

Eerst kon je de schuurdeuren met je schouder naar binnen toe openduwen, ook al waren ze vergrendeld. De enige luxe was een telefoonaansluiting, omdat een vorige bewoonster bij de bevalling haar kind had verloren doordat dokter niet op tijd gewaarschuwd kon worden.

Het pand bleef, met een vernieuwde rieten kap, in oude staat. Alleen werd in de bestaande bouwstijl een keukenraam verbreed, om van het mooie uitzicht te kunnen genieten. Vanuit de keuken is daardoor de kertoren van Grou te zien, het dorp waar de bewoners al die jaren op georiënteerd bleven. Daar ligt, in een van de schiphuizen, het bootje waarmee Kuipers op en neer vaart.

Er werd in de loop der jaren van alles aan de boerderij opgeknapt, terwijl de omgeving veranderde. It Fryske Gea kreeg het merendeel van de percelen in handen. Wat grasland was geweest, verruigde. De voormalige Cubapolder werd, in het kader van een Otterplan, herschapen in een vennengebied met elzenbosjes en opschietende wilgen. Er kwamen andere planten, andere dieren. Weidevogels verdwenen, andere vogels kwamen ervoor in de plaats. Vossen en steenmarters zijn sterk opgekomen, net als reeën. Hazen daarentegen voelden zich er minder thuis. Maar de otter, die decennia weg is weggeweest, kwam terug.

'Wij genieten hier met volle teugen', vertelt Kuipers, die als directieadviseur bij het ministerie van Binnenlandse Zaken en Koninkrijksrelaties werkte. 'Sinds we gepensioneerd zijn, wonen we 120 dagen, zeg maar vier maanden, op Cuba.' Bijzondere naam trouwens, volgens een goede Friese traditie met enige volkshumor gehecht aan een nogal afgelegen perceel. 'Toen wij het net betrokken, was het nog Koude Oorlog. Kennedy stuurde de US- vloot naar Cuba om de raketten van Chroestsjov te keren. Daarom waren we eerst niet zo gecharmeerd van die naam, die een veekoopman uit Warten had bedacht omdat het een heel eind roeien was. Maar Marten en Wip Sytema, die destijds in it Leechlân onder Warten een boerderij hadden, zeiden: 'Foar ús bliuwt it Cuba.' Daarom is het zo gebleven. Nu is het een soort geuzennaam, waar Kuipers trots op is.

Kuipers legde een heel archief aan van spijkers, schroeven, verf en reserve-onderdelen die hij bij alle kleine en grote reparaties nodig heeft. 'Want voor elke spijker die je vergeet, moet je naar het dorp varen.'

Gelukkig was er een grote gierkelder voor twintig koeien en zes pinken, die fungeert als een grote sceptic tank. Rioleringsproblemen zijn er daarom niet. De verwarming werd enigszins gemoderniseerd, met propaangas die in flessen vanaf de vaste wal wordt aangevoerd. Voor de watervoorziening is een *bron* van vijftig meter diepte geslagen. Omdat het water nogal ijzerhoudend is, moet het wél extra worden gefilterd.

De ontwikkeling in de omgeving volgde de familie Kuipers met veel kennis van zaken op de voet. Aan het tijdschrift Vanellus geven zij geregeld observaties door, bijvoorbeeld van zeldzame dwaalgasten. Ze zagen met eigen ogen hoe de laatste jonge wulpen werden opgepeuzeld door drie kiekendieven. Geregeld vliegt een reusachtige zeearend over, die op Laban vertoeft. Op hun achtererf speelden eens vossen. Een steenmarter probeert soms door het riet binnen te komen. Omdat dit tot nog toe niet is gelukt, hebben ze kerkuilen in de schuur, die er al veel jongen hebben grootgebracht. Na ieder geslaagd broed worden ze deskundig geringd.

Op de ooievaarspaal op het voorerf hebben ooievaars al vier keer genesteld. Dit jaar zijn voor het eerst drie jongen met succes grootgebracht.

De voordeur wordt het hele broedseizoen geblokkeerd door nestelende zwaluwen. Vorig jaar zagen ze een otter in de sloot, door het keukenraam.

Nog altijd wonen Kuipers en zijn vrouw met veel plezier op Cuba. 'Het is ons tweede leven.' Maar er komt een moment dat ze de reis naar hier over water niet meer goed kunnen volbrengen, beseft Kuipers als 75-jarige. En dan? 'Goeie vraag. Wij hopen dat dan een volgende eigenaar een natuurliefhebber is en even goed voor de boerderij zal zorgen als wij altijd hebben gedaan.'

Natuur in de Sayterpolder

Het poldertje van 35 hectare ten oosten van 'Brenninkmeijer's pleats' aan de Neare Saiter is voor boeren niet meer rendabel te maken. De Brenninkmeijers waren sinds 1967 eigenaar. Zij brachten eigendom en beheer onder bij Sayter BV.

De vennootschap doet mee aan de Regeling Particulier Natuurbeheer, waarvoor provincie, Wetterskip Fryslân en It Fryske Gea in een jarenlang afstemmingsproces ideeën hebben geleverd. Dat lijkt omslachtig, maar het gaat ook om een gevoelige materie.

Particulier natuurbeheer is namelijk een tijdje erg populair geweest bij overheden die willen terugtreden. Vanuit de natuurbescherming zijn echter grote vraagtekens geplaatst bij de tot nog toe gangbare praktijk. Er zou door veel particulieren, vooral boeren, te weinig specifiek gepresteerd zijn voor doorgaans veel te hoge kosten. Men hoort zelfs fluisteren dat honderden miljoenen natuurgeld kritiekloos in boerenbuidels is geworpen. Daar wordt tegenin gebracht dat het geïnstitutionaliseerde natuurbeheer onderhand ook een hele industrie is geworden, met eigen criteria.

▲ Ten oosten (rechts) van de Sayterpleats ligt de polder.

Op donderdag 4 december werden de in kleine kring al bekende plannen van de Brenninkmeijers met de Sayterpolder breder gepresenteerd. Het is de bedoeling dat planten als de tweerijige zegge, de moerasrolklaver en de gewone dotterbloem zich kunnen versterken en dat de Noordse woelmuis zich er thuisvoelt. Of weidevogels zich kunnen handhaven, is nog de vraag. De predatorendruk van prooidieren is wel erg groot.

Het blijft daarom spannend hoe het particulier natuurbeheer zich in de Sayterpolder zal ontwikkelen. Kaden worden versterkt zodat ze voorlopig niet overstromen, sloten worden verbreed om het water beter af te voeren. Dat moet onder meer leiden tot een hogere kwaliteit van het broedgebied.

Daarbij blijven er voor de Brenninkmeijers nog genoeg uitdagingen over. Ze willen hun polder niet helemaal afsluiten voor het publiek, maar verfoeien de golfslag van steeds groter wordende binnenschepen. Die heeft al eens de zwaarden van hun boeier Phoenix vernield.

Verantwoording en Literatuur

Op 8 december 2014 werd in Earnewâld een bijeenkomst belegd met als thema 'Gastvrij Nationaal Park Alde Feanen'. Initiatiefnemer was het Overlegorgaan Alde Feanen, dat geregeld ondernemers uitnodigt om creatief en innovatief mee te denken.

De begrippen 'innovatief' en 'duurzaam' veranderen geregeld van betekenis. In de Alde Feanen strijdt men nu tegen lichtvervuiling. Sommige dieren, zoals vleermuizen, raken van al dat licht ernstig in de war. En veel mensen houden 's nachts ook van donker. Hopelijk helpt het, maar daar is het probleem van verdampend veen niet mee opgelost.

Veel huisjesbezitters van zomerwoningen in het groen kozen eerder voor elektrificatie met zonnenpanelen, zodat het vervuilende dieselaggregaat niet meer aan hoeft. Voor de afvoer van keuken- en toiletafval is in 2012 een oplossing gevonden.

Is dit natuur? Nee, daar komen de mensen niet voor. Zij willen wat beleven. Daar horen bootjes en fietsen bij, de horeca en de kunst, restauratie en nieuwbouw, musea en skûtsjes, luidruchtige bierdrinkers en stille werkers in het riet. En natuur, dat ook.

Dit alles komt aan de orde in dit boek. Er werkten velen aan mee, zodat de eindredactie zich bescheiden heeft opgesteld. Sommigen maakten de uitgave mogelijk door boeken bij voorbaat af te nemen. En of ze schreven zelf teksten. Zo krijgt de buitenstaander dankzij aller inzet een indruk van Het Veenparadijs. De foto's van Fonger de Vlas en de documentaire beelden van Marten Sandburg en Kees Klip geven hier een extra dimensie aan. We danken allen, ook de schrijvers van de boeken die we raadpleegden. Enkele noemen we hieronder.

Wat de toponiemen betreft, volgen we ongeveer de chronologie in de officiële besluitvorming. Vroeger was het Folkertssloot, nu Folkertssleat, maar op een kaart staat het ook wel met één s. Bij It Wetterskip schrijft iemand Langesloot, een ander Lange Sleat en volgens Roel Toering was het Langesleatten, ook wel als Lange Sleatten geschreven. Wij trekken daar geen messen om, net zo min als om Siegersdiep, Sigersdjip, Siedsdjip of Sydsdjip. Als het echt om vroeger gaat schrijven we meestal Grouw en Eernewoude, maar het huidige Fries slipt daar wel eens doorheen. Leg maar niet op alle slakken zout, dan is dit een heel mooi, bijzonder boek.

Literatuur
Atlassen: Schotanus (1664), Halma (1718), Eekhoff (1854), nieuwere Topografische atlassen.
H.C. van Dockum, Hoe 't groeide aan 't onland. Assen, 1947.
Klaas Jansma, Dorp aan de Overkant. Leeuwarden 2004.
F. van der Plaats, Tegenwoordige Staat van Friesland. Harlingen, 1785-'88.
D.T.E. van der Ploeg, Door It Fryske Gea. Z.P., 1993.
Provincie Friesland-Fryslân, Streekplan Friesland (Fryslân), diverse edities, vanaf 1974.
Provincie Fryslân, Beheerplan Natura 2000 Alde Feanen, 2010.
Beleidsplannen m.b.t. de Alde Feanen, Natura 2000, Centrale As, Polderhoofdkanaal, Gemeentelijke Herindeling, etc.
S. Rintjema e.a. (red.), De Alde Feanen, Schets van een laagveenmoeras. Leeuwarden, 2001.
R.J. de Stoppelaar, Zon op de Golven. Laren, z.j. (1926)
Arend Toering, Nammekunde Earnewâld en Omkriten. De Wilgen, 2008.
Toering en Franke, Earnewâld fan doe nei no. Easterein, 1993.
Vere(e)niging Leeuwarder Water Sport, Jaar- en clubboekjes diverse jaargangen.
Hans de Vries, Tijd van het Baken. Wezep 2014.
Th. Wiersma (hoofdred.) Ontdek de Friese natuur, Handboek. Z.P. 1998.
Evert Zandstra (samenst.), Het Princehof. Amsterdam, 1948.
De kaarten op pagina's 10 (onder), 15, 30, 36 zijn gemaakt door Altenburg & Wymenga, ten behoeve van beheerplan Natura 2000 Alde Feanen.